高等学校电子信息类精品教材

电子信息商业案例分析

张有光 顾慧毅 谭大为 赵 恒 编著

电子工业出版社
Publishing House of Electronics Industry
北京·BEIJING

内 容 简 介

本书可以作为电子信息类专业商业案例分析课程的教材。编著者从电子信息领域挑选了 8 个具有代表性的企业，包括华为、IBM、苹果、谷歌、高通、英特尔、腾讯和阿里巴巴，作为案例的分析对象。这 8 个案例各具特色，又相互关联，通过案例间的对比研读，读者可以了解企业的发展历程，研究企业的管理模式，解读产品的商业逻辑，感悟企业家的精神品质，更好地探寻企业成功的经验和教育启示。在每一小节中安排有思考题，每一章都有案例总结与拓展思考题，有利于教师阅读，也便于学生讨论和延展。

本书侧重于从信息技术的多元化应用角度解读企业的成功要素，是对市场同类型教材的补充。期待与对创新创业教育相关内容感兴趣的同学、老师、同仁们共同交流探讨。

未经许可，不得以任何方式复制或抄袭本书之部分或全部内容。
版权所有，侵权必究。

图书在版编目（CIP）数据

电子信息商业案例分析 / 张有光等编著. —北京：电子工业出版社，2022.7
ISBN 978-7-121-43776-2

Ⅰ.①电… Ⅱ.①张… Ⅲ.①电子信息产业－案例－高等学校－教材 Ⅳ.①F49

中国版本图书馆 CIP 数据核字（2022）第 101364 号

责任编辑：竺南直
印　　刷：三河市鑫金马印装有限公司
装　　订：三河市鑫金马印装有限公司
出版发行：电子工业出版社
　　　　　北京市海淀区万寿路 173 信箱　邮编：100036
开　　本：787×1 092　1/16　印张：14.75　字数：377.6 千字
版　　次：2022 年 7 月第 1 版
印　　次：2023 年 1 月第 2 次印刷
定　　价：45.00 元

凡所购买电子工业出版社图书有缺损问题，请向购买书店调换。若书店售缺，请与本社发行部联系，联系及邮购电话：（010）88254888，88258888。
质量投诉请发邮件至 zlts@phei.com.cn，盗版侵权举报请发邮件至 dbqq@phei.com.cn。
本书咨询联系方式：davidzhu@phei.com.cn。

前　言

创业教育是卓越工程师教育培养计划、新工科教育改革的重要内容。自 2012 年春季学期起，北京航空航天大学电子信息工程学院开设"电子信息商业案例分析"课程，选择电子信息领域的著名企业，对其进行深入调查和研究。课程从智能手机、微信等大家熟悉的企业"明星产品"入手，以产品设计师、企业管理者等不同角色来探索电子信息系统的整体构建，从而将人性需求、用户体验、成本控制、知识产权、技术标准、商业模式、商业生态、营销策划、研发管理、供应链管理、人力资源管理等商业基础概念传授给学生。在探寻企业成功的经验和教育启示中，培养了学生多元化的创业思维。历经 10 年教学实践探索，选择了其中最受学生欢迎的 8 个企业案例，组成本书的主要内容。

案例 1，华为。历经三十多年的发展，华为已经从民营小企业发展成为我国高科技产业的典范。通过了解华为创立的艰难故事，了解任正非对华为管理制度的变革方案，我们想引导读者探究华为的企业文化是如何凝练的？华为的企业管理是如何升级的？华为的核心技术是如何积累的？华为的人才是如何培养的？在复杂多变的国际形势下，华为又是如何开拓新的发展空间的？

案例 2，IBM。这家企业经历了百年风雨，多次转型，如今依旧精神焕发，其中有很多故事值得研究。在此案例中，我们重点关注对 IBM 非常重要的一个人物——郭士纳是如何重塑 IBM，将 IBM 成功转型为提供"IT 服务"的互联网企业，让"大象也能跳舞的"。IBM 的转型很好地诠释了"技术创新"与"管理创新""服务创新""战略创新"之间的关系，能给读者提供更多样化的企业经营思路。

案例 3，苹果。都说 iPhone 重新定义了智能手机，而苹果公司，则无法定义。苹果的产品、运营与营销总能带给人突破性的惊喜，在产品设计方面，苹果是如何达到科技性、艺术感和创造性的统一的？如何平衡用户体验与产品成本？在企业运营方面，苹果是如何打造软硬件一体化的生态系统，形成垂直一体化的商业模式的？在营销方面，苹果又是如何将自己的产品设计理念传递给用户的？这些是我们在此案例中关注的重点，高科技公司的艺术浪漫，在苹果公司身上有很好的表达。

案例 4，谷歌。依靠发明搜索算法及相应的商业模式，谷歌一举成为最大的广告公司。但谷歌的成功并不止于此，作为一家技术驱动型的科技公司，谷歌从搜索引擎开始，陆续推出谷歌地图、谷歌邮件等产品，收购 YouTube、Android、AlphaGo，不断拓展谷歌的业务范围，并且依靠"开源"等独有的商业创意获得了快速的发展。在优秀的产品背后，我们希望读者能深入探索谷歌是如何汇聚"创意精英"和赋能"创意精英"的。

案例 5，高通。作为全球领先的无线科技创新企业，高通公司以 CDMA 技术为基础，拓展技术领域，打造出了高性能、低功耗的智能手机硬件平台。我们想引导读者了解高通创始人如何发现 CDMA 技术的价值？又是如何将 CDMA 技术专利化、标准化和国际化，走出了一条技术标准的成功之路的？在 CDMA 技术商用化后，高通又为何转而专注于"芯片设计"和"专利授权"？

案例 6，英特尔。从存储器转向处理器是英特尔公司发展的重要里程碑，作为 IBM PC 中的配角，英特尔通过一系列决策摆脱对 IBM 的依赖，发展成为 PC 时代的引领者。如今的英特尔掌控 PC 处理器的设计与制造，它让 PC 设计"无难事"，引领半导体工艺的发展，成为摩尔定律的践行者。其前 CEO 格鲁夫的名言"只有偏执狂才能生存"值得读者认真体会。

案例 7，腾讯。QQ 和微信几乎能覆盖全中国的所有网民，腾讯公司就是这两款产品的拥有者。腾讯是互联网领域典型的产品驱动型企业，从 QQ、微信的发展历程和两位产品创始人马化腾、张小龙的个人成长经历中，我们领悟腾讯公司总结出来的互联网产品哲学，即产品极简主义、用户驱动战略、内部赛马机制、试错迭代策略、生态养成模式、资本整合能力、专注创业初心。

案例 8，阿里巴巴。管理驱动是阿里巴巴的核心模式，企业创立过程中，马云与"十八罗汉"的创业故事、面对"寒冬"的应对方式、企业价值观的凝练等都具有探索的价值。在淘宝网、天猫等大家熟知的业务背后，我们想了解阿里巴巴是如何发展出支付宝、余额宝的？从 IT 时代到 DT 时代，我们好奇阿里巴巴为何坚持发展阿里云，成立达摩院，投身智能时代的计算平台建设与未来科技创新。

以上内容可以作为商业案例分析的基本素材。为了提升教学效果，商业案例的课堂可以采取学生自主探究、教师适度指导的教学模式，即基于案例构建师生学习共同体。教材作为基本阅读材料，我们鼓励学生寻找新的材料，用新的视角重新分析现有案例；也鼓励学生自己选择感兴趣的企业案例，诸如国内的百度、小米、字节跳动、大疆、京东方、中芯国际等，国外的微软、亚马逊、英伟达、AMD、ARM、ASML 等，都可以作为分析探究的对象。学生通过小组合作、成果展示、思考总结等方式加强对案例的认知，教师从旁及时引导，将课堂更多交给学生，打造研究型教学的互动氛围。

本书融合了本人 10 年研究型课程教学的实践经验。每一次商业案例分析教学活动，都是师生共同探索的新旅程，有新的视角、新的认识，也有新的案例。本人会根据产业发展形势的变化动态更新推荐的企业案例清单，即使是同样案例，不同的学生探究的问题、深度和广度也不一样。作为创业教育类课程，我们主张让学生"敢闯会创"，即敢于尝试，勇于创造。在分析、总结、反思企业案例的过程中，完善对学生创业思维的培养。

本书由博士研究生赵恒起草 IBM 案例、青年教师谭大为起草苹果、高通、英特尔案例以及谷歌案例的部分内容，博士研究生顾慧毅起草华为、腾讯、阿里巴巴案例，并作为本书的主要执笔人，负责全书内容的整合与表达。本人近年来多次受邀在教学会议、学习强国等平台上交流关于创业教育的教学经验，得到了同行的支持和鼓励，也收获了许多宝贵意见。"电子信息商业案例分析"课程曾获教育部卓越工程师教育培养计划、教育部专业综合改革试点建设项目、教育部新工科教育改革项目和北京航空航天大学教材建设项目的资助，它们为持续开展课程内容与教学方法的改革提供了经费保障，在此表示衷心感谢。

虽然本书是基于多年的教学实践，内容与文字也做过多次修改，但是创业教育改革一直在路上，无论内容选择还是文字表达都有待进一步完善。希望读者多提宝贵意见！意见和建议请发至邮箱 zyg@buaa.edu.cn。

张有光
2022 年 4 月

目 录

第 1 章 华为商业案例分析 ·········· 1

1.1 活下去是基本使命 ·········· 2
    1.1.1 从混沌到清晰 ·········· 2
    1.1.2 农村包围城市 ·········· 5
    1.1.3 桃子树上结出西瓜 ·········· 7

1.2 管理是生存之道 ·········· 8
    1.2.1 华为基本法，华为的凝聚力 ·········· 8
    1.2.2 向 IBM 学"爬树" ·········· 10
    1.2.3 师夷长技，坚持向西方学管理 ·········· 12

1.3 员工是生命之泉 ·········· 14
    1.3.1 激励：员工持股计划 ·········· 14
    1.3.2 威信：市场部集体大辞职 ·········· 16
    1.3.3 反思：呆死料大会 ·········· 17

1.4 创新是唯一方法 ·········· 18
    1.4.1 华为海思，芯片备胎 ·········· 19
    1.4.2 2012 实验室，探索于迷航 ·········· 20

1.5 案例总结 ·········· 21

拓展思考题 ·········· 22

参考文献 ·········· 23

第 2 章 IBM 商业案例分析 ·········· 24

2.1 教科书式的企业帝国 ·········· 25
    2.1.1 老沃森时代 ·········· 25
    2.1.2 小沃森时代 ·········· 27

2.2 群雄争霸，大厦将倾？ ·········· 31
    2.2.1 异军突起的 PC 市场 ·········· 32
    2.2.2 僵化的庞然大物 ·········· 34

2.3 漂亮的翻身仗 ·········· 36

  2.3.1 力挽狂澜的外来人 ································· 36
  2.3.2 外科大手术 ····································· 37
  2.3.3 从技术转向服务 ······························· 40
 2.4 向传统蓝色巨人告别 ··································· 45
  2.4.1 电子商务的概念缔造 ·························· 45
  2.4.2 转型，一直在路上 ···························· 46
 2.5 案例总结 ··· 47
 拓展思考题 ·· 48
 参考文献 ··· 49

第 3 章 苹果商业案例分析 ······································ 51

 3.1 崛起与沉沦：智能手机时代 ··························· 52
  3.1.1 时代的发端，霸主与小霸 ··················· 52
  3.1.2 旧时代的崩塌，iPhone 与安卓的崛起 ····· 54
 3.2 iPhone 的修为 ·· 55
  3.2.1 大道至简，人性而为 ························· 56
  3.2.2 用户体验，专注追求 ························· 57
  3.2.3 内外兼修，匠心雕琢 ························· 59
 3.3 iPhone 的生态圈 ······································· 61
  3.3.1 专制与自主，凝聚众力 ······················ 61
  3.3.2 产品皆一体，连续互通 ······················ 65
  3.3.3 生产制造，成本尽掌控 ······················ 66
 3.4 营销战略 ··· 71
  3.4.1 品牌屹立，营销有不同 ······················ 71
  3.4.2 发布会，重装上阵 ···························· 74
  3.4.3 零售体验一体，格调与时尚纷呈 ·········· 83
 3.5 案例总结 ··· 84
 拓展思考题 ·· 85
 参考文献 ··· 85

第 4 章 谷歌商业案例分析 ······································ 87

 4.1 潜在的创业基因 ·· 88
  4.1.1 红瓦砂岩墙，创业沃壤 ······················ 88
  4.1.2 硅谷，高科技孵化器 ························· 89
  4.1.3 年轻人的创新思维 ···························· 90
 4.2 谷歌的创业简史 ·· 92
  4.2.1 PageRank 价值初显 ·························· 92

	4.2.2 被忽视的"搜索"	94
	4.2.3 从宿舍到车库	97
4.3	独树一帜的商业模式	99
	4.3.1 探索盈利模式	100
	4.3.2 广告也可以简洁	101
4.4	开源的智慧	103
	4.4.1 强大的安卓阵营	103
	4.4.2 AlphaGo 领衔人工智能	104
4.5	案例总结	106
拓展思考题		107
参考文献		108

第5章 高通商业案例分析 ·········· 109

5.1	契机：高通前传	110
	5.1.1 无所不在的存在	110
	5.1.2 好莱坞明星与音乐家	111
	5.1.3 巨人的肩膀	113
	5.1.4 风云际会，终成高通	116
5.2	探索：创业之路	118
	5.2.1 起步维艰	119
	5.2.2 蜂窝中蕴藏的机遇	120
	5.2.3 CDMA 的"标准"之路	122
	5.2.4 移动通信 2.5G 时代	127
5.3	成型：新商业模式	130
	5.3.1 无晶圆模式	130
	5.3.2 芯片平台化	132
	5.3.3 专利授权	134
5.4	选择：前路是非	136
	5.4.1 "高通税"	136
	5.4.2 布局未来	137
5.5	案例总结	137
拓展思考题		138
参考文献		139

第6章 英特尔商业案例分析 ·········· 140

6.1	开局：谋事在人	141
	6.1.1 "八叛逆"与半导体	141

　　　　6.1.2　优秀的创始人 ··· 143
　　　　6.1.3　三驾马车 ·· 146
　　6.2　超车：半导体霸主之路 ·· 148
　　　　6.2.1　存储器发迹 ·· 148
　　　　6.2.2　"点石成金"术 ··· 150
　　　　6.2.3　无心插柳 ·· 154
　　　　6.2.4　Wintel联盟与品牌塑造 ··· 155
　　6.3　管理："偏执狂"的试炼 ··· 159
　　　　6.3.1　何谓"偏执狂" ··· 159
　　　　6.3.2　战略转折点 ·· 160
　　6.4　战略：面向未来 ·· 161
　　　　6.4.1　塑造产业形态 ·· 162
　　　　6.4.2　产品战略 ·· 163
　　　　6.4.3　业务多元化 ·· 165
　　6.5　案例总结 ·· 167
　　拓展思考题 ··· 168
　　参考文献 ··· 168

第7章　腾讯商业案例分析 ·· 170
　　7.1　小企鹅的大野心 ·· 171
　　　　7.1.1　缘起OICQ ·· 171
　　　　7.1.2　谁的计算机屏幕上没有它 ·· 174
　　7.2　微信的燎原之火 ·· 177
　　　　7.2.1　微信，是一个生活方式 ·· 177
　　　　7.2.2　深度揣摩人性 ·· 179
　　　　7.2.3　蓝色地球下的身影 ·· 182
　　7.3　孤独魅力与极致追求 ·· 186
　　　　7.3.1　主帅马化腾 ·· 186
　　　　7.3.2　大将张小龙 ·· 188
　　　　7.3.3　面对庞大和复杂 ·· 191
　　7.4　案例总结 ·· 193
　　拓展思考题 ··· 194
　　参考文献 ··· 194

第8章　阿里巴巴商业案例分析 ·· 195
　　8.1　江湖路远，勇往直前 ·· 196
　　　　8.1.1　罗马不是一夜建成的 ·· 196

  8.1.2 无团队，不阿里 ································ 201
8.2 心中的道德律 ···································· 206
  8.2.1 诚信是不可逾越的底线 ···························· 206
  8.2.2 支付宝——信任的奇迹 ···························· 207
8.3 企业的价值理念 ···································· 208
  8.3.1 江湖味的价值观 ································ 208
  8.3.2 阿里人的培养 ································ 211
8.4 从 IT 时代到 DT 时代 ································ 212
  8.4.1 阿里系"动物园"，生态系统的力量 ···················· 213
  8.4.2 阿里云，沉默后的爆发 ···························· 214
  8.4.3 达摩院，技术顶流 ······························ 218
8.5 案例总结 ·· 219
拓展思考题 ·· 220
参考文献 ·· 221

第 1 章

华为商业案例分析

任正非在创办华为的时候应该没有想到,华为(华为 logo 见图 1.1)未来能在国内产生如此大的影响力。这份影响力不仅来自华为在业务上的出色表现,还有华为在创新和自主研发上的坚持。军人出身的华为总裁任正非在 43 岁时创办华为,无形中给华为带去了很多军事化管理的思维,诸如人们熟知的"农村包围城市"路线、狼性文化、华为基本法等,打造了华为员工能吃苦、有担当的好形象。面临越发严峻的国内外形势,华为坚决选择摆脱对外依赖,自主研发操作系统及智能芯片的态度,给了国人深深的震撼与启示。走进华为,思考一下华为精神是如何在企业的变化发展中凝练的,企业又如何在复杂多变的社会形势下寻找生存与创新的空间?

图 1.1 华为 logo

1.1 活下去是基本使命

"我是在生活所迫,人生路窄的时候创立华为的。那时我已领悟到个人才是历史长河中最渺小的,这个人生真谛。"

——任正非《一江春水向东流》

1.1.1 从混沌到清晰

任正非说他是"被迫"创立华为的,而且创立华为时,他已经43岁了。这让华为从出生起就似乎和其他成功的企业不太一样。

1974年任正非在辽化参军(见图1.2),被分配到实验室,做仪表专业技术员,是技术工种。在部队当兵期间,任正非在没有图样、没有样机的情况下,主持研制成功我国第一台空气压力天平,填补了中国仪表工业的一项空白,并曾受邀参加1978年的全国科学大会,彼时他34岁。40岁时任正非从部队退伍转业来到深圳,在南海石油集团后勤服务基地工作,两年后被派到集团下属的一家电子公司当副总经理,管理着一个小团队。谁曾想在公司的经营中,任正非被一个贸易公司恶意欺骗,损失了200多万元货款,最后只能背负巨债,黯然离职。当时的他,上有年迈的母亲,下有一儿一女,还有6个弟弟妹妹需要照顾。没有工作,生活窘迫到了极致。任正非选择迎接生活的重击,他想办法筹措了21000元,在1987年创立了华为,开始了创业的旅程。

图 1.2 年轻时的任正非

华为最早的办公地点在深圳湾畔,有两间非常简易的房间(见图1.3)。最初华为没有明确的发展目标，什么赚钱就做什么。直到有一次，辽宁农化处的一位处长谈及国家在大力发展民族通信产业，认为这个领域很有搞头，并提出能引荐任正非去代理香港鸿年公司的用户级交换机。于是任正非便带领华为正式做起了交换机的代理销售生意，算是误打误撞走进了通信行业。做代理让华为赚了一点钱，但是时间一长，任正非就发现代理业务并不好做，作为厂商和客户的中间渠道，华为既需要操心怎么把货卖出去，又需要操心厂家不给货时的客户售后问题。同时，代理业务的准入门槛不高，因此竞争对手非常多。任正非意识到，做代理并不能长久地支撑企业运行，对于企业来说，客户和货源是保障企业顺利运行的两个最重要的因素，客户是不可控因素，因此，如果华为想持续做大做强，只有想办法控制货源。任正非想出的办法是走"自主研发"的道路，即投入人力、物力进行华为自己产品的研发和生产，通过掌握核心技术，将货源握在自己手中。

图 1.3　华为最早的办公地点

自主研发，听上去是一劳永逸的好方法，不过当时的华为仅有三十多个员工，研发交换机又是一个极其专业复杂的事，需要时间、金钱，还有专业人员。中国企业在那个年代本身就缺乏研发能力，况且市场上已经有成熟的产品了，任正非这个决定几乎是一个非生即死的决定。连他自己都说，华为当时"就像一只蚂蚁，站在大象的脚下"。1991 年，华为在技术负责人郑宝用的带领下研发出了空分用户交换机 HJD48 系列产品，这是一种面向单位用户的小交换机，虽然结构相对简易，但至少说明华为自主研发的道路是行得通的。紧接着，华为开始研发局用交换机，相较于用户交换机，局用交换机的使用对象是电信运营商，具有非常强大的市场潜力，HJD48 只能让华为活下来，局用交换机则能让华为活得精彩。1993 年年初，华为在经过艰苦奋斗后研发出了第一个局用交换机 JK1000，可惜的是，JK1000 采用的是模拟交换技术，而随着计算技术的发展，数字局用交换机技术已经成熟，数字交换机在产品性能、功能、成本等各方面都领先于空分交换机，可以说 JK1000 赶了个晚集，一推出就处在被市场淘汰的边缘。这对华为来说是很大的打击,这一次的失败不仅意味着前期投入资金无法收回,更意味着华为没有掌握市场热点技术,自主研发能力不足,生存又一次成了华为的第一要务。

　　一次不行就第二次,任正非的态度非常坚定,华为必须要进行"自主研发"。他将公司所有资金投入到数字程控交换机的研发当中,甚至借了利息高达 20%～30%的高利贷,可以说是举全公司之力进行这场豪赌。"如果研发失败,我就跳楼",他这样来表达孤注一掷的信念。秉承着破釜沉舟的勇气,不断引进优秀的技术人才,1993 年年底,华为 C&C08 2000 门数字程控交换机在浙江义乌正式开通,华为成功敲开了数字交换机市场的大门。1994 年 10 月,C&C08 万门数字程控交换机在江苏邳州开局成功,技术指标可与上海贝尔的交换机一较高下;同年,华为的 C&C08 全面走向商用(见图 1.4),华为在通信市场的发展之路终于被正式开启。C&C08 的成功,让任正非在内部讲话时信心百倍地说,"十年后,全球通信行业三分天下,华为占其一"。

图 1.4　C&C08 机柜

　　C&C08 给华为带来的成功有多大呢?1993 年面世的 C&C08 畅销通信市场 25 年,一直到 2018 年才正式退出,产品销往全球近百个国家和地区,服务上亿用户,给华为带来了上千亿元的收入,成为全球销售量最大的交换机。同时,借助这个产品平台,华为发展出了通信设备制造领域全线的多样化产品,为华为商业帝国奠定了基石。最为重要的是,C&C08 产品质量高、价格低、服务好,为国产设备在全球市场上赢得了相当好的口碑,这些喜人的成功都深刻印证了华为走自主研发道路的正确性。

　　自此之后,华为的发展迈入了高速期,不仅实现了"三占其一"的目标,更是走出了华为独一无二的辉煌故事。

查一查:
　　1. 了解任正非研制成功我国第一台空气压力天平的故事,联系并揣摩一下任正非为何敢于在没有任何优势的情况下,选择让华为进行自主研发。
　　2. 调研一下华为在研发 C&C08 过程中遇到的困难,以及他们是如何克服的。

1.1.2 农村包围城市

在市场扩张的方案上,华为选择了一条与通常高技术企业截然相反的路径,被广泛称为"农村包围城市"策略。这一策略让华为成了一匹大黑马,从当时被"七国八制"占领的通信市场上顺利突破重围。

C&C08全面商用后,华为开始了国内市场的开拓。当时国内主要城市的市场空间早已经被各大著名的通信公司瓜分殆尽,虽然华为拥有自主知识产权的产品,但很明显,在企业知名度、产品稳定性等各方面,华为都不具备"虎口夺食"的能力。因此,任正非提出将华为的业务渠道下沉,从中国广大县级城市出发,寻找弯道超车的机会。在华为纪录片《华为是谁》中,辽宁省黑山县邮电局前局长鹿英山回忆起了当年购买华为产品的经历,设备在购买使用不久之后就遭到了雷击,所有设备全部被烧毁,通信中断,这时华为主动提出增派技术人员前来,一定想办法确保通信的恢复。这一做法给鹿英山带来了很大的感动,而这绝不是个例,"即时响应、风险共担、满足客户要求"是华为在产品之外着力打造的售后服务形象,用任正非的话来说,做"个性化、客户化的开发创新"是华为选择农村市场后的战略目标。农村市场存在着很多固有的难题,例如,通信普及率低,复杂地形多、技术需求多样化等,这些问题是大公司没有重点开拓农村市场的原因,华为却巧妙地将其转化成了锻炼自己的方式。为了适应农村市场的不同需求,华为需要不断调整产品性能、增强产品稳定性,提高售后服务的响应速度及质量。这个过程中,华为的产品得到了充分的考验,品牌得到了足够的认可,这些成功帮助华为在农村地区积累了大量的技术经验和资金。

2000年左右,华为坚定认为中国很快会进入移动通信时代,它选择3GPP开发的GSM(Global System of Mobile communication,全球移动通信系统),并投入了大量人力、物力进行3G技术的研发。然而,中国先迎来的是小灵通市场的爆发,华为一心开发3G技术,直接错过了小灵通的热潮,这导致华为在中国市场的发展受到很大阻碍。于是,华为决定将国内"农村包围城市"的经验复制到海外,从非洲、拉丁美洲等一些大公司"看不上"的国家切入,实施华为的海外布局。

华为对俄罗斯市场的开拓就是一个非常经典的案例。1996—1999年,华为在俄罗斯的销售收入几乎为零,唯一的一笔订单金额是38美元。背后的原因有很多,比如俄罗斯市场运营商分散,且普遍信任知名的国际性公司,即便是在1997年俄罗斯经济衰退,国际供应商逐渐放弃俄罗斯市场的情况下,代表"中国制造"的华为依旧没能获得市场的青睐。华为对俄罗斯市场的坚持或许能在一定程度上表达它开拓海外市场的决心,它在俄罗斯一扎就是4年,任正非曾对负责俄罗斯市场的主管李杰说,"如果有一天俄罗斯市场复苏了,而华为却被挡在了门外,我就唯你是问"。就这样,华为用4年的准备和等待,终于在俄罗斯经济逐步回暖的时候抓住了机会,2001年华为在俄罗斯的销售收入超过1亿美元,十几年后华为更是成了俄罗斯电信市场的领导者之一。俄罗斯市场的成功给华为海外市场的开拓提供了模板,华为人用坚守、服务和技术创新营造良好的企业形象，慢工出细活，一点一点在海外市场耕耘开拓。

据华为西欧地区部总裁回忆，华为在开拓沃达丰（Vodafone）时，客户曾要求他们为西班牙一段高速铁路的通信问题提供解决方案。在此之前，沃达丰也联系过其他国际供应商，但均被告知因为沃达丰的需求不具备普遍性，因此需要两年的时间才能提供方案，于是沃达丰找到了华为。华为同样没有现成的解决方案，但是华为承诺会在3个月之内给出一个可行的方案。3个月后，华为将沃达丰的代表请到了上海做亲身体验。原来在认真倾听客户诉求后，华为租下了上海磁悬浮列车的沿线24公里作为实验场景，100多人的研发团队3个月无休地进行方案测试，最终找到了适合沃达丰的解决方案。这一举动彻底征服了沃达丰，华为顺利参与到了沃达丰后续的许多大项目中。前沃达丰首席技术官史蒂夫·普西（Steve Pusey）说，"他们根据我们的需求开发产品，并和我们共担风险，这改变了市场。"2005年，华为在海外市场的销售收入首次超过国内，之后更是进入了井喷式发展阶段。

华为不仅将业务拓展到了海外，更将人才招募范围扩大到了海外。秉承"全球化"的理念，为了招揽海外人才，华为将研发中心开在了全球各地，让优秀人才在自己的家门口参与华为的工作。如今，华为在印度（见图1.5）、俄罗斯、瑞典、英国等数十个国家建立了研发中心，并且在海外还设有多个运营、行政、财务中心。任正非经常感慨小时候自己根本就不知道世界是什么样子的，于是他让华为一定要去看看世界。

图1.5　华为印度班加罗尔研发中心

聊一聊：

1. 华为两次"农村包围城市"的做法在思路、准备、实施及相关过程中有何相似之处？

2. 华为错失小灵通市场的战略性失误在华为总结成了一句名言："领先半步是先驱，领先一步是先烈"。你是如何理解这句话的？

3. 了解更多华为在拓展海外市场中遇到的困难及解决方法，尝试总结华为人在其中彰显的精神品质。

1.1.3 桃子树上结出西瓜

对于普通消费者来讲，最熟悉的还是华为的各项数码产品，华为的 P 系列、Mate 系列、Nova 系列手机，以及智能手表、耳机、路由器等各类衍生产品，它们被摆在华为精致的消费者体验店中（见图 1.6），给人以直观的视觉冲击。这些产品的生产、销售属于华为消费者业务，是华为的三大业务之一。华为消费者业务的崛起得追溯到 2011 年，华为根据企业发展规划，将过去单一的运营商业务一分为三，分为运营商业务（B2B）、企业业务（B2b）和消费者业务（B2C），后被称为"三驾马车"。这一决定被证明是相当机智的，业务拆分之前，华为还在做低端的贴牌手机，运营商"充话费送手机"是人们对于华为手机最早的印象，华为内部甚至一度想把手机终端业务卖掉。如今，华为消费者业务经过发展，已经成为华为的核心业务，每年收入占华为总收入的一半以上。

图 1.6　华为线下体验店

华为做出拆分业务的决定也算是时代所趋，经过多年努力，华为在通信市场的地位已经得到了认可和巩固，但运营商业务本身市场空间有限，加之竞争日益激烈，华为找不到再往前一步的突破点，看似达到了稳定期，但更是一种瓶颈期。2011 年前后华为的运营商业务增速明显放缓，市场份额维持在 20% 左右，销售收入也处于稳定状态。成长期的华为若想保持公司的发展态势，必须找到新的企业增长点，这时任正非找到了消费者业务和企业业务这两块新的发展标的。这两块业务的市场空间均大于运营商业务，而且还未形成固定的市场格局，待开发性较大。公司内部经过综合讨论，认为华为在运营商业务上所积累的研发经验、供应链模式、人力资源管理等核心能力在新业务上可以较快地进行复制，业务之间有一定相互借鉴的空间，从设备向终端的发展，也有利于华为通信全链条的打造。

2014 年，任正非在华为第四季度区域总裁会上曾经表达过一个观点，"你们这棵桃子树上一定要结西瓜，不能就只结桃子这一种商业模式，要有多种商业模式。"华为打造"三驾马车"就是在积极寻找新的商业模式，及时进行商业模式转型，这一做法给华为带来了新的活力。而在消费者业务爆发的背景下，2016年，任正非更是大胆地将华为核心资源往各类智能终端偏移，战略性地要求华为将终端业务作为未来的业务支撑点，提出"5年销售收入超1000亿美元"的目标。这是华为商业模式的历史性转变，曾经名不见经传的终端业务，在市场和时代的双重青睐下一下子被"扶了正"。华为2020年财报数据显示，即使受到国际形势的负面影响，海外业务收入大幅下降，但以终端业务为核心的华为消费者业务依旧保持了正增长，销售收入达4829亿元，占总销售收入的54.2%。

华为从来都是允许变化的，创新是企业的源动力，奔涌不息的时代浪潮中没有企业能够独善其身，但华为有些东西是不变的，比如以客户为中心的企业文化，比如坚定围绕通信领域，比如吃苦耐劳的华为人……"桃树的树干，就是公司共同支撑平台（如服务平台、维修平台、财务平台……），根状体系要分不同客户去吸取不同营养。"任正非指明的又何止是企业商业模式的发展路径。

> **想一想：**
> 1. 聚焦型发展战略和多元化发展战略的优势与劣势分别在哪儿？华为如果坚持只在运营商业务上做强，如今会是什么样呢？
> 2. "一分为三，不就相当于在每个赛道都只有原来三分之一的实力？失败的可能性不会更大吗？"你是如何看待这个观点的？

1.2 管理是生存之道

"在时代前面，我越来越不懂技术、越来越不懂财务、半懂不懂管理，如果不能民主地善待团体，充分发挥各路英雄的作用，我将一事无成。从事组织建设成了我后来的追求，如何组织起千军万马，这对我来说是天大的难题。"

——任正非《一江春水向东流》

1.2.1 华为基本法，华为的凝聚力

1998年，华为颁布《华为公司基本法》（下称《基本法》），从公司宗旨、经营政策、组织政策、人力资源政策、控制政策和修订法6个方面对公司管理提出了基本构架。《基本法》从1995年开始讨论，前后历经3年时间，8次修改，1998年3月在南山明华会议中心审议通过，总计近17000字。2006年公司对其进行了修改和补充，2015年任正非公开表示《基本法》已经过时，其使命已经完成。《基本法》的作用究竟有多大，外界说法不一，但毋庸置疑，它绝对是华为发展史上的里程碑事件。

任正非把制订《基本法》称为公司的"第二次创业",目标是将华为的管理方法从企业家管理向职业化管理过渡。为此,他请来了多位中国人民大学的教授专门进行《基本法》的撰写,梳理企业文化,凝练企业精神。同时,《基本法》在未出生之前就深谙"取之于民,用之于民"的精髓,任正非要求每一位员工都要投入到《基本法》的起草中来,群策群力,共同研讨。3年的时间里,华为的干部们每周都会牺牲休息时间,聚在一起学习讨论《基本法》,任正非更是亲自参与到每一个环节,专家组的办公室就设在任正非办公室隔壁。企业独立撰写公司管理大纲在当时是很少见的,一方面这需要花费企业大量的精力,另一方面没有成型的范例可以借鉴。华为"自主研发"精神在《基本法》的制订中又一次得到了淋漓尽致的展现,华为的全体员工和中国人民大学的教授们从零开始,通过文档整理和人物访谈挖掘华为创业故事中的价值观念,通过头脑风暴和切磋琢磨确定文件内容表现,用心打造着一部专属于华为的管理纲要。据起草《基本法》六位教授之一的吴春波教授回忆,他们最初接到任务时也是一头雾水,灵感突破则来源于宝洁公司的案例,在一篇仅有一页半篇幅的小文章上,他们得到了启发,提炼出3个问题,这3个问题分别是:

1. 华为过去为什么成功?
2. 支撑华为成功的关键要素中哪些能够持续帮助华为成功,哪些会成为障碍?
3. 华为未来的成功还需要哪些要素?

这3个问题涵盖了华为对过去的总结、现在的思考和未来的展望,确定了纲要的主基调,通过回答这3个问题,华为能够更好地将企业的核心价值观进行凝练、深化和传播。之后,华为借鉴《孙子兵法》的结构,融合任正非去美国实地考察后对企业管理的感悟,将《基本法》反复打磨。《基本法》将无形的企业文化、经营理念、发展战略呈现在纸面上,为员工提供了切实可参考的行为准则,打造了立体真实的企业形象,为华为赢得了巨大的曝光量。很长一段时间内,《基本法》甚至成了各企业制订行动纲要的唯一范本。

有一部分人质疑为何要花3年的时间制订《基本法》,为何不加快进度,也许《基本法》能获得更长的适用寿命。对此,在颁布《基本法》的会议上,任正非给出了解答,"《基本法》通过之时,也就是《基本法》作废之时。"相较于最终呈现的文本,这3年内,华为员工参与打磨,整理华为价值观念,将华为精神内化于心的过程,才是华为最看重的。

"重要的事情不着急"是任正非时间管理的基本原则,华为历史上真正提出的公司级战略只有两个,数量虽少却质量极高,是企业管理的必研案例,《基本法》就是其中之一。

想一想:

1995年准备制订《基本法》时,华为大概有1000名员工,年销售额15亿元,还算不上一个大企业,它为何要先做管理大纲的制订而不是先发展企业规模?

1.2.2 向 IBM 学"爬树"

在制订《基本法》期间，任正非带领华为的高管团队去美国考察，先后参观了美国休斯公司、IBM 公司、贝尔实验室与惠普公司，回国后发表了重要的内部讲话《我们向美国人民学习什么》。内部讲话中，任正非用很大的篇幅表达了他对 IBM 公司的钦佩，尤其是 IBM 在 1992 年面临解体危机时，由"传奇 CEO"郭士纳牵头大刀阔斧开展企业改革，让 IBM 起死回生的故事，堪称业内奇迹。这次访问，直接促成了华为与 IBM 的合作，华为决心从 IBM 引进先进的企业管理技术，从而提高华为的规模化水平，加强自身的管理与服务能力，将大企业的常见弊病防患于未然。

1998 年至 2008 年，华为与 IBM 合作进行了包含"集成产品开发（Integrated Product Development，IPD）""集成供应链（Integrated Supply Chain，ISC）""集成财务系统（Integrated Financial System，IFS）"等在内共 8 个管理变革项目，其中 1999 年针对产品研发管理启动的 IPD 项目最为大众熟悉。IPD 的思想源于美国 PRTM（美国咨询管理公司）的 PACE（Product And Cycle-time Excellence）模型，IBM 将之吸收并做了适用于自身的改进，形成了 IBM 关于产品开发的 IPD 流程。简单来说，IPD 就是将原本由研发人员主导的串行开发模式更改为跨部门合作的并行开发模式，用"客户需求"导向替代"技术"导向，从而在缩短研发周期的同时，提高产品的市场满意度，将专业、规范、高效带进企业的产品开发中。在华为 IPD 流程图中（见图 1.7）可以清晰地看到，IPD 包括 6 个阶段和两条决策主线。不同的阶段意味着产品研发的不同节点，而在每个节点中，业务线和技术线都会对产品当前的开发状态做一定的评估，以此推动产品研发的进度。业务线进行投资决策，评估当前阶段是否具有投资价值；技术线进行技术决策，评估当前产品的技术指标，保证产品质量。比如，在验证阶段，先小批量发货进行市场验证，然后业务线进行 ADCP（Availability DCP，可获得性决策评审），检查包括采购、制造等各环节的准备情况，提供大批量发货许可。技术线进行 TR6 决策，即系统级评审，全面评估生产、制造技术是否满足大批量发货要求。通过这样一套标准化产品开发流程，可以使得所有进程透明可视，所有决策可追溯，各部门效率最大化。

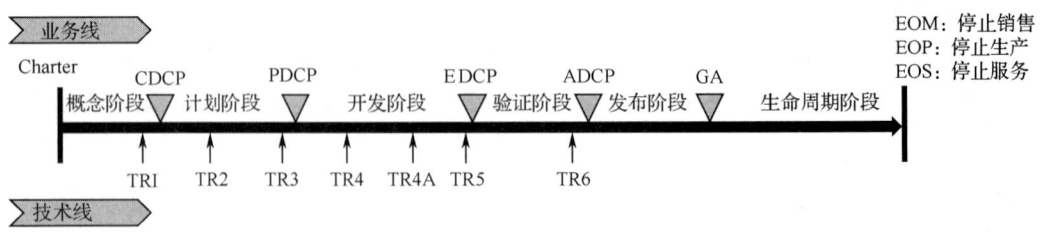

图 1.7 华为 IPD 流程图

具体操作上，IBM 向华为提供专业顾问和有实践经验的从业人员，专业顾问从管理的流程、体系的搭建等多种角度对华为进行全面梳理，提出改革建议；从业人员手把手教授工作方法，优化公司实际运作效率。5年内，IBM派出的顾问人数多达270人，而与之对应的，华为有近千人参与到合作项目中，整个项目华为投入近20亿元人民币，可见华为对于学习现代企业管理技术的决心和力度。

"华为公司会否垮掉，完全取决于自己，取决于我们的管理是否进步。希望大家不要做昙花一现的英雄。华为公司确实取得了一些成就，但当我们想躺在这个成就上睡一觉时，英雄之花就凋谢了，凋谢的花能否再开，那是很成问题的。"任正非在管理工作会议上这样阐述他对于改善华为管理技术的初心。改革的过程非常痛苦，例如，虽然IPD是一套已经被IBM证明行之有效的科学产品开发模式，但是让华为适应这套模式却并不容易。"快速满足客户个性化需求"原本是华为能够拿下国内农村市场和海外市场的杀手锏之一，销售人员得到客户需求后快速反馈给研发团队，研发团队则用最快的速度设计符合客户要求的独特方案，华为人不怕辛苦，用加班无休的努力换来了客户的好评和更多的机会。然而推行IPD之后，这样的道路却走不通了，产品决策权被研发、市场、生产、用户服务等各部门组成的IPMT（Integrated Portfolio Management Team，集成组合管理团队）联合拥有，而非原来的研发部门独有。销售人员将客户需求上报IPMT后，需要经过产品需求、投资回收、盈利点预测和产品生命周期等数十项评审，再通过模拟运行评估风险，确定投资意向，之后再由研发部门进行研发，直至推向市场至少需要一年多的时间，华为原本的优势荡然无存，大量订单纷纷旁落于竞争对手。2002年前后，公司业绩出现滑坡，内部质疑、反对的声音不断高涨，大批人才因为不适应新管理模式而离职，华为的改革面临内忧外患的双重压力，步履维艰。不过即便出现这样的情况，任正非却依旧坚决推行现代企业管理变革，忍受着改革过程中的阵痛。除了资金上的大量投入，华为更是用铁腕手段推行改革，不适应的人下岗，抵触的人撤职，任何浮躁不屑的心态和敷衍应付的态度都会得到惩戒，目的就是要将改革贯彻到底。2003年华为在全公司正式推行IPD并取得了显著效果，华为的产品研发周期从2003年的84周缩短到2007年的54.5周，产品故障率从2001年的17%降到2007年的0.01%，客户满意度持续上升（见图1.8）。

2003年，英国电信集团在亚洲寻找供应商，准备对英国本土的通信网络进行升级和改造，在寻找的过程中，英国电信集团对华为产生了很大的兴趣，并对华为开展了为期3年的供应商认证考察。英国电信集团是业内公认的挑剔客户，它拥有一套苛刻的认证体系，包含12项上百条详细的认证标准，不仅考察公司的技术指标、运营情况，还考察公司员工的工作环境、薪资体系。这些规范、烦琐、周密的认证标准即使对于发展历史悠久、组织结构全面的大公司来说难度都不小，更别说对于只有十几年历史的华为了。不过华为却做到了，2005年，华为正式通过了英国电信集团的供应商认证，在国际市场上打响了华为的品牌。这很大程度上就是得益于向IBM学习的经验，华为在2003年前已经熟悉了西方企业的管理机制，同时将西方成熟的产品研发、供应、财务管理流程对华为进行适配，经过2~3年的磨合，这些流程已经初见成效，极大地提升了华为企业的规范性和国际性，帮助它更快地通过了供应商认证。

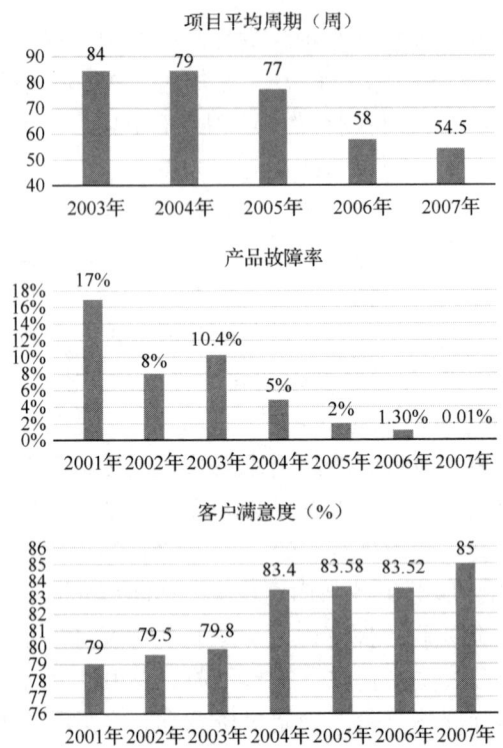

图 1.8　IPD 正式推行 5 年的成果

"IBM 教我们'爬树',我们爬到树上摘了苹果",华为向 IBM 学习的决定让华为的内部结构得到了重塑,扩展了企业的生命线。2009 年,华为继续向 IBM 引进业务领先模型(Business Leadership Model,BLM),进行企业统一的战略管理,两者的合作得到深化。从制订《基本法》到向 IBM 学习,华为在规范企业管理的道路上持续探索。

> **查一查:**
> 1. 详细调查一下诸如"ISC""IFS"等其他管理变革项目的具体细节和针对的企业存在的问题。
> 2. 了解华为引入 IPD 的更多深层原因,思考为何在出现"业绩下降、员工离职"的情况下,任正非都坚持引入 IPD 是正确的呢?

1.2.3　师夷长技,坚持向西方学管理

"只有破除狭隘的民族自尊心才是国际化,只有破除狭隘的华为自豪感才是职业化。"华为不仅仅向 IBM 求教,它虚心向所有"老师"求教,20 多年来,华为全面对标西方企业管理模式,向诸如麦肯锡、埃森哲、普华永道、美世等国际著名咨询公司支付咨询费用累计上百亿元。它向美国合益集团(Hay Group)咨询薪酬体系建设,向

IBM、普华永道咨询集成财务系统（IFS），与埃森哲合作进行销售管理体系（LTC）和客户关系管理体系（CRM）的构建，对于管理体系的持续变革，华为极其认真。

任正非在华为内部讲话《活下去，是企业的硬道理》中，解释了华为坚定地走"向西方学管理"的路的原因，他说这一切都是为了让企业长久地"活下去"。从华为的成长之路中不难发现，企业发展是"这山望着那山高"，而且是"长江后浪推前浪"，找不到终点的标志，却不断有人在试图赶超你。与此同时，企业发展的好坏受到太多因素的影响，政策和市场是外部推手，突如其来的"寒冬"可能将一切重新洗牌；人是内部推手，意见不合、利益冲突都可能一夜间让大厦崩塌。这些变化的因素进一步增加了企业的不稳定性，而推行管理体系建设，能够减少内部因素影响，摆脱企业对"能人"的依赖，并通过规范化流程增强企业运营能力，增加员工黏性，提升企业核心竞争力，以应对外部因素。华为深知自己是从一个小公司发展过来的，是在中国发展起来的，发展过程中外部资源不如西方那么丰富，内部管理也多是凭着感觉，缺乏理性、科学性和规律，如果华为是一个小作坊，小富即安，或许不用考虑那么多，但华为是一个有雄心的企业，并且在海外有着强大的市场，它迫切需要用西方企业的经验和方法来武装自己。因此，向西方学习是华为找到维持企业发展的有力手段。

1.2.2 节中提到，华为引入 IPD 时，引发了研发部门员工和公司内部的一些不满，企业收入甚至出现了下滑，不过华为并没有因此停止或者调整对于 IPD 的引进，反而是用雷霆手段处理了所有不坚决执行命令的人。同样的情况出现在每一次向西方引进现代管理技术的过程中，任正非的要求是采用"精确复制"的策略，绝对不允许出现"华为版本""中国版本"，执行过程中任何反对的声音都会被直接遏制，没有一丝商量的空间。原汁原味、照搬照抄是华为向西方学管理的"最高军令"。这听起来似乎有点不可理喻，但其实这是华为在引进西方管理技术的一大特色，被称之为"削足适履"。任正非说"在管理改进和学习西方先进管理方面，我们的方针是削足适履，对系统先僵化，后优化，再固化"。华为很清楚自己向西方企业买的是一双西方鞋，中国人很可能穿不进去，但是必须穿进去，哪怕削足，也必须先穿进去，只有穿进去，才能真切感受到这双鞋好在哪里，才能从材质、工艺、舒适度、减震性等各方面全面审视自己原来的鞋和它相比差距在哪里，才能有机会造出一双最适合自己的鞋。华为最初的管理水平与西方国家明显存在巨大差异，任正非提出"先僵化，后优化，再固化"的方针，就是针对企业落后的现状和东方人爱幻想、容易情绪化的性格特性。华为就像一个家庭条件不好但勤恳奋斗的追梦者，从小为了生存而劳碌，为了理想而拼搏，被生活的磨难渐渐压弯了腰。长大之后虽然事业小有成就，但骨骼却已定型，要把体态改正很困难、很痛苦，但是必须得改，不然迎来的只有腰越来越弯，背越来越驼。只有改正自己的体态，才能拥抱更好的明天。所以，任正非认为"在华为公司，很多方面不是在创新，而是在规范，这就是我们向西方学习的一个很痛苦的过程"。

"僵化"反对的是盲目自信和盲目创新，而当时机成熟，公司稳定之后，则是"优化"的最佳时机。华为如今有自己独特的薪酬体系和人力资源管理方法，这些是在向美国合益集团咨询的基础上，根据企业实际情况不断演化而来的，而随着优化的不断深入，向西方学习的影子会越来越淡，专属华为的特色会越来越清晰，并且"固化"得坚不可摧，这才是华为向西方学管理的最终目标。

> 辩一辩：
> 1. 你认为华为坚持"削足适履"的做法，是否是对西方的盲目崇拜？
> 2. 华为采取"僵化"的手段是否太过强硬，柔和一点能否达到更好的效果？

1.3 员工是生命之泉

"华为唯一可以依存的是人。当然是指奋斗的、无私的、自律的、有技能的人。如何培养造就这样的人，是十分艰难的事情。"

——任正非《华为的红旗到底能打多久》

1.3.1 激励：员工持股计划

华为是全球第一家没有上市的 500 强公司，它有着独特的股权机制，股权 100% 由员工持有，华为的持股员工已超过 10 万人，任正非只占有不到 1%的股份。这个特殊的机制被称为"员工持股计划"，由华为工会实行，是华为薪酬体系的重要组成部分。"员工持股计划"在漫长的演变过程中成了员工激励的有效手段（见图 1.9），员工与公司利益共享的方式让华为的价值网络不断稳固与扩大。

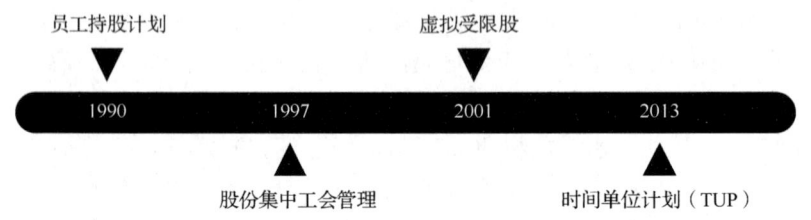

图 1.9　华为员工持股计划演变

华为员工持股计划源于 1990 年，原本是为了应对公司资金困难而提出的"权宜之计"。当时华为在市场扩张和产品研发上都有大量的资金缺口，然而民营企业的性质限制了银行贷款的额度，为此华为提出了"员工持股计划"，以每股 1 元的价格进行内部融资，以税后利润的 15%作为股权分红。据华为员工回忆，困难时期华为的工资每个月只能领取一半，另一半就以股票的方式记在账上。令人惊喜的是，这个"权宜之计"不仅缓解了华为的资金问题，还提升了华为员工的归属感，增强了员工与公司之间的凝聚力。得力于深圳市政府在政策上的特别支持，华为后期开始了对于员工持股计划的不断改革，以持续保持企业的人才活力。

1997年，华为参照深圳市颁布的《深圳市国有企业内部员工持股试点暂行规定》对员工持股计划进行了改制，将所有员工股份转到华为工会名下进行统一管理，同时加大员工配股力度，让员工持股计划成为华为重要的薪酬激励政策。随着华为销售收入的增加，股权的回报率甚至能达到70%以上，借此华为吸引了大批人才的加入，有效扩充了公司的优秀人才库。

2001年，华为将员工股更名为"虚拟受限股"，并在2008年进一步提出"虚拟饱和受限股"的概念。员工不再配发原始股票，而是配发以公司年末净资产折算价值的股票期权，若员工离开公司，则需按照上一年股价将股权转让给公司。同时华为对各岗位每一级的配股数量设定了上限，以规避老员工"一劳永逸"的惰性心理，鼓励员工努力提高绩效和等级，以得到更多的股票。这期间，核心岗位的配股数量逐渐高于一般岗位，华为的重点激励趋势逐渐明显。

2013年，华为推出"时间单位计划（Time Unit Plan，TUP）"，本是针对外籍员工的持股计划，2014年在全公司进行推广，逐渐取代虚拟饱和受限股的制度。TUP的亮点是将未来的部分收益与现在的绩效绑定，从而实现对员工的中长期激励。TUP以5年为一个周期，根据员工当前绩效预先分配一定的未来收益，并在未来5年内逐步兑现，TUP属于员工的劳动性回报，以现金形式奖励且不需要员工出资，TUP逐渐稀释了一经购入就永久持有的股权分红，是华为"以奋斗者为本"的侧面印证。

"员工持股计划"是华为薪酬体系的组成部分，而薪酬体系是人力资源管理的组成部分。企业想要招揽优质人才，除了企业价值观的熏陶，更需要让员工切实看到企业成长价值和自身收益空间。华为大胆地将企业未来利益与员工收益进行绑定，用企业信誉做背书，用企业价值空间做激励，实现了企业与员工的双赢。

2020年，面对国际形势的不确定性和日益严峻的商业环境，华为在虚拟饱和受限股的基础上推出ESOP1（Employee Stock Ownership Plan 1），员工在职满8年后退休或离职，可选择不被回收股权，继续享受分红。ESOP1更强调激励的普惠性，其效果将在未来继续接受现实的检验。值得注意的是，华为的股票并不是通常意义上的股票，持股人只享受股票的分红和股票增值带来的收益，决策权和转让权均受到公司的限制，将"员工持股计划"简单看作华为的利润分享和利益绑定制度，更能体会到华为在人力资源管理上的精妙。

> 论一论：
> 1. 华为如果上市，员工也许能获得更大的股票利润分成，为何华为坚持不上市呢？
> 2. 华为将"员工持股计划"不断细化明晰，是否会在企业内部形成唯利益论的导向，让员工只关注如何能挣更多的钱，忽视如何能更好地与公司成长？

1.3.2 威信：市场部集体大辞职

1996 年，"市场部集体大辞职"（下称"大辞职"）是华为在干部管理中至关重要的大事件，4 年后，华为甚至特意召开了"'市场部集体大辞职'4 周年颁奖典礼"，以提醒大家记住这惊天动地行为背后的深远意义。

华为成立之初对于干部的管理是相对松散的，管理方式几乎就是让干部们"自由发挥"，很少组织开集体办公会，相反，任正非会飞到各地去听取一线办事人员的意见，全面地了解和支持他们。任正非认为自己什么都不懂，没有能力去领导他们，也不知道如何管理他们，所以选择放权，让专业的人做专业的事。一段时间内，公司内部戏称任正非是"甩手掌柜"。这种模式给予华为的各路诸侯充分尊重，让他们可以在自己的舞台大展拳脚，淋漓尽致地发挥聪明才智，短时间内确实迅速成就了华为。1995 年，借助 C&C08 产品的火热，华为获得了巨大的利润，这也让部分办事处的领导干部出现了居功自傲，不服从公司指挥，甚至想自立山头的情况。放权式的管理模式在这时显露出了它最明显的弊端。"成也萧何，败也萧何"，为了不让这种情况大规模爆发，当时负责市场部工作的华为副总裁孙亚芳提出了"大辞职"的方案，全面整顿华为的干部结构。

方案要求市场部所有正职干部在提交年度述职报告的同时，提交一份辞去正职的报告（见图 1.10），公司会根据干部的述职情况批准述职报告或者辞职报告。述职报告需要包含对 1995 年工作的总结和对 1996 年工作的规划，辞职报告则由公司提供统一模板。长达一个月的考核后，30%的干部被辞退，其中包括任正非的得力干将、市场部代理总裁毛生江。雷霆举措让所有人意识到，这次不是开玩笑。"大辞职"开创了华为干部"能上能下"的先河，让员工懂得没有永远的安逸，居安思危才是最好的奋斗状态，企业在员工面前树立了威信，杜绝了内部腐化思想的进一步滋长，可以说这是华为在人力资源管理上迈出的第一步，也是至关重要的一步。

图 1.10 市场部集体递交"辞职报告"仪式

事实上,"大辞职"只是华为干部管理改革中一项具体的事件,华为对于干部管理的想法是庞大且循序渐进的,1995年年底,任正非在办事处工作会议上发表名为《解放思想,迎接96年市场大战》的讲话,为即将到来的"大辞职"和华为未来的人员管理做了详尽的阐述和补充。他提出,开展"大辞职"的核心目标是建立层层考核机制,这不是一次孤立的"活动",办事处主任可以用同样的方式考核下属,让危机感成为促进工作效率的有效手段。华为的深层意图则是通过这种方式,让干部能深刻领略华为未来干部管理的理念,办事处主任应该逐渐由公关型转为策划型,最终转为管理型,大家需要摒弃地盘思想,用开放的心态和专业的管理能力打造干部新面貌,这样华为才有可能成为一个大市场、大科研、大系统、大结构的大公司。

"如果没有大辞职所带来的对华为公司文化的影响,任何先进的管理体系在华为都无法生根。"这是事件发生4年后,任正非对它的公开评论,"市场部集体大辞职"对于华为来说,不仅值得4年后再学习,更值得终生学习。

查一查:
1. 查找一下"大辞职"时华为给每个员工准备的辞职信模板,分析辞职信内容所体现出的华为对员工的要求。
2. 调研一下2007年华为的"辞职门"事件,思考与"大辞职"的异同之处。

1.3.3 反思:呆死料大会

2000年,华为在深圳体育馆组织了一场研发体系的千人大会,大会有一个很有趣的名字,叫"呆死料大会"(见图1.11)。大会的主要内容是对研发体系各部门主管的表彰,而表彰的"奖品",则是一些多年来诸如研发人员失误所造成的废弃物料,因为产品质量问题而"救火"的机票等各类本不应该产生的浪费品。这场大会有一个鲜明的主题——"自我批判"。

图1.11 "呆死料大会"颁奖现场

一直以来，华为都是一个重技术、重研发的公司，每年投入研发的资金占销售收入的10%，研发人员数量接近50%。一般来说，研发人员的学历会比较高，在公司内部享受着很高的尊重，同时作为华为的中流砥柱，一般没有人敢直接对他们提苛刻的要求，所以他们还享受着很高的自由。这种被默认的高地位久而久之成了研发人员的保护伞，保护着他们在自己"幼稚"的世界中走不出来。技术型人才通常有这样几个特性：有自己鲜明的个人工作风格，很难服从统一的管理要求；多喜欢自己钻研，鲜少愿意主动与营销部门、市场部门的人去沟通产品的实际需求；多喜欢在技术细节上投入大量时间，却很容易与市场和商业脱节；多喜欢挑战新项目，却厌恶产品维护类的重复性劳动……随着华为的发展壮大，这些特性成了研发部门的弊端，诸如工作不认真、成本意识淡薄、材料报表填写不清、测试不严格、盲目创新等问题开始影响产品的质量和生产，"呆死料大会"在这种情况下孕育而生。

任正非在这场大会上的讲话名为《为什么要自我批判》，从华为经历的风雨，到个人发展的理想；从社会环境的变化，到建设制度的意义，条分缕析，阐述了自我批判的重要意义。"呆死料大会"用一种戏谑的方式激发研发体系对于产品质量不合格的羞耻感，更是激发全体华为人对于工作意识不到位的羞耻感。参与大会的有华为党委及各部门党总支领导、公司领导、深圳全体研发体系人员及其他部门科级以上干部6000余人，涵盖了公司思想建设、管理建设、实际生产等所有条线的重要人员，可见"自我批判"并不仅仅是对研发人员说的，更是对全体华为人说的，这是华为企业文化中非常重要的财富。

每年华为都会在各类管理层面及部门条线中开展自我批判大会，用负向激励的方式提醒华为人要学会自我反思和自我进步。2016年3月，华为获得了中国质量领域最高政府性荣誉——"中国质量奖"。时任华为常务董事、产品与解决方案总裁的丁耘在接受采访时说："如果没有那次'呆死料大会'，没有充满阵痛的质量体系建设，华为不可能走到今天。"

聊一聊：
1. "呆死料大会"本质上还是对员工的公开批判，那么员工的面子问题该如何应对呢？
2. 如果让你对当前的自己进行自我批判，你认为可以有哪些角度呢？

1.4 创新是唯一方法

"重大创新是无人区的生存法则，没有理论突破，没有技术突破，没有大量的技术累积，是不可能产生爆发性创新的。"

——任正非在2016年"全国科技创新大会"发言

1.4.1 华为海思，芯片备胎

2019 年 5 月 17 日凌晨，华为海思总裁何庭波向所有员工发表了一封公开信，这封信写于美国商务部工业与安全局把华为列入出口管制"实体清单"的第二天，"实体清单"意味着美国将在芯片、操作系统、元器件等技术上对华为全面"断供"，华为被迫陷入供应短缺的处境。信中客观地承认了华为当前面临的困境，但最重要的，是这封信让华为海思带着它设计的"备胎"芯片，昂头挺胸走入了公众视野。

"多年前，还是云淡风轻的季节，公司做出了极限生存的假设，预计有一天，所有美国的先进芯片和技术将不可获得，而华为仍将持续为客户服务。为了这个以为永远不会发生的假设，数千海思儿女，走上了科技史上最为悲壮的长征，为公司的生存打造'备胎'。

……

今天，是历史的选择，所有我们曾经打造的备胎，一夜之间全部转'正'！多年心血，在一夜之间兑现为公司对于客户持续服务的承诺。"

深圳市海思半导体有限公司是华为全资芯片研发子公司，成立于 2004 年。众所周知，中国的芯片无论是设计还是制造，在国际上都长期处于落后的地位，90%的芯片都从国外进口，每年需要花费上万亿元，缺乏芯片自主权遏制了中国很多产业的发展。华为海思做的就是自主研发芯片，最为人熟知的当是麒麟系列芯片。2017 年发布的麒麟 970 是全球第一款人工智能手机芯片，2020 年 10 月，搭载麒麟 9000 芯片（见图 1.12）的华为 Mate40 系列手机正式发布。发布会上，华为消费者业务 CEO 余承东用了大量的篇幅介绍麒麟 9000 芯片，它是全球第一颗、也是唯一一颗采用 5 纳米工艺制造的 5G SoC，集成多达 153 亿个晶体管，比苹果 A14 多 30%，是目前晶体管最多、组成最复杂、功能最完整的 5G SoC。麒麟 9000 的 CPU、GPU、NPU 在性能上较同时期友商最强产品分别提升了 10%、56%、230%，在电源效率上分别提升了 25%、32%、150%，上行传输速率快了 5 倍，下行传输速率快了 2 倍。如今，华为的所有旗舰手机都已经搭载上自家的"麒麟"芯片，内供已不成问题，不仅如此，华为海思还拥有用于数据中心的鲲鹏系列芯片，用于人工智能场景的昇腾系列芯片，用于连接终端的巴龙系列芯片，以及其他视频监控、物联网等专用芯片，这让海思芯片在内供之余，已经在服务器、视频解码、安防等领域成功实现了对外销售。2020 年第一季度，华为海思销售额达到 26.7 亿美元，首次进入全球半导体 TOP10 榜单。

这些耀眼的数据一次次证明了华为"坚持自己掌握核心技术"的战略正确性，目前华为在 5G 技术上拥有全球最多的专利，已经做到了行业领头。而何总裁在信中提到极限生存的假设，则充分彰显了华为未雨绸缪的能力，及技术独立的自信。10 多年时间，数千名海思人，超过 4000 亿元的投入，华为海思默默准备着一份可能永远不会面世的"备胎"计划，结果赌对了这个"万一"的可能性。

图 1.12　麒麟 9000 芯片

"我们现在做终端操作系统是出于战略的考虑，如果他们突然断了我们的粮食，Android 系统不给我用了，Windows Phone 8 系统也不给我用了，我们是不是就傻眼了？同样地，我们在做高端芯片的时候，我并没有反对你们买美国的高端芯片。我认为你们要尽可能用他们的高端芯片，好好地理解它。只有他们不卖给我们的时候，我们的东西稍微差一点，也要凑合能用上去。"这是任正非 2012 年一次内部专家座谈会上的讲话。话中透露出了华为也在自主研制自己的操作系统，这款操作系统叫"鸿蒙（HarmonyOS）"，2020 年在华为 MateX2 手机上首次亮相。2021 年，鸿蒙系统全面上线，华为的手机、计算机、平板都装备上了这一自研系统，多设备协同的稳定性让大众眼前一亮。除了芯片设计、操作系统，余承东曾透露华为在芯片架构方面也拥有"备胎方案"，或许在未来也将得以一见。

从决定自主研发数字交换机的那一刻开始，华为就明白，只有掌握核心技术，走技术创新才是华为"活下去"的最大底气。

谈一谈：

　　华为作为中国的民族企业，也在为解决中国"卡脖子"的关键技术付出巨大的科研投入，这对你有什么启发？

1.4.2　2012 实验室，探索于迷航

"2012 实验室"号称华为内部的神秘组织，成立灵感来源于电影《2012》，寓意着面对未来信息爆炸的数字洪流，华为需要打造自己的诺亚方舟来面对所有的不确定性。海思半导体是 2012 实验室的下属二级部门。

2019 年 3 月，华为对外首次开放了诺亚方舟实验室（见图 1.13）和先进热技术实验室。诺亚方舟实验室主要研究顶级 AI 技术，包括核心技术研究和基础学术性研究，2018 年诺亚方舟实验室共有 11 篇论文被人工智能顶级会议 NeurIPS 接受，其中来自诺亚方舟巴黎实验室的 1 篇论文是大会 4 篇最佳论文之一。先进热技术实验室聚焦于材料性能的研究，例如芯片的散热，产品的高集成封装等，研究最新技术，从而服务于华为现有技术。类似的实验室在 2012 实验室有几十个，分布在全球各国各省市，由

世界顶尖的科学家和研发人员组成。

图1.13　华为诺亚方舟实验室

"华为现在的水平尚停留在工程数学、物理算法等工程科学的创新层面，尚未真正进入基础理论研究。随着逐步逼近香农定理、摩尔定律的极限，而对大流量、低时延的理论还未创造出来，华为已感到前途茫茫，找不到方向。华为已前进在迷航中。"2016年任正非在"全国科技创新大会"上介绍了他对华为技术当前的定位，也说出了华为在技术上未来的方向。如果说2012实验室更多还是工程领域的创新，研究的技术多致力于在5年之内实现商业应用，那么在2019年4月，华为成立"战略研究院"则是华为表达对于"无人区"探索的坚定态度，和彰显一个科技创新企业的社会使命。

华为战略研究院的院长徐文伟表示，华为要从创新1.0走向创新2.0，在产品、技术和解决方案创新的基础上，向基础理论研究进发，向革命性技术创新进发。研究院瞄准5年以上的前沿技术，研究诸如光计算、原子制造、DNA存储等尚未清晰的领域，担负起领航华为未来5～10年的重任。同时华为战略研究院将大力开展与高校的合作，建立联合实验室，成立研究项目基金，让人才、资本和技术在合作中共同进步。

相信前路终会被照亮。

查一查：
1. 了解2012实验室下属其他部门都有哪些，分别在做哪些研究？
2. 思考技术型企业建立下属实验室/研究院的意义及是否具有必要性？

1.5　案例总结

华为是我国高科技企业的典范，它的发展历程一定有很多值得研究的地方。本章只是概要介绍，想要探究其成功的秘诀，可以阅读相关著作、任正非传记，还可以原汁原味地品读任正非内部讲话与记者公开访谈。

如果"活下去"是华为的基本使命，那么《基本法》则体现了任正非的雄心。《基本法》是由华为管理团队与中国人民大学教授团队联合制定的。教授团队的全程参与，可以突破华为经验的限制，充分吸收先进的管理思想，帮助任正非完成思考，用准确的语言把他内心的感受呼唤、表达出来。而华为管理团队参与《基本法》的讨论、思想凝练和文本打磨，使得《基本法》深深地植根于实践经验，并且能与企业员工们达成深度共识。和《基本法》配套的，还有一系列的"子法"，对人力资源管理、业务管理、财经管理、公共关系管理、华为大学等各个领域进行了进一步明确。《基本法》及其"子法"就是华为在关键领域建立的组织原则体系。华为的核心竞争力在于管理和技术的结合，品读《基本法》可以在字里行间感悟到华为对"管理""文化""领导"的认识和重视。

要实现《基本法》确定的愿景，就需要向国际领先企业学习管理，如美国 IBM 的集成产品开发（IPD）、集成供应链（ISC）、集成财务系统（IFS）等。以 IPD 为例，产品的开发管理需要综合考虑用户需求、知识产权、供应链、财务、售后服务等众多部门协同，不再是由技术部门单独决定。在 IPD 的推行过程中，华为采取"削足适履"，对系统"先僵化""后优化""再固化"的方针。"先僵化"，暂时放下过去的经验，采取空杯心态，在 IPD 系统使用过程中理解和学习；"后优化"，充分理解后再根据自身的情况进行优化；"再固化"，逐渐形成具有自己特色的本土解决方案。华为管理升级取得成功后，也为其开拓企业级业务奠定了良好基础。

华为的技术竞争力是长期积累的。华为在服务用户的过程中练就了把握用户显性和隐性需求的能力。为了避免低层次竞争，华为开发制约产品性能的核心部件，如 1993 年为数字程控交换机 C&C08 设计了专用芯片 SD509。后来进一步发展，到了 2004 年，专门成立海思半导体公司。当华为走到业界的前列以后，必须自己去直面不确定性。为此，华为在组织上，把研究从研发的组织体系中分离出来，单独成立了 2012 实验室。2019 年，华为提出创新 2.0，成立战略研究院，致力于基础理论的突破和基础技术的发明。华为重视高校的战略合作，鼓励公司高管和高级专家，到外面去和学者、科学家交流，任正非把这种方式形象地比喻为"一杯咖啡吸收宇宙能量"。

研究华为的案例，可以看到任正非在关键时刻对于华为方向的把控风范，可以看到一个民族企业在面对危机的未雨绸缪，可以感受到包容开放的态度能为自身带来的增益。每一个企业都有它自己独特的历史，华为的成长在时代的特殊性下受到了更多的关注，也确实不负众望，带来了很多的惊喜。

拓展思考题

1. 学习更多任正非的内部讲话，尝试归纳每个讲话的背景，思考企业管理者在企业关键节点发表讲话的特殊意义。任正非的企业家精神是如何养成的？

2．华为向 IBM 学习，向西方很多企业学习，任正非曾提出"一杯咖啡吸收宇宙能量"的观点，指出企业和员工都要具有开放的心态，通过交流吸收外界的能量。整理华为在这方面的具体实践，思考这对你有何启示？

3．2005 年，华为正式注册了华为大学，新入职的员工都要在华为大学接受企业文化、产品知识、营销技巧等多个方面的培训，你如何看待这种企业型办学的意义？

4．华为一路坚持"自主研发"，但相对于世界的先进技术依然有差距，你认为中国高科技企业在加快中国科技发展中起到的作用是什么？

5．谈谈你认为本书选择华为作为第一个案例的原因。

参 考 文 献

[1] 周留征. 华为创新[M]. 北京：机械工业出版社，2017.

[2] 邓斌. 华为成长之路[M]. 北京：人民邮电出版社，2020.

[3] 沈方楠. 华为 28 条军规：任正非的管理哲学[M]. 北京：中国法制出版社，2017.

[4] 吴春波. 华为没有秘密 1[M]. 北京：中信出版社，2016.

[5] 吴春波. 华为没有秘密 2[M]. 北京：中信出版社，2018.

[6] 吴春波. 华为没有秘密 3[M]. 北京：中信出版社，2020.

[7] 吴建国，冀勇庆. 华为的世界[M]. 北京：中信出版社，2006.

[8] 林超华. 华为没有成功，只有成长：任正非传[M]. 武汉：华中科技大学出版社，2019.

[9] 成正心. 以奋斗者为本：任正非引领华为的方法和故事[M]. 北京：电子工业出版社，2018.

[10] 金易. 任正非与华为神话[M]. 北京：中国人民大学出版社，2018.

第 2 章

IBM 商业案例分析

International Business Machines——国际商用机器公司，即 IBM（IBM logo 见图 2.1），是一家实力非常强劲的百年企业。IBM 的发展历史中，必须提到一位关键性人物，他叫郭士纳。郭士纳来到 IBM 之前，IBM 经历了老沃森、小沃森等不同领导人时代，经历了计算机领域的极致辉煌，然后逐渐走向僵化与衰落。郭士纳到来之后，用"壮士断腕"的决心重整 IBM，在 IT 服务中找准了 IBM 的新定位。华为向 IBM 的学习，就恰巧在郭士纳领导 IBM 成功转型后。今天的 IBM 主要针对企业、政府部门等不同主体，提供从咨询到工程技术落地的完整解决方案，凭借其强大的基础研究实力引领信息技术产业的前瞻性研究，输出企业对未来技术和商业的洞见，并与其技术服务业务开展协同。走进 IBM，在欣赏这家以科技实力雄厚著称的企业不断创造商业奇迹的同时，思考一下企业在竞争中该如何找准自我的风格？

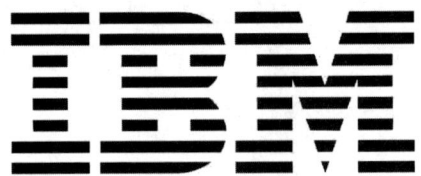

图 2.1　IBM logo

2.1 教科书式的企业帝国

IBM 是由两个沃森一手建立起来的，老沃森是 IBM 的创始人，依靠制表机给 IBM 赚到了第一桶金，并打造了 IBM 最初的企业精神文化。其子小沃森，性格洒脱，不受条条框框的拘束，他敏锐地看到了计算机市场的潜力，坚持带领 IBM 投身其中，研制的 System/360 计算机系统让 IBM 一战成名，企业规模和业务量进入了爆发式增长期。两位领导人用智慧与胆识让 IBM 储存了足够的实力，在计算机领域初展锋芒。

2.1.1 老沃森时代

IBM 的前身是 CTR 公司（Computing-Tabulating-Recording Company），创立于 1911 年。电子时代到来之前，人们发明了制表机械，利用穿孔卡片来记录和处理数据，CTR 公司就是以制表机为主打产品的。1914 年，托马斯·约翰·沃森（也被称为"老沃森"，其子被称为"小沃森"）来到这家当时因为经营不善濒临破产的公司担任经理，并在 1924 年将公司名称改为 IBM（见图 2.2）。

图 2.2　CTR 公司更名为 IBM 公司（1924 年）

严格来说，IBM 并不是老沃森创立的，他和郭士纳一样，是一个"外来人"，老沃森（见图 2.3）在加入 CTR 公司之前主要做的是销售工作，他推销过风琴、缝纫机、证券和收银机，并且一度做到了全美现金出纳公司的二把手，这是当时美国最著名的公司之一。这些经历成了老沃森的重要财富，让他具备了敏锐的商业嗅觉。据小沃森回忆，老沃森之所以对 CTR 公司感兴趣，就是因为他看出制表机大有改进的余地和广阔的商业前景。老沃森认为美国工业正在以前所未有的规模发展，办公自动化的工具一定会大势所趋。他将过去工作中的经验总结并运用在 IBM 的管理中，在他的领导下，IBM 不仅摆脱了最初 CTR 公司濒临破产的局面，更找到了适合自身发展的独特企业价值文化。老沃森升华了职业经理人（CEO）这个角色，为IBM的百年未来打下了坚实的基础，他被世人公认是IBM的"创始人"。

图 2.3 托马斯·约翰·沃森（老沃森）

IBM在老沃森时代面临过几次难关，老沃森在处理的过程中则是智慧尽显，多次化危机为转机。1929年，美国遇上经济大衰退，美国股市大崩盘。10月29日当天从开盘到休市，美国股市共损失150亿~300亿美元，按照2008年的币值算法则是接近3000亿~6000亿美元的损失。IBM自然受到了严重波及，销售业绩迅速下滑，股价大幅下跌，危急情况下，老沃森扛起所有压力，用乐观主义精神指挥着IBM共抗时艰。老沃森并没有采取诸如裁员等方式来降低企业成本，相反，他决定继续雇佣员工，维持生产进度，将生产的仪器和零件都存放在库房。同时他追加了在新产品研发上的投资，以当时年收入的6%（约100万美元）投资修建第一间企业实验室。做出这样的决定并没有想象中的容易，1932年，IBM的股价回落到1921年的水平，连老沃森自己都说，如果股票价格再下跌三四美元，他就要宣告破产，因为他把自己所有的钱都买了IBM的股票。老沃森始终坚信经济衰退是暂时的，哪怕这个暂时最后持续了近3年的时间，但他一直在坚持。1933年开始，美国政府实施罗斯福新政，决定建立社会安全保障机制，社会福利、价格控制和公共工程等新政项目都需要大量的制表机。这个时候，IBM在大萧条时期存储的机器一下子有了用武之地，当时只有坚持扩大生产规模和不断进行产品研发的IBM有能力提供大量机器，因此IBM赢得了独家代理罗斯福新政会计项目的合同，各大企业也向IBM订购机器以报送统计材料，订单如雪花般飞来，IBM一跃成了数据处理行业的霸主。

没有老沃森，就没有IBM，不过，老沃森对IBM最大的贡献并不是带领IBM度过了几次危机，他最大的贡献在于初步塑造出了IBM的价值观，给IBM留下了丰富的精神文化财富。老沃森所塑造的价值观深深地刻在了IBM的基因之中，潜移默化地影响着IBM未来百年的发展。举例来说，"尊重个人"是老沃森时代IBM非常鲜明的企业特色，所谓的"个人"包括客户也包括员工。IBM的销售员总是衣着整洁，西装笔挺,和普通的销售员形成鲜明对比,这极大地提升了企业的专业形象,让顾客有更好的体验感。老沃森对于员工极为看重,努力打造"家文化",打造公平、温馨的企业环境。在他看来,所有人都是平等的,当把职衔抹去,大家都是一样的,因此他要求经理人去聆听下属的心声,协助他们发展;他建立团体人寿保险、抚恤金制度、带薪休假等各类员工福利制度,其中老沃森尤为关注女性平等,不仅招收女性员工,更专门制定适合女性的公司培养体系。销售出身的老沃森将他的看家本领毫无保留地传承到了 IBM,他建立专门的教育部门负责销售人员的培训,建立指标和考核制度,举办销售人员大会以表彰优秀人才,设立"导师"(Mentor)制,形成代代相传的销售文化,IBM 的销售能力可是世界公认的厉害。老沃森在 IBM 建立的各种举措及其精神内核在之后百年的时间里被保留并不断以不同形式出现,滋养着 IBM,让它具备足够的韧性,不惧风雨的侵袭。

> **聊一聊:**
> IBM 在经济萧条时期反其道大量囤货,最后迎上了政策的福利,但换一家企业也学 IBM 赌上全部身家,很可能在春风刮来之前就已经倒下。从中你是如何看待企业战略选择的"赌博性质"呢?

2.1.2 小沃森时代

老沃森将 IBM 的接力棒交到了他的儿子——小沃森手中。小沃森的性格特点非常鲜明,与稳重的老沃森有很大差异。老沃森给小沃森留下的厚实企业基础成了小沃森发挥实力的舞台。在老沃森的基础上,小沃森用"50 亿美元大冒险"让 IBM 彻底称霸计算机领域。

2.1.2.1 小沃森的眼光

20 世纪 50 年代,随着年事已高的老沃森逐渐退出公司的管理与决策,小沃森(见图 2.4)逐渐掌握了公司的决策权。年轻时代的小沃森有着典型"富二代"的性格特点,"桀骜不驯""不务正业""生性顽劣"这些词用来形容他毫不过分。依靠着父亲的名气与财富,小沃森拿到了布朗大学的毕业证,毕业后进入 IBM 做销售。三年不到的时间里,小沃森只学会了花天酒地和驾驶飞机的"高端"技能,留下个"花花公子"的"美名"后便扬长而去,转身参军当了飞行员。小沃森成为国民警卫队的一员,并作为军事飞行员参与到第二次世界大战(以下简称"二战")中,这件事成了小沃森人生的关键转折点。二战期间,小沃森在枪林弹雨中拼搏,战争的惨烈激发了他男儿的血性;他迎娶了心爱的妻子却痛失第一个孩子,为人父后开始理解自己的父亲;他参与军事管理工作,在摸索中找到了平等、以身作则等优秀的管理方式……这些经历让小沃森的性格出现了巨大的转变,他变得坚毅勇敢、沉着冷静,有了成熟的决策能力,和年轻时候的"纨绔子弟"判若两人。退役后的小沃森经过思考,决定重新回到 IBM。

小沃森回归后，带领 IBM 完成了企业历史上的第一次伟大转型，让 IBM 成功迈入了"计算机时代"。

图 2.4　托马斯·沃森（小沃森）

IBM 在 1944 年曾协助哈佛大学共同研制成功 ASCC（Mark I）电磁式计算机，Mark I 由 3000 多个继电器组成，虽然不能完全算作电子计算机，但至少说明在电子领域 IBM 早年已经有了初步的探索。老沃森其实意识到了电子技术的重要性，可惜，他太过执着于制表机给 IBM 带来的利润和自己一手打下来的江山，始终不愿意正视 IBM 必须转型的事实，因此并没有在电子领域进行大规模投入。不久之后，用电子管组装的 ENIAC 和 UNIVAC 等初代计算机逐渐进入市场，许多企业也纷纷介入，成为 IBM 的竞争对手。其中包括最早涉足计算机的雷明顿·兰德公司、"巨无霸"通用电气公司、具有强大政府和军方背景的美国无线电公司、霍尼韦尔公司以及技术领先、效率惊人的控制数据公司等。IBM 虽凭借制表机时代销售和科研能力的积淀，在这一新兴的领域有一定领先地位，但这种差距并不算大，各个企业大有赶超之势。

与老沃森对制表机和穿孔卡的热情不同，小沃森对新生事物的好奇和接受程度明显要高很多。小沃森最早见到的计算机是宾夕法尼亚大学的 ENIAC，这是一台由 18000 只真空管组成的庞大机器，当时被军方用来计算炮弹的弹道轨迹。最初小沃森并没有被 ENIAC 打动，他并不认为这样一个庞大、昂贵又不可靠的机器会成为一件商用设备。幸好，年轻人的特点就是应变能力强，当他见到用电子管做的乘法器运行速度之快，他立刻明白了电子领域的巨大潜力。1946 年 9 月，"IBM603 乘法器"的诞生宣告 IBM 开始进入电子行业，而后小沃森坚定看好电子技术的未来，用了三四年的时间扩充电子工程师团队，并聘请有"电子计算机之父"称号的冯·诺依曼（John Von Neumann）担任顾问。1949 年 IBM 穿孔卡片程序控制电子计算机研发成功，1951 年 IBM 开始研制国防计算机，1952 年 IBM 研制的大型计算机 IBM701 在国防领域大获成功，标志着 IBM 正式从机械计算时代进入电子计算机时代。之后，IBM 的研发和生产进入了快车道，适用于不同需要的 IBM702、IBM704、IBM705 等型号相继问世，帮助 IBM 在大型机领域站稳脚跟，1953 年，IBM 开发出的 650 型中型计算机，火速成为市场的销量之王。1956 年，IBM 推出了世界上第一个计算机磁盘存储系统 305 RAMAC（见图 2.5），具有 5MB 的存储空间，被称为所有现代磁盘存储器的祖先，是计算机实用的一场革命。同年，小沃森正式接替老沃森成为 IBM 总裁，此时 IBM 已经占据了计算机市场绝大部分的份额。1961 年，IBM 的规模已经达到 1956 年老沃森去世时的 2.5 倍，销售收入超过 20 亿美元，IBM 进入电子领域的决定给公司带来了巨大的收益。

图 2.5　世界上第一个计算机磁盘存储系统 IBM305 RAMAC

《财富》杂志曾在 1987 年称小沃森"或许是当代最伟大的资本家"，这个"伟大"的意蕴，除了小沃森在电子计算机领域的独到眼光，更有他在企业管理方面不容小觑的能力。小沃森传承了老沃森时期优秀的企业文化，将"尊重个人""客户服务""追求卓越"明文确立为 IBM 的三大基本信念，给了 IBM 人明确的价值观引导。同时，他改革了一些已经不太适用的老沃森时代的管理方法，加强推进科学化的管理方法，强调分管与制衡，例如他重新设计 IBM 的组织架构，设计五大集团，分别负责 IBM 的不同业务，选拔副总裁作为集团负责人，各集团分别下设部门管理，集团负责人和小沃森则组成核心管理委员会进行统筹，这个架构一改 IBM 之前"总裁最大"的管理风格，实现了集权和分权的相互制衡。在小沃森的努力下，IBM 不再是"家天下"的传承制度，而更多是"公天下"的现代企业管理模式，这成了 IBM 具有长久生命力的重要原因。

> **想一想：**
> 　　小沃森的成长经历是自由而随性的，在不断的人生实践中做出下一步的人生选择，思考调整人生方向，这和如今大部分人按照普遍节奏进行学习、工作的成长环境形成了很大的差异，分析两者的差异，想想你更喜欢哪一种方式？

2.1.2.2　50 亿美元大冒险

IBM 在 20 世纪 50 年代后期开始提高对技术创新的重视程度，在电子技术的前沿领域开创了很多新兴概念，不仅从电子管顺利向晶体管演进，推出 IBM608、1400、7000 系列等各类完全由晶体管制成的大、中、小型计算机，还发明了世界上最早出现的计算机高级程序设计语言——FORTRAN 语言及其编译器,不过真正奠定 IBM 计算机霸主地位的,是后来小沃森领导 IBM 进行的"世纪豪赌"——开发并推出第一个商业计算机系统 System/360。

细心的小沃森注意到,IBM 虽然在 20 世纪 60 年代早期保持扩张之势,发展速度相较于前几年却大为滞缓,几年前 IBM 的增长率能达到 30%左右,1960 年却只有 9%。小沃森对原因进行了深入的分析,认为主要是 IBM 内部的开发工作流程出了问题。当时的 IBM 有两个计算机部——大型机和小型机,本意是激发部门之间的良性竞争,以促进新产品的开发,结果两个部门为了竞争形成了两套独立的研发体系,产品之间无法兼容,大型机和小型机之间的内部结构、软件及外围配套设施都完全不同,这严重影响了客户的产品升级,也提高了生产成本。IBM 内部环境的不统一无形中也给竞争对手提供了机会,竞争对手不仅仿制 IBM 的计算机,还不断推出技术更先进、性能更好的计算机,这使得 IBM 的生存空间不断被压缩。小沃森意识到,IBM 必须做出一些重大的改变,否则 IBM 的生存将会受到威胁。

1961 年,System/360 计算机系统(以下简称 S/360)总体方案出台,次年 1 月,小沃森签署了该方案,并宣布立即实施。360 指的是一整圈 360 度,代表着产品从科学界到工、商业的全方面应用,IBM 研发 S/360 便是意图打造一条具有通用性和兼容性的全新产品线,能够适用于不同领域并具有可扩展性。

小沃森任命执行副总裁利尔森全权负责 S/360 的研发工作,一批才华横溢的工程师与科学家参与到研发工作当中,这其中包括提出了"计算机家族"概念的伊万斯、提出流水线处理和程序中断系统的计算机科学家布鲁克斯等。科研人员们把全新的思路和构想融合到最新的技术当中,这使得 S/360 在设计构想上领先了一大步。当然 S/360 的研发难度也远超预期,首先,IBM 需要协调设计新生产线的软件和硬件,重新设计不同能力的计算机,包括驱动器、打印机、通信设备都在内的几十种配套设备,以及编写能够使所有产品协作运行的软件程序;其次,在晶体管还在大规模使用的时代,IBM 开拓性选择使用集成电路进行开发,就意味着所有的电子零部件全部需要由 IBM 自己建厂制造完成,这是怎样一个难度概念呢?据小沃森描述,晶体管工厂的造价每平方英尺为 40 美元,而集成电路工厂则高达 150 美元,几乎是 4 倍的资金投入,更遑论当时还没有企业将集成电路应用在计算机开发上,技术人员大量缺乏,用"摸着石头过河"来形容 IBM 的状态再合适不过。与此同时,1962 年,美国整体经济出现了衰退,IBM 的股价跌幅超过 30%,而 IBM 因为 S/360 的研发,暂缓了对原有产品的更新,竞争对手的新产品也在快速吞噬着 IBM 的原有市场。腹背受敌、内外交困的情况下,S/360 无底洞般的投入和未知的产出让 IBM 承受着前所未有的巨大压力。

幸好,过程虽然曲折,结局却是美好的。1964 年 4 月,IBM 宣布 S/360 研发成功(见图 2.6),并在新闻发布会上展示了 6 个型号的计算机和 44 种新式的配套设备。S/360 是世界上第一个"计算机家族",是第一套真正适用于不同场景的"通用系统"。S/360 的所有机器都是"兼容机",它们使用统一的操作系统,共用模块化硬件,运行相同的指令和软件,无论企业、政府部门或科研机构都可以使用。兼容性在如今似乎是理所当然的事，但在当年，却是划时代的创举。S/360 推向市场后取得了巨大的成功，发布后两个月，就签订了超千份订单。1965 年 S/360 正式交付安装，第一批产品的质量和功能并没能达到原定标准，小沃森本来担忧这会影响销售情况，但事实是订单源源不断涌来，一时间供不应求。摆脱生产困境后，S/360 的制造数量越来越多，质量也不断提升，1970 年前后，IBM 依靠 S/360 占据了 70%以上的计算机市场，在其基础上衍生出来的 S/370 等后续型号更是彻底把竞争对手们赶出了大型计算机的市场，依靠着 S/360 的用户量，IBM 在此后的 20 多年里几乎是"独孤求败"。1989 年有人曾经做过一个统计，统计结果表明，基于 S/360 架构及其换代版的计算机的总安装数量占当时全世界计算机存量的一半以上。

图 2.6　IBM 总裁小沃森与 S/360（1964 年）

IBM 原计划投资 5 亿美元进行 S/360 的研发，最终实际投入的资金却高达 50 多亿美元，是美国研制第一颗原子弹"曼哈顿计划"投资额的两倍多，连小沃森都惊呼"我几乎不敢相信账单上的数字，惊愕不已的不止我一个人"，但这场 50 亿美元的大冒险，IBM 胜利了！S/360 的成功带给 IBM 的不仅是收入的增加，更是精神的鼓舞，这份敢于突破、勇于冒险的精神和智慧是 IBM 无价的财富。

> 辩一辩：
> 1. IBM 在大型计算机时代取得的巨大成功，对企业后来的发展有什么影响？
> 2. 小沃森的豪赌如果失败了，可能会对 IBM 造成重创。你认为这个决定是不是小沃森的任性？

2.2　群雄争霸，大厦将倾？

小沃森时期后，IBM 已经是大型机领域的霸主了，不过在瞬息万变的时代中，没有永远的强大,更没有一劳永逸的成功。在接下来的岁月中,IBM 陆续遭遇了在个人计算机市场的滑铁卢,大型机需求的萎缩,以及漫长的反垄断诉讼。这让 IBM 吃足了苦头,雪上加霜的是,长久的辉煌让 IBM 内部出现了对企业的错误认知,庞大的 IBM 一时间竟无法快速应对眼前的危机。

2.2.1 异军突起的 PC 市场

20 世纪 70 年代之后,集成电路技术在计算机行业的应用逐渐成熟,技术的提升带动了行业的变化,更激发了创业者们的热情。往后的几十年中,各类新兴企业如雨后春笋般出现,他们或专注于外围设备的生产,期待在日渐庞大的市场中分一杯羹;或想办法研制兼容机,准备在 IBM 的虎口下夺食;或致力于技术创新,想在细分市场中一举夺魁……企业的起起落落之中,计算机的小型化悄悄成了一大趋势,个人计算机(Personal Computer,PC)的出现让计算机行业变得精彩纷呈,也让如日中天的 IBM 察觉到了一丝危机。

以王安电脑、数字设备公司(DEC)为代表的中小型计算机迈出了小型化的第一步,他们生产的小型机比 IBM 的大型机在体积上大幅度减小,造价上相对低廉,同时技术复杂度也有所降低,这意味着计算机不再是大企业和政府的专利,中小企业的市场被成功开拓。1976 年是个人计算机发展史上具有里程碑意义的一年,是年,史蒂夫·乔布斯和沃兹尼亚克在自家车库里鼓捣出了世界上第一台可以商业化的个人计算机 Apple-I。次年他们注册了"苹果计算机公司"并开发出 Apple-II(见图 2.7),1977 年的计算机展上,他们凭借 Apple-II 出色的设计和低廉的价格,一炮打响个人计算机时代,宣告着个人也可以独立拥有计算机了。Apple-II 在推出后的 5 年中卖出了 100 万台,可见 PC 市场拥有着巨大的开发潜力。

图 2.7 乔布斯与苹果 Apple-II 型个人计算机

除了乔布斯和他的苹果,另一个未来的计算机帝国也蓬勃地生长着,这就是比尔·盖茨领导的微软公司。与苹果公司善于进行技术创新和制造焦点相比,盖茨则更善于经营以及把握商机。盖茨敏锐地察觉到了个人计算机时代的来临,并且意识到软件将会在个人计算机时代扮演至关重要的角色，1975 年他与好友保罗一起创建了微软，锁定计算机的操作系统和软件，等待着随时可能出现的机遇。

IBM 显然注意到了 PC 的迅猛发展，不过此时的 IBM 正陷在漫长而复杂的反垄断诉讼中，或许是因为诉讼牵扯了太多的精力，或许是它认为 PC 市场只是小打小闹，不会太过影响公司的收入，IBM 并没有在第一时间投入到 PC 领域中，这让 IBM 在日后不得不一直在追赶。

1980 年，IBM 决定进军 PC 领域，这相对于苹果开创 PC 领域已经晚了 4 年。IBM 的 CEO 克里已经意识到了 PC 的重要性，他要求 PC 研发小组用最快的速度研制出可以与苹果 PC 抗衡的 IBM-PC，并多次催促和询问 PC 研制的进展。令人沮丧的是，此时的 IBM 已不是老沃森或者小沃森时代，CEO 并没有一锤定音的话语权。公司大部分人并不想把大量资源从利润丰厚的大型机业务投向市场规模小得多的 PC 领域，因此 IBM 没有把 PC 研制的工作交给实力最强的沃森实验室来做，而是让此前默默无闻的中层技术经理唐·埃斯特里奇领导一个 13 人团队秘密地开展 PC 的研制工作。有限的研发投入迫使埃斯特里奇选择了与竞争对手不同的研制方法，放弃封闭体系转而选择开放式架构。组成 IBM-PC 的软硬件几乎都由别的公司提供，这里面包括英特尔的 8088 处理器、微软提供的 MS-DOS 操作系统等，IBM 的工作就是把这些零件整合起来，贴上 IBM 的商标。

经过一年的努力，IBM PC（见图 2.8）被研制出来并很快推向市场。IBM PC 的面世造成了巨大的轰动，以几乎每分钟销售一台的速度席卷市场，第一年就实现了 10 亿美元的销售额。经过短短两年就迅速占领了个人计算机市场 75%的份额，击败了个人计算机市场上的主要竞争对手苹果公司和 DEC。这时，也就是 1984 年，个人计算机业务带来的收入已经占到了 IBM 总收入的 20%。这似乎在说明，IBM 在 PC 领域不仅没有落后，反而遥遥领先。IBM 的声誉和超一流的科研实力，保证了 IBM 即使是后发，也有足够的优势来重新定义个人计算机行业。

图 2.8　后来居上的 IBM PC 5150

然而，时间还是将 IBM 在 PC 市场的短视问题暴露了出来。由于 IBM 采用了开放式架构，这使得仿制 IBM 个人计算机成为可能，在 IBM PC 供不应求的背景下，有人开始琢磨如何仿制 IBM PC。其中，康柏公司发现了 IBM PC 的命门——基本输入和输出系统（简称 BIOS），这是 IBM 在个人计算机中设置的技术壁垒。康柏率先设计出新的 BIOS 版本，成功地仿制出了 IBM 兼容机并于 1982 年圣诞节推向市场，其代价仅仅是向 IBM 付了一笔专利使用费。于是，买不到 IBM PC 的消费者就将目标转向了康柏公司生产的 IBM 兼容机，一时间，康柏公司也出现了供不应求的状态。这一做法成功刺激了其他的电子计算机厂商，他们纷纷加入仿制 IBM 兼容机的行列中，一时间兼容机市场百花齐放。

为了抵御个人计算机领域的竞争对手，IBM 做了很多被动的应对，如设计个人计算机简化机型、买断英特尔 286 型处理器、和微软合作开发新系统 OS/2 等。然而这一系列做法却打出了一套自杀式组合拳，其中最致命的便是 IBM 在处理器和操作系统决策上的失误，甚至可以说是亲手葬送了 IBM 在个人计算机领域的优势地位。在处理器上，为了应对仿制者的竞争压力，IBM 决定买断英特尔的 80286 处理器，天真地认为若 IBM 垄断 80286 五年的库存，就能让仿制者们没有处理器可用，对当时更先进但还存在瑕疵的 386 处理器，IBM 选择视而不见。可惜摩尔定律主导的半导体技术趋势不可阻挡，康柏等竞争对手看准了这个机会，率先采用 386 处理器，缩小了与 IBM 的差距，进一步蚕食 IBM 的市场占有率。在操作系统上，IBM 想和微软合作开发只能在 IBM 个人计算机上运行的 16 位操作系统 OS/2，并坚定否决了微软想采用 Windows 操作系统的提议。于是微软一边心不在焉地与 IBM 合作，一边秘密地独立开发 32 位的图形化操作系统 Windows。此时微软已经凭借 MS-DOS 系统占领了兼容机操作系统的大半江山，借助着庞大的用户基础，Windows 系统一经推出便大受欢迎。IBM 为它的傲慢和迟缓付出了代价，渐渐地，PC 市场（特别是 IBM 兼容机市场）的话语权不再属于 IBM，而是由英特尔和微软两家公司说了算。屋漏偏逢连夜雨，IBM 的失误决策反而促进了二者的联合，发现了市场规律的英特尔和微软形成了 Wintel 联盟，牢牢把控住了 PC 市场。IBM 高估了自身对个人计算机市场的控制力，1985 年 IBM 在 PC 市场占比已不到 30%，失去战略制高点的 IBM 在 PC 市场一路下行，逐渐被彻底边缘化。

谈一谈：
1. 个人计算机的出现，给以大型计算机为主流的计算机产业及市场带来了怎样的变化？
2. 你认为 IBM 在 PC 领域失败最关键的原因是什么？

2.2.2 僵化的庞然大物

IBM 除了在 PC 市场失去主导权，在大型机领域也风光不再。反垄断诉讼后，IBM 的竞争对手得到了政策的"通行"，来自日本的计算机厂商开始与 IBM 在世界范围内展开角逐。此外，由曾参与 S/360 研发的计算机科学家阿姆达尔成立的计算机公司也在美国市场给 IBM 带来了压力。20 世纪 90 年代起，IBM 的颓势愈加明显，1991—

1993年，IBM连续出现亏损，亏损额达到168亿美元，创下美国企业史上第二高的亏损纪录。

失去PC市场以及日益激烈的市场竞争固然是影响IBM营收的重要外部因素，但更多的是，IBM在漫长的王者岁月中积攒下来的内部问题，让IBM的衰落形成了蚁穴溃堤之势。其中不乏商业模式的短视。

20世纪70年代以来，大型机一直是IBM的支柱业务，即使在个人计算机业务取得巨大成功的1984年，大型机业务依然占据主导地位，贡献了主要的营业额。IBM的大型计算机业务商业模式主要采用租赁的模式，一是考虑到大型计算机一次性购置成本太高，这样可以降低用户的资金门槛；二来租赁有利于维系IBM与用户之间的关系，并可以通过长期向用户提供维护、升级等增值服务，不断地赚取利润。1980年接任IBM董事长的奥佩尔决定改变大型机业务的商业模式——鼓励用户购买大型机而不是向IBM租赁。IBM原本每个月只能得到每台机器售价百分之几的收入，现在突然变成获得了全部货款，这个决策极大改变了IBM的收入格局。而当改变定价策略实现的快速增长无法持续时，为了保持增长势头，IBM改变了其一向保守的会计政策，把新的租赁合同直接当成销售额来处理，寅吃卯粮，把所有销售收入和利润提前入账，还将实际的研发花费延后计提。这样做带来的效果也非常明显，伴随着同时期IBM PC的初步成功，IBM的销售业绩在3年时间内增长了60%，从1981年的290亿美元增长到1984年的460亿美元，利润更是翻了一倍，从1981年的33亿美元增长到1984年的66亿美元。20世纪80年代初到80年代中期，IBM有着比实际运营成果好看得多的财务报表，股价也一路高歌，IBM在这一时期市值达到了720亿美元，问鼎世界价值最高公司。不过这样的虚假辉煌，一碰就碎，只是时间问题而已。

当然还有长久辉煌带来的膨胀与对客户的漠视。IBM的员工一直享有丰厚的待遇，随着IBM地位的不断提升，员工们渐渐丧失了锐意创新、顾客至上等曾赋予IBM竞争力的企业文化，取而代之的是僵化、盲目乐观与傲慢，内部开始滋生自满自大的情绪。鉴于IBM的大型机客户通常是大型企业和政府机构，他们订购的大型机上一般都运行着部门的核心业务，因此他们在处理与计算机相关的问题上不得不小心谨慎，紧密地依赖IBM。这几百万行程序里要是有一个错误，就可能破坏计算机所产生的信息，或破坏整个系统，让工作陷入瘫痪。客户想利用计算机开发新的用途也必须求助于IBM，因为任何改动和重新编写软件的风险都是客户自身难以承担的。在垄断市场的条件下，IBM和客户的关系发生了微妙的变化，这一时期，客户因为没有其他选择，不得不依赖IBM的大型机设备，而IBM的销售人员不再像过去那样以客户的利益为关注点，他们甚至都不在意客户，因为没了这个客户总有下一个。如果说一开始IBM还能提供令客户感到满意的服务的话，到20世纪80年代后期，销售人员自身的优越和滞后的服务让大部分客户对IBM只剩下了反感。

20世纪90年代初期的IBM患上了典型的"大企业病"，无形之中，IBM已经形成了近30万人的规模，船只越大，转向就越难。或许是受到反垄断调查的影响，它不再像以前那样具有冒险精神，开始变得保守和胆小；或许是过高的成就，让它以为无人能撼动其霸主地位，反而忽视了变化和竞争；或许是终身雇佣制的安逸滋生了惰性，它不再积极进取，反而开始了内部的无谓消耗……总之 IBM 的迟钝和保守极大损害了其品牌形象，从客户到公众都已经接受 IBM 不再是大型计算机时代那个"蓝色巨人"的观点了，很多 IBM 的客户转投竞争对手的怀抱。不少人，甚至包括业内人士都怀疑 IBM 已经走上了不可避免的末路，"蓝色巨人"的陨落只是时间问题。

> 论一论：
> 1. IBM 采用的这种财务技巧，其本质是什么？你能否找到相似的案例？
> 2. 企业市场地位的改变与其客户关系的维系有何微妙关系？

2.3 漂亮的翻身仗

20 世纪 90 年代初的三年是 IBM 历史上最惨痛的记忆，IBM 的经营状况不断恶化，兼并收购和尝试各种转型都未能有所改善。IBM 即将走到破产边缘，几乎没有人认为这家巨型公司还有挽救的可能性，它的失败正如它的成功一样，甚至被商学院写进了教科书。为了拯救 IBM，1993 年董事会罢黜了首席执行官约翰·埃克斯，通过搜猎委员会的遴选，最终选中了郭士纳来承担"拯救 IBM"这一不凡的使命。

2.3.1 力挽狂澜的外来人

不同于 IBM 前几任 CEO，郭士纳（见图 2.9）是一名做咨询出身的职业经理人，并且履历中没有任何 IT 背景。1942 年出生的郭士纳，从哈佛商学院毕业后就直接进入了纽约麦肯锡咨询公司，并在随后的 9 年里一步一步成长为高级合伙人。麦肯锡公司的主要业务是为客户深入分析市场定位、竞争态势及战略方向等，这让郭士纳学会了如何快速而具体地理解一家公司的基础。1977 年，过了而立之年的郭士纳想寻求职业生涯上新的突破，于是加入了美国运通公司，担任旅游服务集团的负责人，并在 1985 年成为运通公司总裁。郭士纳与 IBM 的第一次接触，便是在这段时期，只不过这并不是一次愉快的接触。运通公司当时是 IBM 的最大用户，有一天郭士纳接到了事业部经理的电话，告诉他 IBM 决定取消对运通公司数据处理中心的所有支持性服务，原因竟然是因为数据中心购买了一台非 IBM 的计算机，郭士纳最终找了 IBM 当时的 CEO 才把事情解决。在运通公司的经历培养了郭士纳一种信息技术战略价值观，据郭士纳事后描述，运通卡在全世界的交易本质上就是一宗大型的电子商务。

1989 年，郭士纳加入纳贝斯克公司（RJR）担任 CEO，帮助这家负债累累的公司在四年内扭亏为盈。在与各类财务流程打交道的实践中，郭士纳明白了现金在一家公司中的重要意义，"自由现金流量"是衡量一家公司是否健康发展以及公司绩效高低的一个重要指标。在基本完成了纳贝斯克公司的改革后,郭士纳再次萌生了退意,这时候,IBM 找到了他。

图 2.9　郭士纳——《拯救蓝色巨人》封面

　　IBM 几乎是"五顾茅庐"才请到了这个力挽狂澜的大将。1992 年 12 月,强生公司前总裁吉姆·伯克前往郭士纳公寓,透露 IBM 即将空出一个高级职位,问他是否愿意填补空缺,郭士纳表示了拒绝。1993 年 1 月,吉姆·伯克作为 IBM 搜猎委员会负责人再次找到郭士纳,邀请他担任 IBM 的 CEO,他又表示了拒绝。1993 年 2 月,郭士纳在与吉姆·伯克及委员会其他成员的会晤中再次明确拒绝参与到 CEO 的候选中。之后郭士纳曾突然想接受这个巨大的挑战,却在查看了 IBM 各类财政和预算资料后又一次退却,IBM 糟糕的数据让他认为这个企业获救的可能性不超过 20%。但吉姆·伯克还是没放弃,他最后一次用了一下午的时间来招揽郭士纳,并表示有必要的话会请克林顿总统来劝说他。最终,IBM 请到了郭士纳。

　　在宣布就职的新闻发布会上,郭士纳显得很激动,他认为这个职位是一个令人敬畏的职位,他未来在 IBM 的任何举措都会成为公众的焦点,因为 IBM 不同于任何公司,IBM 是一本制定基本原则的教科书,一举一动都会吸引全世界的目光。这个巨大的挑战,郭士纳会如何应对呢?

查一查:
　　1. 调查一下吉姆·伯克招揽郭士纳所谈论的具体内容,你认为是什么最终打动了郭士纳?
　　2. 进一步详细了解一下郭士纳的职业经历,尝试归纳一下郭士纳的性格特征。

2.3.2　外科大手术

　　对于刚刚走马上任的郭士纳而言,此刻的 IBM 如同一位受了重伤的病人,随时可能因失血过多而离开。在完成初期对于 IBM 的了解、会谈和现场走访后，郭士纳对这个庞大的机构有了初步的认知，尤其是这个"庞大"二字。他惊讶地发现公司有 155 个数据中心，31 个内部交流网络，数百位高级主管，更有数千名行政助理专门为主管们服务，每个部门都坚持有自己部门的预算，"终身雇佣制"下的员工可以轻易对上级说"不"或者表达不满，但上级对这些员工却无可奈何……郭士纳明白，IBM 面临的不仅仅有激烈的外部竞争，更有日益严重的内部腐化。

面对如此场景，郭士纳彰显出了强大的专业素养和果断的领导能力，他迅速采取各类措施给 IBM 止血。上任 3 个月后，郭士纳宣布了 IBM 一系列关键性决策，包括保持公司的完整性、改变公司的经济模式、重新定位大型机服务等。每一个决策都给 IBM 的现在或未来带来了深远的影响。

2.3.2.1 保持公司完整性

PC 领域的失败似乎严重挫败了 IBM，很长一段时间，IBM 都无法找到自己的节奏。在计算机产业的各个领域都尝试追赶，但又在多个领域遭到中小企业的抱团反抗，加上自己引以为傲的大型机市场又被 UNIX 的兴起而蚕食，这一切让 IBM 有点失了章法。市场环境催生了将 IBM 分拆成多个独立事业部来应对此时逆境的思潮，很多人认为臃肿的组织机构，冗长的决策流程非常不利于 IBM 在产业的细分领域与中小企业直接竞争，不如将 IBM 拆分为数个企业。郭士纳在上任的第一时间就快速给出了回应：保持公司的完整性，彻底掐断了企业内部不同的声音，定好了这场翻身仗的对战模式。

当然，郭士纳这么决定是有原因的，在他看来，分拆公司的办法只是一个机械的反应，一个在没有真正了解什么才是导致计算机产业市场分割的真实原因的情况下，为了应对新的竞争对手而采取的机械反应。细分市场的出现使得 IBM 在大型机时代作为系统集成商的高利润率难以维持，个人计算机业务遭遇挫折，也让 IBM 在传统分布式运算方面处于落后地位。若此时把 IBM 拆分成一个个独立的计算机零部件供应商，无疑会使 IBM 过去在系统整合上积累的资源和优势付诸东流，而且能不能在各自的细分领域打败已经取得领先的竞争对手也未可知。因此，可以预见的是，分拆会使一些事业部甩掉包袱，在短期内受益，另一些事业部则会渐渐失去竞争力，从整体的角度来看，分拆会从根本上改变 IBM 的商业模式，削弱其在产业链中的影响力和地位。

郭士纳认为，IBM 在计算机产业新兴的细分领域无法战胜中小企业，并不意味着 IBM 就完全丧失了产业内的竞争优势。IBM 规模庞大、产品线完整、分支机构遍布世界，这是中小企业完全无法具备的。另外，细分领域的出现，虽然扩展了计算机产业客户的选择面，但也提高了客户自身信息系统整合的难度——新兴企业大多专注于特定细分市场，无力提供系统整合的服务。此时计算机产业缺乏统一的产业标准，每一个参与其中的玩家都在推行"自己"的标准，试图以此打造行业壁垒来获得竞争优势。标准的不和谐更增添了用户整合自身信息技术系统的难度，甚至连开发一个简单的解决方案都显得十分困难。专注于细分市场的新兴企业无法扮演整合者的角色，但这正是 IBM 的长项。IBM 在全产业链布局，在前沿科学领域的基础研究冠绝全球，完全有能力承担起技术整合的重任,在新的市场环境下,找到实现价值的新切入点——成为前沿技术的整合器,将复杂的技术应用到解决商业难题中来,而不是下沉到细分市场与新兴企业捉对厮杀。

郭士纳断定,计算机产业在新的技术趋势面前,迫切地需要一个"坐"在生产线最后的角色,负责将部件转化为系统实现价值,而这应该是 IBM 自己独特的位置。基于这样的考虑,郭士纳否定了将 IBM 分拆的思路,做出保持 IBM 完整性的决策。

2.3.2.2 改变公司的经济模式

如果说"保持公司完整性"是手术方案,那么"改变公司的经济模式"就是这场外科手术正式开始的第一步。IBM 的流动资金短缺是郭士纳上任后的第一个棘手问题,在硬件业务全线溃败尤其是支柱业务大型计算机销售额、毛利率急速下滑的背景下,要想改善公司的财务状况,必须从缩减开支着手。新任的首席财务官(CFO)杰里·约克对 IBM 的投入产出状况进行了梳理,发现 IBM 每获得 1 美元的年收入,需要投入 42 美分,而竞争对手的这一数据是每 31 美分的投入带来 1 美元的年收入,最终计算后发现 IBM 存在 70 亿美元的开支问题!针对此,郭士纳首先是降低了年底分红,从每股 2.16 美元下调到每股 1 美元,这为 IBM 节省了 5 亿美元的资金。另一项重要举措则是以裁员 3.5 万人为代价削减 89 亿美元的支出,并且宣布取消"终身雇佣制"。虽然 IBM 一直以来承诺不裁员,但现在为了生存,已经别无选择。除了降低分红、裁员,郭士纳还领导 IBM 在内部系统和各业务环节减少浪费、削减支出,仅对 IBM 内部信息技术系统资源进行重新配置就在两年内为公司节约了 20 亿美元,而这类浪费现象在 IBM 的内部并不少见。通过对这些浪费情况发动全面的改造,郭士纳在任期间从内部改造活动中累计节约超过 120 亿美元的支出,IBM 内部的浪费现象得到了有效遏止。

除了节约开支,郭士纳还决定将缺乏竞争力的资产变现以筹集资金。在他的领导下,IBM 对公司内部的冗余资源进行了重新配置,卖掉了与核心业务相关性低的业务部门和闲置资产,同时对公司的非生产性资产进行出售,例如纽约的总部大楼、收藏的精美艺术品、为美国政府服务的联邦系统公司等。这个计划持续进行了多年,为公司筹集到了支撑下一步发展所需的资金,也为下一步围绕公司的计算机核心业务重塑竞争优势奠定了基础。

2.3.2.3 重新定位大型机服务

"IBM 要不要继续卖大型机?该怎么卖大型机"这也是困扰 IBM 很久的一个问题。郭士纳接任 CEO 时,大型机仍然是 IBM 的支柱业务,但此时 IBM 的大型机业务因为受到竞争对手、UNIX 开放式系统的冲击,已经到了岌岌可危的地步,郭士纳上任后的另一件重要任务就是为处于危险边缘的大型机业务找到出路。

郭士纳对大型机业务形成了三个基本观点:第一,不能放任大型机业务衰败,虽然个人计算机在取代大型机成为主流市场,但大型机市场还会一直存在,要重塑 IBM 在大型机市场的竞争力;第二,大型机业务需要依靠对技术创新的长期投入来实现既能降价回应竞争对手的挑战,又能保持可以接受的利润率;第三,大型机业务必须回应客户的诉求,不能继续回避问题,必须回到为客户的价值服务的正确轨道上来。

鉴于以上考虑,郭士纳在客户大会上做出了大型机快速降价策略的承诺,决定在 7 年时间内将 S/390 主机单元价格从当月的 6.3 万美元降至 2500 美元,其他主机软硬件的价格也快速下调。当然,为了弥补降价带来的利润损失,郭士纳决定进行一次赌博——在新一代 CMOS 半导体技术研发上持续投资,来取代现有的双极性技术,这一投资总共耗资 10 亿美元,历时 5 年。IBM 基础研究机构不负重托,成功实现了 CMOS 对双极性的技术更替,极大地降低了大型机的成本,即便在大幅降价的情况下,大型机业务仍然能保住利润。在客户大会上,郭士纳代表 IBM 做出保证,保证重塑 IBM,重拾以客户为导向,倾听客户诉求的成功之道。

除上述决策外,郭士纳还对企业结构进行了大刀阔斧的改革与精简,包括裁撤管理委员会来收紧决策权,选择电子邮件的交流方式来建立扁平化内部沟通机制,重新制定公司的工资待遇政策,整合原先分散独立的部门等。一系列雷霆化手段让 IBM 在短时间内有了迅速的改变,1994 年,IBM 成功止亏为盈,利润达到了 30 亿美元,郭士纳的"手术"初见成效。

> **聊一聊:**
> 1. 对于需要断臂求生的 IBM,什么是核心资产,什么是可以舍弃的?
> 2. 伴随产业发展,分工的细化,进行产业链上下游整合,提供全套解决方案的集成商的出现是否存在必然性?
> 3. 民主决策与决策权集中在企业核心管理层,这两种方式在企业发展的不同阶段应该怎样去平衡?

2.3.3 从技术转向服务

郭士纳用一年的时间让 IBM 实现了盈利,更重要的是,他在这一年中让 IBM 成功减负,并在潜移默化中改变着 IBM 的企业风格。在这一年中,IBM 取消了公司分立计划,并澄清了 IBM 的基本使命,郭士纳修补好了 IBM 这艘巨轮上的漏洞,它不会再沉没了,曾经患着"大企业病"的 IBM 逐渐找回了当年的拼搏精神。接下来,郭士纳将眼光投入到了 IBM 的未来。

郭士纳显得很兴奋,他认为这件事是一件有价值的冒险,如果说一年前的工作只是拯救濒危企业的常规操作,那么接下来,如何让 IBM 扭转乾坤,重新回到计算机行业甚至更广泛业务领域中的领导者行列,则是郭士纳更向往的挑战。在彻底摸清 IBM 的优势和劣势,并对整个行业现状有了较为清晰的分析后,郭士纳为 IBM 找到了一个全新的视角——提供信息技术服务,即为客户提供整体解决方案。

在当时,几乎所有的企业都是技术导向型企业,它们在计算机的细分领域找到自己的一席之地,然后依靠售卖自己的核心产品获得盈利,例如微软的操作系统、英特尔的处理器等。传统来说，客户购买了哪家企业的设备，就由哪家企业提供设备的维修服务，强大的企业例如 IBM 则采用过"拒绝为购买了非本公司产品的客户提供服务"的方式来控制客户，哪怕只是购买了一台非 IBM 设备，IBM 都会拒绝提供所有之前购买的 IBM 设备的后续服务。郭士纳在运通公司时有幸领教过这一点，没想到几年之后，这成了郭士纳灵感的来源。从客户的角度出发，郭士纳认为将不同供应商的计算机零件组装起来不仅具有难度，而且颇为烦琐，客户一定会期望有企业能够将这些计算机零件进行整合，并以整体的方式呈现给自己。更重要的是，顾客会期望企业能够提供包含维修、服务、咨询等在内的整套解决方案，从而彻底避免"哪家公司零件坏了只能找哪家修"的尴尬。基于这个想法，IBM 开始了新一轮的大转型。

2.3.3.1 转向 IT 集成服务

IBM 在计算机全产业链都有布局，这成了 IBM 提供 IT 集成服务的优势，IBM 可以通过主动的开放式合作，把细分领域的竞争对手转化为合作伙伴，利用 IBM 自身覆盖全球的销售网络，吸引合作伙伴加入 IBM 主导的产业链垂直整合体系，共同为客户创造价值。打个比方，过去 IBM 所面临的竞争格局，好比一头狮子在大草原上被一群鬣狗围攻，虽然拥有力量优势，但双拳难敌四手，转向 IT 服务后，情形转变成狮子带领着一群鬣狗一起捕猎，与鬣狗分享猎物，同时利用狮子的领地优势，帮助鬣狗获得更大的捕猎空间，以换取鬣狗群的合作。

当然，转型必然面临困难。首先，让 IBM 的销售人员接受甚至向客户推荐其他主要业内公司（大多是 IBM 的竞争对手）的产品，包括微软、惠普等，甚至为之提供相应的售后服务，例如维修这些竞争对手的产品，这对 IBM 上上下下都是一件一时半会儿难以接受的事情。其次，大宗服务合同通常需要持续 6~12 年，项目前、中期需要持续地进行投入，通常后期才能兑现项目回报与收益，这与 IBM 传统的产品销售模式完全不同。最大的挑战是，早期构建具有这种服务业务能力的单位需要将部分员工从 IBM 常规的销售部门中脱离出来，独立地进行发展，在完成业务能力构建后再把服务单位整合回原部门之中，这对于单位与部门之间普遍存在激烈利益冲突的大公司来说，几乎是难以完成的任务。

为了解决这些棘手问题，郭士纳在之后的三年内陆续完成了几项重要的改革。

第一项重要改革是让服务单位立即开始启动新 IT 服务业务，同时并没有第一时间将服务单位从销售部门剥离。希望通过冲突和磨合的方式加强销售人员和服务人员的协作，当然，郭士纳总是站在服务单位的立场上。在将服务单位作为独立机构分离出来之前，郭士纳还要对 IBM 全球范围内的所有服务单位进行整合——这些单位分别拥有截然不同的服务程序、服务价格、服务内容、服务术语以及品牌名称。

另一项重要改革则是与行业内优秀的企业建立合作关系。IBM 过去采用封闭的产品体系，自然而然地排斥一切自研体系之外的企业和产品，郭士纳想要打破 IBM 这一封闭的教条，通过 IBM 主导的开放合作来与业内公司实现共赢。最先与 IBM 签订合作协议的是西贝尔系统公司（Siebel），该公司的核心竞争力是领跑市场的客户关系管理软件包产品，西贝尔对利用 IBM 的销售网络和服务机构来支持其产品有极大兴趣。在高效地完成与西贝尔系统公司的合作落地后，IBM 成功地向同行们展现出了一种开放合作的姿态，一些曾经的竞争对手也纷纷找到 IBM，希望融入 IBM 所主导的 IT 服务体系中，借用 IBM 强大的销售资源，扩展自己的业务。在之后的两年内，IBM 一共签署了 180 多个类似的合作协议，不仅极大丰富了 IT 服务业务的内容，提高了 IT 服务的整体服务能力，同时也扭转了不利的外部竞争环境，把竞争对手转化成了合作伙伴。

除了和不同企业进行技术合作，IBM 破天荒敞开了自己的实验室，推动 IBM 自己的技术在市场上进行销售。这一做法让 IBM 的科研成果重新焕发了活力，也推动了和各公司的深度合作。2001 年，来自 IT 服务的利润已经占到了 IBM 全年税前利润的 47%，且服务业务仍保持高速增长的势头，IBM 基本实现了由硬件设备商向服务集成商的转型。

2.3.3.2 开拓软件业务

整合硬件行业资源，提供整体性服务只是第一步，这并不能让 IBM 具有不可替代性。郭士纳判断，在即将到来的互联网时代，数据存储、网络化计算会有很大的市场需求。伴随而来的则是客户需要建设更好的网络化 IT 系统和服务，包括增加网络服务能力和增加存储空间、设计和建设网络化的解决方案等，这也是 IBM 新 IT 服务的目标市场。从当时的产业链成熟程度来看，要为客户提供网络化解决方案，硬件上并不存在瓶颈，关键似乎在于软件，这里的软件并不是指类似电子表格这样的应用软件，而是保障和运行计算机网络的软件基础设施。

基于这样的判断，郭士纳重新发现了 IBM 大而不强的软件业务的价值，他找来 IBM 服务器集团的负责人约翰·汤普森，让他统管 IBM 所有的软件资产，发展 IBM 独立的软件业务。事实上，IBM 很早就已经是世界上最大的软件公司了，只不过 IBM 自身并没有软件意识，它所销售的软件也只是作为硬件设备与系统的配套，且只能与自己的硬件产品兼容，这导致软件业务给公司带来的不是利润，而是巨额亏损。IBM 选择把软件业务的战略重心押注在中间件上，即连接操作系统和应用程序软件的软件产品组合。个人用户对于中间件软件的需求不大，但对于企业来说，网络化计算时代的到来，意味着更多的用户、设备、交易处理以及整合应用程序、处理程序、系统、用户和机构的需求。操作系统不能完成这样的整合，但是中间件可以。

要使中间件完成这种整合，IBM 还有一个巨大的困难需要克服，因为中间件必须能够与所有主要的操作系统及应用软件程序兼容，即实现"跨平台"工作。所以，IBM 投入巨资、耗时数年对这些软件进行了重写，一方面使这些软件实现网络化，另一方面让 IBM 的软件能够运行在微软、惠普及其他公司的平台之上。除了改造 IBM 自己的软件资产，在郭士纳中间件战略的指导下，为了补强技术环节的短板和空白，IBM 在软件业务上发起了一系列的并购活动，其中最先执行也是最有名的一宗交易便是对莲花软件公司（Lotus）的并购。

莲花软件公司依靠其电子表格软件产品成名，属于应用程序软件，但 IBM 感兴趣的并不是电子表格，而是莲花软件公司开发的另一款名为 Notes 群件的产品，以及开发这款产品的天才技术人员。IBM 认为这是一款开创性的软件产品——Notes 可以支持数量巨大的计算机用户之间实现企业级网络化协作，这极大地支撑了 IBM 为客户提供的 IT 解决方案中网络化协作的能力。最终 IBM 付出了 32 亿美元的资金成功完成了对莲花软件公司的并购，创造了当时 IT 产业历史上最大的一笔软件并购。当然，Notes 群件（见图 2.10）给 IBM 带来了丰厚的回报，在并购完成后的 6 年时间里，Notes 的用户数量增加了 8800 万个，总数达到 9000 万个，Lotus 系列成品也成为 IBM 提供的企业级 IT 解决方案中的核心产品之一。

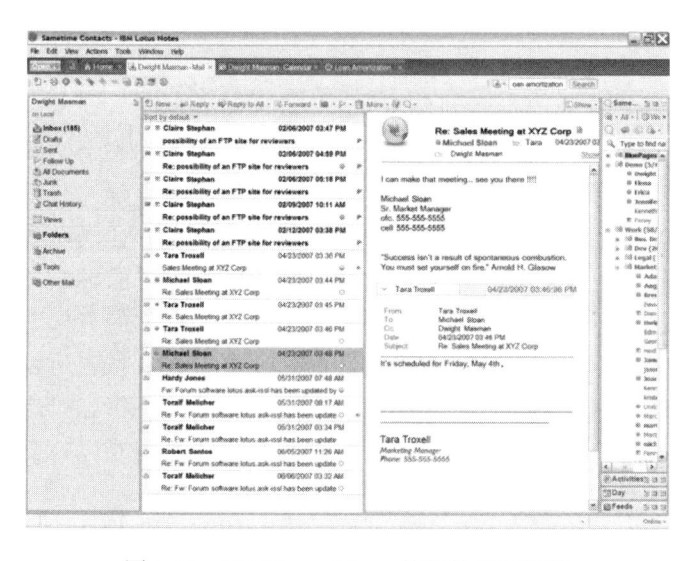

图 2.10　IBM Lotus Notes 的邮箱应用软件

1995 年对莲花软件公司的并购拉开了 IBM 软件业务深度整合的序幕，此后的 15 年里，IBM 不断地在软件业务上加码，并购了超过 60 家软件企业，结合自研的软件产品，围绕企业 IT 集成服务架构 IBM 构建起分属五大品牌的中间件软件体系，每个品牌各自担当中间件的不同功能，分别是 Lotus 系列工作流程协作软件、DB2 信息管理通用数据库及配套工具、Tivoli 跨平台 IT 管理软件、Rational 软件开发平台和 WebSphere 应用服务器系列软件。这五大类中间件软件从构建、运行、管理三个层面衔接了底层操作系统和上层的应用软件，同时实现了大规模的网络化 IT 架构，构成了企业 IT 系统和提供 IT 服务的关键基础设施。这一体系的建立使 IBM 几乎垄断了中间件产业链的所有核心技术，并且在每一个领域都名列前茅。确定 IBM 在中间件软件上的规划后，IBM 决定彻底放弃应用软件市场，全身心进行中间件的技术开发。这一决定被证明是正确的，毕竟再强大的企业也无法做到全然兼顾。软件业务给公司带来了巨大的收益，到 2010 年，软件业务成为 IBM 的重要支柱业务，20%的营业收入和 40%的利润来自软件业务。

2.3.3.3 赢回客户信任

很显然，在服务主导型的企业模式下，IBM 绝对不能再像当年那样傲慢地对待客户。郭士纳一上任就关注到了客户关系的缓和及维护。为了重新赢得客户的信任，也为了 IBM 重新思考如何为客户的核心利益着想，落实以市场和客户需求为导向的经营战略，在 1993 年 4 月底的公司管理委员会的会议上，郭士纳面对公司的 50 名高级经理，宣布了"热烈拥抱"计划。在会上，郭士纳指出，在和客户相关的问题上，公司存在着许多问题，包括：

- 部分产品出现了质量问题，这使得客户极为不快；
- 迟缓的客户服务和傲慢态度，失去了客户的信任；
- 盲目追求公司分立，跨部门的问题无法得到及时解决；
- 市场部门和零售部门存在剧烈冲突。

"热烈拥抱"计划就是针对这些问题提出的。在计划中，郭士纳要求高级管理班子中的 50 名高级经理中的每个人都要在未来的 3 个月内，至少拜访公司的 5 个最大客户中的一个。拜访客户的目的有二：其一，是要告诉客户，IBM 又回到了全心全意为客户的利益服务的轨道上来；其二，则是耐心倾听，了解客户的诉求，并将围绕这些诉求采取合适的措施。不光领导班子成员要"热烈拥抱"，他们的直接下属也要做同样的事情。另外，每一次拜访活动都要提交一份 1~2 页的报告，报告可以直接递送给郭士纳，也可以交给解决客户问题的相关部门或个人。郭士纳还指出"热烈拥抱"计划将推广到公司的所有客户，必须改变 IBM 在客户眼中已经变得难以打交道甚至店大欺客的姿态，这是一场对 IBM 客户关系与客户信任度的大检阅。

为了进一步拉近与客户的距离，郭士纳将 IBM 传统"白衬衣、蓝西服"的着装规则放宽，并建立"客户第一，IBM 第二，部门第三"的业绩考核指标，希望员工能够从各方面意识到服务客户是 IBM 的重要任务。这一做法极大地改进了 IBM 内部的整体业务风气，更有效地改变了 IBM 的对外形象。

郭士纳一系列的决策效果如何呢？1996 年 11 月 15 日，IBM 的股票达到了 9 年来的最高点，郭士纳用漂亮的成绩单向世界宣告：IBM 这个蓝色巨人已经重新傲立在世人的面前了。

想一想：

1. 为什么 IBM 选择一个外人来进行这一系列的改革呢？如果从 IBM 内部选拔一个人担任 CEO，会有什么不同的结果吗？

2. IBM 的软件业务是"资源"还是包袱？请放在不同的思考框架下，思考软件业务和 IBM 的战略有什么关系？

2.4 向传统蓝色巨人告别

在郭士纳的领导下，IBM 一改过去的企业形象，成功转型为以提供"IT 服务"为中心的互联网企业，成了电子商务的缔造者。至此之后，IBM 似乎掌握了保持企业活力的秘诀，它变得更加开放与包容，它依旧在自己的领域保持着优势地位，但同时保持着对市场的敏感度，不断调整自己的经营框架。IBM 从主营 IT 服务，到 2002 年提出"随需应变"战略，再到 2008 年向云计算、人工智能迈进，提出"智慧地球"愿景，看似不断变化，但始终与时代保有密切联系。郭士纳的继任者彭明盛在谈起 IBM 百年发展时说，"在过去的一个世纪中，我们一直在做一件事，那就是着眼于创新前沿不断演进，做出改变。"可见，这个蓝色巨人已经不一样了。

2.4.1 电子商务的概念缔造

由技术向集成服务的转型过程中，IBM 最重要的创造之一也许不是发明，而是一种改变整个商业体系运作形式的洞察，即公司所创造的著名的"电子商务（e-business）"一词。

在郭士纳对 IBM 未来的规划蓝图中，向服务型企业转型是他下的一个赌注，另一个更大的赌注是"以网络为中心的计算"，指的便是利用逐渐兴起的互联网进行更大层次的商业活动。郭士纳认为，互联网将发展为连接商业世界的新生产力工具，从而改变互联网时代企业运作的根本方式。而"电子商务"，是整个商业世界从现实世界向互联网的虚拟世界扩展的必经之路，这个过程将会是商业世界自 20 世纪 60 年代数字数据处理引入后又一次超大的转型浪潮。而 IBM 要做的便是抓住互联网发展这个机遇，推动"电子商务"概念的发展落地，利用新构建的服务、软件和集成能力，为互联网时代客户的企业信息化体系转型过渡提供完整的解决方案。

1996 年 12 月 IBM 第一次介绍了"电子商务"的概念，目标是为行业和客户提供数字信息和为在线商业提供从软硬件系统到接入互联网的完整服务，"电子商务"将重塑互联网时代商业和人际交往及互动关系。郭士纳认为这将会是 IBM 新的重要增长方向和业务爆发点。这个词并不能令人印象深刻，但它似乎是一个足够可信的名称。IBM 投入 50 亿美元开展大型广告和营销活动，展示电子商务愿景的价值，并且证明 IBM 拥有人才、服务和产品，可帮助客户从新的业务运作方式中获益。

接下来的几年中，互联网的高速发展和 IBM 的大力宣传消除了当时大多数人对互联网业务的疑虑，展示了互联网如何增加价值。IBM 逐渐摸索出了如何整合软件和硬件，借由电子商务平台，帮助企业"在网上开展真正的业务"，各企业也开始涉足互联网，进行投资、交互等各类活动，电子商务成了现代商业的基本特征。

"电子商务"是 IBM 推出 PC 以来，又一次引领市场风潮的优秀作品，正因如此，郭士纳被《时代》周刊评价为"电子商务巨子"，2002 年 3 月，郭士纳离开 IBM，而这个几乎焕然一新的蓝色巨人将继续转型之路。

> **聊一聊：**
> IBM 努力营销"电子商务"概念，和 IBM 自身的业务及业务能力是怎样形成良性互动的？

2.4.2 转型，一直在路上

IBM 后续的领导者们在此基础上继续着 IBM 的转型之路。2002 年，彭明盛接替郭士纳成为 IBM 的 CEO，当时，IBM 正在遭受互联网泡沫带来的持续打击，企业收入下滑幅度达到十年之最。彭明盛基于市场的变化，延续电子商务的精神理念，提出了"随需应变（On Demand）"理念，倡导以客户的需求为导向，改变传统由技术到市场的固定路径，创造变化的空间。IBM 这次的决定是，全面退出 PC 硬件业务，同时深化强调"服务"的概念，将之前的 IT 服务深化为涵盖知识服务、软件和顾问等服务市场，将服务覆盖到企业的各项业务，致力于提出任何需求的任意解决方案。

收购普华永道咨询部门是 IBM 深入用户管理领域，强化服务水平的经典之举（见图 2.11）。2002 年，IBM 投下 35 亿美元，收购了著名会计师事务所普华永道（PWCC）的咨询部门。普华永道咨询部门的 3 万名员工并入 IBM 全球服务公司（IBM Global Services）旗下的商业创新服务公司（Business Innovation Services），整合成立一个新的部门。需要注意的是，IBM 只是并购了普华永道的咨询部门，并非普华永道。这项并购对于双方来说都有非常重要的意义，对于普华永道来说，它通过这一方式实现了咨询业务与会计业务完全剥离的目标，达成了有关部门对会计师事务所将两种业务分离以缓解利益冲突的要求。其实两年前，惠普曾出价 170 亿～180 亿美元来收购这项业务，但最终没有达成，而 IBM 花费了不算太高的费用，却有效地补充了 IBM 在"随需应变"战略上的短板，让 IBM 在除了提供软件服务，也能提供顾问、咨询等其他客户需要的专业意见。普华永道在战略咨询和管理咨询行业累积了多年的优势，虽然它不是一家科技公司，但它的行业视野和商业洞察能力是 IBM 非常需要的。如果能够将此优势融入 IBM 自身的企业服务中，势必能够帮助 IBM 更好地面对不同行业、不同地域的用户，更深入地了解不同地域、不同行业的特点与趋势，了解不同行业用户在信息系统建设上的个性化需求，从而提升 IBM 在信息服务上的市场竞争力。

另外，IBM 和普华永道提供的数据表明，从 2000 年到 2005 年，软件销售和服务的利润占整个 IT 业的利润将从 29%提升到 41%，而硬件部分的利润则将从 58%下降到 42%。随着互联网电子商务在商业活动中的重要性逐渐凸显，企业 IT 系统、IT 能力的建设有必要放到企业战略规划全局的视角下来考虑，将 IT 咨询和企业 IT 系统规划与战略咨询、战略规划进行整合，使得 IBM 能够面向企业提供从战略咨询到底层技术的全方位 IT 服务，这远远地超越了惠普（HP）等服务业务领域竞争对手的能力范围。就在这一时期，IBM 向华为提供了完整的战略咨询和 IT 服务，为华为引进了集成产品研发（IPD）、集成供应链（ISC）、集成财务系统（IFS）和企业 IT 系统等 8 个管理变革项目，与华为签订了为期长达 5 年的咨询服务合同。这也成为 IBM 在战略咨询和 IT 服务业务上的经典案例之一。这么想来，这桩"以技术见长的企业收购会计师事务所的咨询部门"的令人困惑的交易也变得不那么令人困惑了。

图 2.11　IBM 总裁彭明盛与普华永道 CEO 伯雷纳达成合作

2011 年，IBM 迎来了自己的百岁生日。这对任何一个企业来说都是非常不容易的。度过了百岁庆典后的 IBM，依旧遭遇着来自时代、来自市场、来自内部的各种竞争考验，它开始在量子计算、人工智能、区块链等新技术领域布局，向认知解决方案和云平台公司转型，IBM 的发展会如何我们不得而知，但过往经验一定培养了这个企业更强的生存能力。

> **辩一辩：**
> 1. 收购普华永道咨询部门后的 IBM 发生了哪些变革？如何理解以"客户为中心"？
> 2. 有人认为 IBM 的转型仅仅是为了让企业能够活下去。你认为转型之后的 IBM 还是最初的 IBM 吗？对于企业来说，生存重要，还是维持企业的创立初心重要？

2.5　案例总结

IBM 这家百年老店身上充满着奇妙的成功和失败的基因。老沃森不仅带领 IBM 度过几次危机，还塑造了 IBM 的价值观，留下了"尊重个人""重视销售"等精神文化财富。小沃森带领 IBM 完成了伟大转型，成功地迈进了"电子计算机时代"，并将"尊重个人""客户服务""追求卓越"确立为 IBM 的三大基本信念。凭借"世纪豪赌"，IBM 研制成功 S/360，以及在此基础上衍生出来的 S/370 等后续型号，几乎垄断大型机业务。

PC 时代的到来让 IBM 的大型机业务受到了冲击，IBM 不情愿地从大型机业务中调拨很少一部分资源进行 PC 的研发。无奈中，IBM 采取开放架构，选用现成的英特尔处理器和微软操作系统，于 1981 年快速推出 IBM PC。凭借 IBM 自身的知名度，IBM PC 取得了超越预期的成功，然而因为担心大型机业务受到冲击，IBM 不但没有主动引领，甚至想延缓 PC 市场的发展。不久，IBM 的命门"BIOS"被发现，康柏推出了兼容机，再加上英特尔与微软的推波助澜，兼容机像雨后春笋般涌现。一连串决策失误让 IBM 逐渐丧失了 PC 市场的主导权。1991 年起 IBM 出现持续亏损，不到 3 年就走向破产边缘。在分析 IBM 衰落的原因时，除了失去 PC 市场和日益激烈的市场竞争，更有积重难返的企业内部问题，让 IBM 陷入了内外交困的麻烦状态。

拯救 IBM，不仅仅是 IBM 自己的责任，也关系到美国的 IT 产业。为了寻找转机，IBM 首次把目光转向公司外部，开始寻找新的领导人。通过搜猎委员会的遴选，IBM 最终选中了郭士纳。我们想追问，为何选择郭士纳？他为何先犹豫、后来又同意？他是如何重新发现 IBM 在 PC 普及、互联网兴起时代的价值的？他采取了哪些措施让"大象"也能跳舞？他是如何改变 IBM 经济模式、重新定位大型机服务的？又为何要从技术转向服务？

在郭士纳的领导下，IBM 成功转型为提供"IT 服务"的互联网企业，成了电子商务的缔造者。1997 年任正非一行考察了 IBM，由此开启了华为拜师学艺之路。华为与 IBM 各得其所，IBM 获得了巨额订单，而华为的管理得以规范化。

研究 IBM 的案例，尤其是研读郭士纳传记《谁说大象不能跳舞》，相信会对"技术创新"有新的理解。"技术创新"固然非常重要，但是管理、服务、战略等不同角度的创新也是不可忽视的，在不同场景下，它们的关系会发生变化。同样是大型机技术，IBM 在转换角度后，用另一种方式在互联网时代重新获得价值。纵观 IBM 百年发展历程，可以清晰地看到时间对一个企业不会永远保有善意，只有把握时间长河中的变与不变，才能在每个变化的节点，绽放不一样的精彩。

拓展思考题

1. 老沃森和郭士纳都算是职业经理人，并不是传统意义上的企业家，你认为职业经理人管理企业的利弊在哪里？

2. 郭士纳多次拒绝接手 IBM，在刚接手 IBM 时也犯愁，但随着了解的深入，他找到了 IBM 的发展道路，甚至从中找到了挑战的乐趣。这对你将来面临看似无法解决的问题时，是否有所启示？

3．IBM 历史上经历了四次转型，每一次转型都有不同的时代背景，从经济、社会、技术等各种角度思考推动 IBM 每一次转型的动因和"转型"的必然性。

4．IBM 作为一个庞大的跨国企业，思考什么样的组织结构才能保证类似 IBM 这样大型跨国商业组织的有效运行，不同的组织方式有什么优缺点和局限性，如何来权衡利弊？

5．IBM 在基础研究领域有着深厚的积淀，从 IBM 的研究实验室里走出了 3 位诺贝尔奖获得者，思考 IBM 的基础研究是怎样给 IBM 带来商业回报的。

6．在人工智能时代，IBM 搭建的 IT 服务和系统是否已经落后？企业的 IT 能力建设的重心相比于以 PC 为主的互联网时代发生了哪些迁移？

7．"情怀"是近些年被泛滥使用于商业活动中的词汇，以 IBM 为例，结合众多科技企业的文化与价值观，思考对于企业而言，在商业活动中"情怀"的真正内涵和语义。

参 考 文 献

[1] 郭士纳．谁说大象不能跳舞？[M]．张秀琴，音正权，译．北京：中信出版社，2010．

[2] 李连利．IBM 百年评传：大象的华尔兹[M]．武汉：华中科技大学出版社，2011．

[3] 小托马斯·沃森．小沃森自传[M]．梁卿，译．北京：中信出版社，2005．

[4] 保罗·卡罗尔．蓝色巨人：IBM 公司的浮沉[M]．傅梅，译．上海：上海译文出版社，1997．

[5] 彭剑锋，等．IBM 变革之舞[M]．北京：机械工业出版社，2013．

[6] 凯文·梅尼，等．让世界更美好[M]．彭明盛，译．北京：中信出版社，2011．

[7] 罗伯特·史雷特．拯救蓝色巨人[M]．蒋显景，译．北京：机械工业出版社，2000．

[8] 小托马斯·沃森．一个企业的信念[M]．张静，译．北京：中信出版社，2003．

[9] 凯文·梅尼．特立独行者和他的 IBM 帝国：沃森传[M]．胡金涛，译．北京：中信出版社，2004．

[10] 张烈生，王小燕．IBM：蓝色基因百年智慧[M]．北京：中国华侨出版社，2011．

[11] Mills D Q, Friesen G B. Broken Promises: An Unconventional View of What Went Wrong at IBM[M]. McGraw-Hill, Inc. 1996.

[12] Slater R. Saving Big Blue: Leadership Lessons and Turnaround Tactics of IBM's

Lou Gerstner[M]. McGraw-Hill, Inc. 2000.

[13] Watson T J, Petre P. Father, Son & Co. : my life at IBM and beyond[J]. Father Son & Co My Life at Ibm & Beyond, 2000.

[14] 李云杰. IBM能否被超越？[J]. IT经理世界，2008，8：33-34.

[15] 王艳. IBM：蓝色巨象的世纪狂想[J]. 中国市场，2003，5：60-63.

第 3 章

苹果商业案例分析

从乔布斯掏出 iPhone 的那一刻，这家"重新定义了智能手机"的公司——苹果（苹果 logo 见图 3.1）就一直在给用户创造着兼具科技性、艺术感和创造性的产品。苹果的每次产品发布会都吸引了无数的目光，iPhone 是它最为人惊叹的产品，iPad、Macbook、AirPods、Apple Watch 等一系列产品，也不断突破着人们对于智能产品的想象，让人们切身感受到创新的独特魅力。苹果究竟是依靠什么成功的呢？它依靠什么一直维持着公司的热度呢？走进苹果，一起来思考一下这些问题。

图 3.1　苹果 logo

3.1 崛起与沉沦：智能手机时代

人类社会的发展节奏在时代的推动下逐步加快。从远古的石器时代走来，人类花费百万年漫长岁月的逐步进化，进而迈入青铜时代。信息时代的开启不过短短几十年，人类却快速进入了一个智能手机繁盛的时代，智能手机给社会带来的福利与冲击遍及社会的各个层面。智能手机的崛起是信息时代的重大事件，尤其当"没有按键，只有屏幕"的初代 iPhone 粉墨登场时，人类的创造力突破到了一个崭新的领域。

3.1.1 时代的发端，霸主与小霸

世界上第一款智能手机是 IBM 公司 1994 年推出的 Simon。作为世界上第一款使用触屏的智能手机，Simon 使用 Zeurus 操作系统，搭载了一款名为"Dispatchlt"的第三方应用软件。Simon 这款手机具有跨时代的开创性，不过因其并未大规模商用，所以智能手机时代开创者的殊荣落在了诺基亚（Nokia）公司——该公司于 2001 年推出基于 Symbian（塞班）操作系统的智能手机并广泛投入消费市场，是真正意义上大规模商用的产品。

诺基亚（Nokia）是一家芬兰企业，成立于 1865 年，最初以造纸为主，随着业务领域的扩展逐步转型为一家手机制造商，并专注于该领域。由于其产品做工优良、设计多样化，"诺基亚"成为优良品质的代名词，其抗摔性能为全世界各地消费者所津津乐道。1996 年至 2010 年，诺基亚连续 14 年占据全球手机市场份额第一的宝座，成为这个时期手机领域名副其实的霸主与王者。

诺基亚在手机制造领域建立了不可撼动的市场地位，并累积了足够的技术优势，因此，由诺基亚开启智能手机时代的大门颇有水到渠成的意味。在诺基亚的产品线中，2002 年 2 月上市的 Nokia 9210（见图 3.2）采用了 Crystal 分支的 Symbian 操作系统，是世界上首款基于开放性移动操作系统的设备；紧接着的 3 月，诺基亚又推出了基于 Symbian 6.0 的 Nokia 7650，算是诺基亚第一款真正的智能手机。Nokia 7650 帮助诺基亚在智能手机时代的开端不断攻城略地，2007 年以前，诺基亚搭载 Symbian 操作系统的智能手机一直占据着全球 70%以上的市场份额，呈现一家独大的局面，几乎垄断了整个智能手机市场。

诺基亚独领风骚的同一时期，智能手机市场的另一新秀——加拿大 RIM 公司旗下的黑莓手机（BlackBerry），自 1999 年推出第一款 BlackBerry 850 以来就在智能手机市场刮起了一阵"黑旋风"（见图 3.3）。黑莓手机凭借其在商务市场上的专注，通过创新的邮件推送服务，赢得了广大商务人士和政府官员的青睐，很快占据了北美绝大部分的商务手机市场。

图 3.2　Nokia 9210 实物图

图 3.3　BlackBerry 850（左）和后期经典机型（右）

此外，黑莓手机的可靠性能也为大众所称道。2001 年的"9·11"事件中，只有黑莓手机能让用户在通信网络状态不佳的情况下保持通信的畅通，黑莓手机也因此名声大噪。2004 年黑莓手机向个人消费市场进军，一时间诸如《越狱》《实习医生格蕾》《犯罪现场调查》等各种类型的美剧都不乏黑莓手机的身影。黑莓手机在这一阶段风生水起，在诺基亚一统天下的威势中一枝独秀，成为那一时期的"小霸"。

查一查：
　　IBM 在 1994 年 8 月推出了世界上公认的第一款智能手机——IBM Simon，了解 IBM Simon 的相关信息和历史背景，思考为何 IBM 没能持续在智能手机领域有所建树？

3.1.2 旧时代的崩塌，iPhone 与安卓的崛起

2007 年 1 月 9 日（美国东部时间）的 Apple Macworld 大会，苹果（Apple）公司在短短两个小时的时间里改变了整个世界手机市场未来的格局。在这次大会上，当时苹果公司 CEO 史蒂夫·乔布斯富有感染力地推介了该公司"突破性的互联网通信设备"——iPhone。乔布斯宣称这是第一款真正"智能"的手机，它的确与以往的手机如此之不同，以至于乔布斯骄傲地宣告：iPhone 重新定义了智能手机！

当时发布的 iPhone 被称为第一代 iPhone（见图 3.4），这款手机在今天看来是如此普通，如此稀松平常，甚至略显笨拙。然而在当时可不是这样，iPhone 的外观设计上整个正面只有一个 Home 键，绝大部分的面积被一个 3.5 英寸的屏幕占据，这在键盘当道的主流中绝对是另类的，以至于不少人嘲讽"一款没有键盘的手机能怎么样？"

在质疑声中，iPhone 以屏幕为中心所构建的触屏交互体验，配合电话、上网、邮件、多媒体、相机等一系列功能，形成一款易于操控使用、具有丰富实用功能的个人移动终端。下面用表格对比一下 iPhone 与传统智能手机的不同点（见表 3.1）。

图 3.4　第一代 iPhone

表 3.1　第一代 iPhone 与同时代智能机对比

项　　目	第一代 iPhone	同时代主流智能手机
显示屏幕	3.5 英寸，几乎占满整个正面	显示屏不大，约为正面面积一半或更少
键盘	只有 1 个 Home 键	键盘面积占比超过一半，显臃肿
功能	具有主流机所有功能，并进行强化。例如：集成了世界上第一款运行于移动设备的完整互联网浏览器，不同于以往 WAP 上网模式，iPhone 能够像个人计算机一样浏览完整的网页	电话、短信、低速上网及简单邮件功能

以今天的视角来审视第一代 iPhone，不难发现其引领了多少潮流：
- 大屏触控设计：现今市面上的智能手机几乎全部都是大屏触控设计，鲜有键盘；
- 上网便捷终端：早在 2013 年（第一代 iPhone 发布 6 年后）智能手机就已经超过了传统个人计算机的流量，成了主要互联网流量入口；
- 用户体验：手机的设计不再是以功能为导向，而是从硬件、软件等多个方面围绕用户体验展开综合设计；
- ……

同样是 2007 年，这年的 11 月份，谷歌（Google）公司联合 84 家硬件制造商、软件开发商以及电信运营商成立了开放手持设备联盟，并在随后发布了安卓（Android）的源代码。安卓作为智能手机操作系统，在理念上接受并借鉴了 iOS（iPhone 的手机操作系统）的成功要素，更凭借其开放性为大多数手机生产商所接纳。基于安卓的智能手机在很短的时间内占据了智能手机市场大部分的份额，市场形成了 iOS 系统和安卓系统两极独存的产业格局。

时间回放到 iPhone 推出伊始，旧时代的王者诺基亚沉浸在其 N 系列成功的喜悦当中，全然没有觉察 iPhone 可能会对智能手机领域带来的革命性影响。事实上，不止诺基亚有这样的想法，微软前 CEO 鲍尔默下面这段话反映了当时许多业内人士对 iPhone 未来的看法："500 美元？还要签合约？这是全世界最贵的手机了。而且它无法吸引商务客户，因为它没有键盘，说明这不是一台收发 E-mail 的好机器。它的销量可能好也可能不好……目前我们每年都卖出数百万台手机，苹果一台也没卖过。6 个月内，苹果就要开始卖全世界最贵的手机了？我们还是走着瞧吧。"

在当时，业内人士仍然把智能手机当作一台主要用途是打电话的设备，从这个角度，显然用 500 美元的高价购买 iPhone 是令人疯狂的。这在某种程度上影响了同样作为新时代智能手机领域的另一重要事件——安卓系统的发布。安卓一直到 2007 年 11 月（晚于 iPhone 发布近 10 个月）才发布，有一个影响因素便是对 iPhone 的观望态度。

鲍尔默的预言在 iPhone 发布的第二年就被打破了，仅 2008 年一年 iPhone 的销量就达到了 1280 万部，实现了 86 亿美元的营收，占到了当年苹果公司总营收的 22%。由于 iPhone 一直以来的高利润，其所带来的实际利润可能远高于这个百分比。也就是说，iPhone 在发布第二年就成了苹果公司一项重要利润来源。

在随后几年当中，iPhone 不断地创造销售神话。2011 年 2 月，iPhone 销量达到 1 亿部；2012 年 2 月 iPhone 销量突破了 2 亿部；到 2012 年底更是达到了 3 亿部的销售总量……安卓方面，安卓手机拥有数量巨大的品牌支持，小米、三星、索尼、OPPO，等等。2020 年市场占有率的数据显示，安卓手机的占有率接近 80%，销售量更是 iPhone 的数倍。iPhone 和安卓在销售数据上无情地碾压了旧时代的霸主，将其逼至几近销声匿迹的境地。

> **想一想：**
> 对比第一代 iPhone 和同时代智能手机的不同，你认为下一个时代手机应该具有怎样的功能和形态？

3.2 iPhone 的修为

iPhone 不仅是智能手机，也是另类的艺术品。在 iPhone 的生产和销售环节中，有很多匠心独具的地方，这些也成了 iPhone 价值的一部分，人们谈论起 iPhone，除了手机本身的功能，还总会习惯性说一些苹果公司在设计 iPhone 时令人惊艳的细微之处。

3.2.1　大道至简，人性而为

乔布斯曾说过："我的秘诀——专注和简单。简单比复杂更难，你必须努力让你的想法变得清晰明了，让它变得简单。"乔布斯将自己的理念贯穿于苹果的各个产品，"简单与纯粹"一直都是苹果产品的设计理念。

对于苹果公司的王牌产品 iPhone 而言，它可以说是将苹果的理念诠释得淋漓尽致。在 iPhone 之前，手机表面屏幕的保护层一般都是塑料，但是乔布斯认为玻璃更加优雅实在，不仅给人感觉清楚透亮，在实用性方面更是结实耐划。秉持这种设计理念，发生了一段广为人知的乔布斯与康宁公司"极限挑战"的故事。

康宁（Corning）公司在 20 世纪 60 年代就研发出了一种非常结实的"金刚玻璃"，其抗压性非常优越（见图 3.5），但是一直没有找到合适的应用市场，只能停产。乔布斯在与康宁公司 CEO 威克斯简单交谈后，认识到"金刚玻璃"正是他为 iPhone 所寻找的理想材料。但问题是，康宁公司当时的工厂都不生产这种玻璃。乔布斯要求他们在 6 个月内生产出尽量多的金刚玻璃，威克斯回答说："我们没有这个能力"，但是乔布斯回答道："行的，你们能做到，动动脑子，你们能做到的。"

图 3.5　康宁公司的"金刚玻璃"抗压实验

在接下来的 6 个月里，康宁公司把一家工厂在一夜之间改头换面，全部用于制造"金刚玻璃"。回忆起那 6 个月的日子，威克斯说："我们把自己最优秀的科学家和工程师都用在这个项目上，我们成功了"。"金刚玻璃"让 iPhone 成功拥有了理想的外观，同时也成就了康宁"金刚玻璃"在智能手机上的广泛应用，为康宁公司创造了无法想象的巨大利润。苹果对完美外形和材质的追求与康宁公司突破常规的不懈努力，使得这两家公司一同完成了几乎不可能完成的任务，创造出震撼世界的产品。苹果公司与康宁公司的这一次合作也被作为成功的典范留在了历史上。简洁优美的外观，符合人天性的设计和操作方式，iPhone 无疑已经在这些决定用户体验的方面取得了超越当时所有手机的突破。

从 iMac、iPod 到 iPhone、iPad，苹果公司的产品一次又一次践行了简约的设计理念，创造出了属于自己的独特品位，进而完成从被嘲讽到被竞相模仿、风靡追捧的品牌地位转变。苹果的便携式多功能数字多媒体播放器 iPod 是苹果早期给人印象很深的产品，iPod 系列中的产品都提供简单且易用的用户界面，除 iPod Touch 与第 6~8 代 iPod Nano 外都是由一个环形滚轮操作（见图 3.6）。iPod 一度成为年轻人追捧的对象，在湖边慢跑者的臂膀、腰间，在健身房健身爱好者的身旁，不时闪动 iPod 简约的身影。如今，随着手机轻便性的提升及音乐功能的增强，iPod 逐步黯淡了主角光环，甚至隐匿，但不论曾经的何种款型，都贯彻和传递着苹果产品简单与纯粹的设计理念。

iPod Shuffle　　　　　iPod Nano　　　　　iPod Touch

图 3.6　iPod 系列

《乔布斯传》中记录了一个 6 岁的孩子在没有任何人指导的情况下凭借自己的直觉使用 iPad 的故事。他用手指在屏幕上滑动，启动应用，玩游戏，一切都那么自然。

> 试一试：
> 　　整理一下苹果公司所有产品线，分析各条产品线在设立理念中的异同之处。

3.2.2　用户体验，专注追求

用户体验是一个人对使用特定产品、系统或服务的情绪和态度。用户体验不仅包括对使用对象在人机交互方面的经验和情感，它还包括一个人对使用对象的看法，例如效用、易用性和效率。从这些角度审视，用户体验在本质上可以被认为是主观的，是使用对象在个人感知和思想方面对人产生的作用。

手机的用户体验在第一代 iPhone 推出时被重新定义，并且这种定义给整个产业及相关产业带来了巨大变革。让我们通过用户体验定义的不同（见表 3.2）来了解第一代 iPhone 在功能方面专注的用户体验。

表 3.2　第一代 iPhone 与同时代主流手机用户体验对比

功　能	第一代 iPhone	同时代主流手机
电话	拨号键盘、通信录的美观、便捷性	通话质量
短信	对话框模式的直观性，注重内容呈现，将技术性内容封装到简洁易用中	内容的文字数量
上网	集成完整浏览器，配合大屏幕，使手机具有和个人计算机一样的网络访问能力和内容呈现能力	功能性上网（低速，简单邮件功能）

相较于同时代的主流手机，第一代 iPhone 在保证手机基本功能的稳定外，从外观设计、内容呈现等方面都做了令用户耳目一新的改进。在外观方面，第一代 iPhone 在当时绝对是"颜值控"的珍馐：

- 手机整体轻薄、精美（以今天手机的款型看来这样的描述并不尽然，但在当时，与同时代手机"板砖"造型相比，此言不虚）；
- 手机的正面完全采用"金刚玻璃"，一直延伸到边缘；
- 屏幕的色彩呈现、显示效果上相较当时的产品和技术而言都大为进步；

……

总之，第一代 iPhone 从产品整体需要达到的用户体验出发，无论是从外观上，还是手感上，都给用户带来了超乎想象的使用享受。要取得这种效果，除了前面提到的康宁公司的玻璃，还有许多相关问题需要解决，下面就是其中的一个小故事。

第一代 iPhone 之前的 iMac 和 iPod Nano 等产品都使用了阳极电镀铝材料，并获得了不错的使用效果。自然而然地，阳极电镀铝材料就也就成了苹果公司即将推出的明星产品 iPhone 手机的背面材料。不过当时苹果公司能够获得的产能无法满足 iPhone 的生产需求，综合考虑时间和物料成本后，更换背面材料似乎是苹果公司当时的最优解决方案。然而能够更换的材料都无法达到阳极电镀铝材料所具有的外观和手感效果，基于对用户体验的坚持，苹果公司采取了一个极端和冒险的决策并付诸执行——在短时间内自己兴建一家工厂进行阳极电镀铝材料生产。将这个故事与康宁公司极限生产"金刚玻璃"的故事联系起来，iPhone 的出生，不可谓不刺激。

第一代 iPhone 在外观上的另一大突破就是使用大屏幕。烦琐实体按键的消失确实让人耳目一新，但是大屏幕和唯一的实体按键如何实现高效的人机交互是关乎用户体验的重大问题。要知道，在那个拥有全键盘的黑莓手机如日中天的时代，全键盘被认为是高效处理邮件的必备元素。当时，几乎所有带触屏的设备都无一例外地配备了手写笔，这与当时触屏材料几乎都是精度低下的电阻屏有关，在电阻屏的精度条件下，要想准确地点击，手写笔是极其必要的。

带手写笔的 iPhone？不，这不是苹果想要的 iPhone。在拒绝手写笔后，苹果公司通过大量资金和时间投入，开发出能够"完全抛开所有繁杂的工具，包括按键和手写笔，直接使用手指进行操作"的多点触控技术，事实证明这种全新的交互方式在 iPhone 发布之初就收到了良好的效果，人们发现这种交互方式是如此的方便好用，以至于之后的智能手机都无一例外地采用了电容触屏，无一例外地使用了多点触控技术。

提及触屏，事实上早在 1999 年摩托罗拉就推出了使用触屏的 A6188，尽管当时还是精度很低的电阻触屏，但其将触屏技术运用到手机端的工程实践是成功的。这就带来一个疑问：为什么从来没有做过手机的苹果公司可以比诺基亚、摩托罗拉这样的手机巨头先一步研发出电容触屏、多点触控技术并投入使用呢？

从前期技术积累来说，摩托罗拉、诺基亚在手机技术方面都远超苹果。2005 年苹果公司与摩托罗拉合作之前，苹果的工程师甚至不懂如何设计手机天线，后来的 iPhone 天线门事件也暴露出了苹果在天线设计方面的不成熟。传统手机巨头或许早就发现使用手指而不是手写笔的触屏将更加方便易用，但是考虑到巨大的研发成本以及不确定性，用户需求被暂时搁置，也许经过几番讨论便放弃了设计使用手指进行操控的触屏的想法。这，便恰恰给了更看重用户需求而不惜下血本的苹果一个天大的机会。

正是因为 iPhone 以用户体验为中心，并在产品设计中予以坚持，才能击败摩托罗拉和诺基亚这些传统的技术强者，开创和引领了一个新的时代。

> 谈一谈：
> 1. 为了保持 iPhone 的品质，苹果公司干了一些很"冒险"的事，你是如何看待商业活动中的冒险行为的？
> 2. 如何看待技术研发在企业发展中的角色和地位及其应有的投入？

3.2.3 内外兼修，匠心雕琢

iPhone 秉持简单、纯粹的设计理念，贯彻了以用户体验为中心的设计理念，打造出了在当时而言精妙绝伦的产品，整个产品在金刚玻璃、阳极电镀铝材料等诸多细节的充实下，犹如一件精雕细琢的艺术品。如果 iPhone 仅仅流于表面，难免"金玉其外，败絮其中"，纵然一时成为世人宠儿，终究不能风光长久。而让 iPhone 能够深入人心，其"内功"修为不能不提，那就是 iPhone 的操作系统。

iPhone 的操作系统 iOS 现在为大家所熟知，事实上，第一代的 iPhone 操作系统的名字并不是 iOS，而是"iPhone Runs OS X"，其中"OS X"正是苹果桌面型计算机 Mac 系列上运行的计算机操作系统。当时，iPhone 为了让用户在使用手机时有近乎使用桌面型计算机的体验，对 OS X 系统进行了改造，建立和强化了触屏的输入方式，并通过多点触控技术完美地解决了因为手机缺少鼠标输入而存在的交互问题，甚至获得了比桌面型计算机鼠标更好的体验效果。

界面操作性方面，iPhone 的操作系统开创性地采用了滑动、轻按、挤压、旋转、拉伸等多点触控操作方式，最大限度地利用了人本能的操作习惯，例如用户想放大一张图片，那只需要用两个手指按住图片两端进行拉伸，就像是在拉伸一块真实存在的画布一样。

iPhone 操作系统的图标同样设计得让人一目了然，电话、短信、音乐、视频，每一个图标（见图 3.7）都可以让人自然而然知道图标所对应的应用。

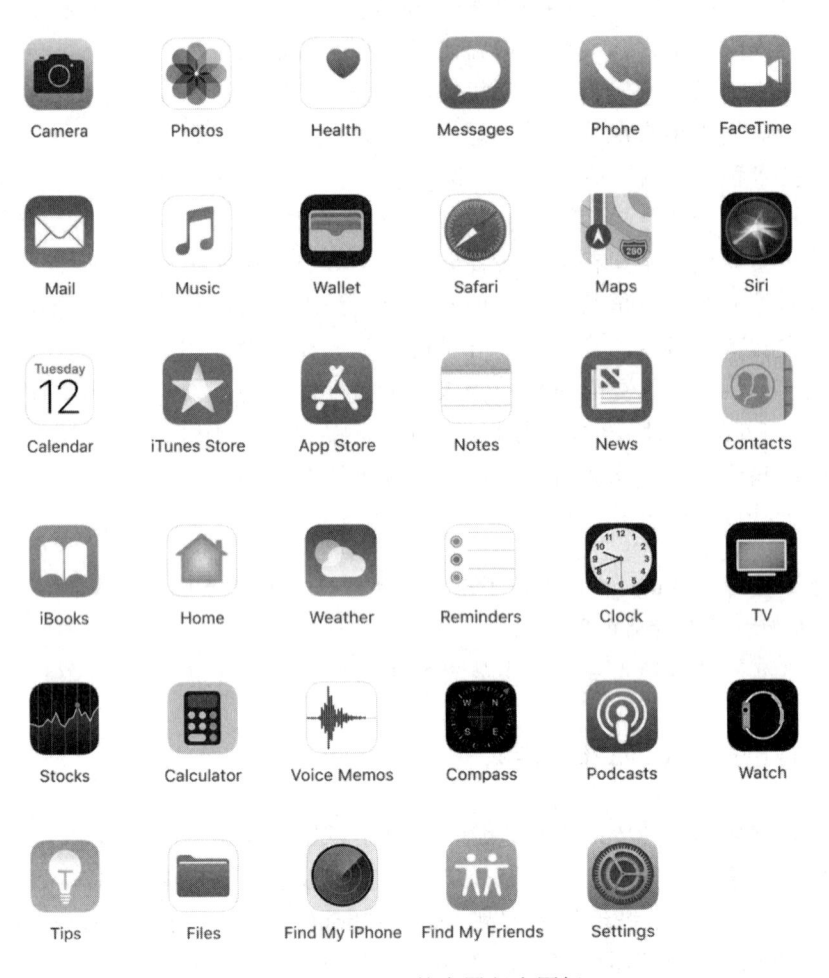

图 3.7　iPhone 的内置程序图标

稍微留心，我们会发现，iPhone 的图标采用了经典的圆角矩形设计，不仅图标，苹果公司的许多经典产品，包括 iMac、iPod、iPhone、iPad 等产品外形都采用了这种经典的圆角矩形设计。这里面还有一段逸闻趣事。

在苹果公司最初进行桌面型计算机图形化界面开发的时候，程序设计员阿特金森认为圆角矩形完全没有必要，"我想把这个程序做得精简一点，运行也能更快一点"他这样告诉乔布斯，但是乔布斯坚持图形化界面的图标必须使用圆角矩形而非简单的矩形，"圆角矩形到处都有啊！"，乔布斯带着阿特金森在外面转了一圈，通过一路所见到的物体证明圆角矩形是多么的常见。最终，阿特金森完全信服了，并在反复尝试后找到了一种快速绘制圆角矩形而又能兼顾效率的方法。自此，在所有计算机还在使用简单、四角"直挺挺"的规则矩形时，苹果公司的所有计算机界面图标都无一例外使用了更为亲和、优雅的圆角矩形。环顾现今的界面图标，无论手机、平板计算机，还是桌面型计算机，几乎都是非规则矩形，不得不说，苹果在这个方面走在了潮流的前沿，或者说是潮流的开创者。

iPhone 操作系统从第一代发布起，已经更新了许多版本，它将与复杂的硬件设备打交道的方式转化为了一种符合人天性的友好模式，造就了 iPhone 的秀外慧中，呈现了 iPhone 匠心雕琢的内在美。

> 试一试：
> 在不看图标说明文字的情况下，你是否可以比较容易地知道每个图标表示的功能？从中体会在产品设计中，如何应用简单线条和图形实现跨越文化的共识。

3.3 iPhone 的生态圈

对于苹果公司而言，他们提供的不仅仅是独立的产品，而是由产品、软件、服务等一系列内容构建而成的苹果生态圈。这种封闭的生态打造方式和安卓系统的开放形成了鲜明的对比，也为苹果成功打造出了一批坚实的"果粉"。

3.3.1 专制与自主，凝聚众力

想要下载 iPhone 的应用软件，只能去 App Store；想要同步 iPhone 上的歌曲，有且仅有使用 iTunes；想要连接计算机，必须使用专用的连接线（见图 3.8）；想要开发应用程序，必须使用独家的 Xcode……

这些 iPhone 强迫其产品使用者遵循自己制定规则的"专制"，或者说苹果公司的"专制"，多源于史蒂夫·乔布斯，他把自己的主观、专制融入苹果公司产品及产品相关外延的方方面面。

对于大多数人，尤其有选择困难症的人，这种"专制"可以在使用层面减少用户的选择，有效降低使用者的焦虑情绪，在内容或者服务获取方面也能解决信任问题，获得相当程度的安全感，从而达到提升用户体验的目的。而对于掌控欲强，崇尚多元选择、标新立异的人，这种"专制"绝对是沉重的枷锁，或许最酷的选择就是不要选择苹果公司的产品。

电子信息商业案例分析

图3.8 iPhone使用专用连接线连接到iTunes提示

这种"专制"曾经惹来无数非议，被认为是还没有出发即会倒下的失败之举。即便今时今日，仍然是一个非常具有争议的话题，一些批评者将其视作苹果公司必然走向消亡的原因。但不论将来发展如何，历史证明，这种"专制"已经成功，或者说曾经成功。

究其成功的原因，一方面，苹果公司"功夫过硬"，将提供给用户仅有的选择在已有技术条件下推向极致；另一方面，苹果公司在"专制"下提供给用户一定程度的"自主"——可以通过App Store在为数众多的应用中行使自己的"选择权"。App Store不仅带给用户更多的选择，也造就了包括iPhone在内的苹果产品的持续繁荣。在App Store中，超过一百万个的各式应用，涵盖了游戏、视频、资讯、办公等各个方面，使得iPhone、iPad等产品能够具有符合用户需求的、更多元化的功能。

一百多万个功能各异的应用，对于没有程序开发经验的人也可以凭借常识判断，是不能通过一个公司一己之力奋起完成的。苹果公司正是凭借App Store这个平台，凝聚众力，为其产品源源不断地注入活力。

在App Store，来自全世界的开发者只需要缴纳每年99美元的注册费，就可以将自己开发的应用发布到App Store，提供给所有包括iPhone、iPad等在内的苹果产品的使用者下载。应用的价格由开发者自行决定，苹果公司从应用收入中提取30%作为提成，再把剩余的70%付给开发者。应用的开发技术并不困难，你所需要的仅仅是一台苹果计算机，在计算机上安装好Xcode软件，然后再学习一些简单的开发语言（如SWIFT），这就是应用开发需要的所有清单。由于其较低的开发门槛，无论是在校学生、自由职业者，还是专职程序员、软件公司，在很短的时间内就可以将自己的想法实现成可以上线销售的应用。

App Store使开发者可以专注于应用开发本身，而无须担心在哪去出售应用，以及收费问题。在完成开发后，只要将应用上传到App Store并审核通过，应用就算正式上架，可以提供给全世界或者你指定地区的消费者下载（见图3.9）。如果你的应用不是免费的，那苹果公司会将其从应用下载者那收取的费用按照约定比例支付给你。2013年7月，全球的开发者累计从App Store上获得的收入超过100亿美元，苹果公司也从中获得超过40亿美元的营收，App Store的商业模式获得巨大成功。

其实，App Store的商业策略并非凭空产生的，它是iTunes商店的继承和发展。众所周知，早期iTunes是一款实现苹果计算机和iPod内容同步的软件，使用者通过iTunes在计算机上对音乐、视频等内容进行管理，并能够无缝同步到iPod终端。在当时互联网突然大势兴起的背景下，质量参差不齐的MP3格式音乐在网络泛滥，不仅消费者在网络上没有一个可靠的音乐获取渠道，各大音乐公司也饱受网络流传造成音乐CD销量下滑的冲击。苹果公司意识到,要想更加方便地欣赏音乐,不仅仅是在苹果计算机和 iPod 之间同步音乐,而是需要去提供一个可靠的、能够下载到高质量音乐的平台,于是 iTunes 商店应运而生。

图 3.9　审核通过的应用可以在 App Store 中被多种设备下载

在 iTunes 商店,消费者可以使用 99 美分的低廉价格购买到正版授权的高质量音乐(见图 3.10),并且快速同步到 iPod,极大简化和便利了消费者欣赏音乐的过程,尽情享受美妙的音乐之旅。如果不使用 iTunes 商店,要么在互联网上到处寻找音乐,花费大量时间,且无法保证音乐的质量;要么花费大笔金钱购买正版的音乐 CD,远不如 iTunes 商店所具有的便捷。

图 3.10　iTunes 上简单的音乐购买流程

iTunes 商店、iTunes 和 iPod 一起,构成了一个从音乐获取、音乐管理,到音乐欣赏的完整服务链条，给予使用者简单舒适的用户体验。当时，负责 iTunes 商店的埃迪·库埃预计 iTunes 商店会在 6 个月内卖出 100 万首歌，但事实是 iTunes 商店仅用了 6 天就达到了这一目标，市场的热烈反应体现了这一模式的成功。如今，虽然 iTunes 被一分为三，但在 Music 这个部分依然保留了购买音乐的模式。

iTunes 商店以及后来的 App Store 开创了一种新的商业模式，这种商业模式使苹果公司本身完成了华丽转型，在生态系统的打造中俨然成为一股新的潮流，引得许多厂商尽相效仿。

纵观苹果公司的发展历程，大起大落的常态中尽显苹果的大智慧：

20 世纪 70 年代，当苹果公司推出个人计算机 Apple 和 Apple II 时，这两款产品在当时引发了强烈的反响，开创了个人计算机这个庞大的市场。但好景不长，在第 2 章提到，IBM 为了在个人计算机市场竞争而研发出了兼容机，降低了个人计算机的技术门槛，康柏、惠普等一大批厂商涌入个人计算机市场，加上 Windows 操作系统顺势在兼容机上大行其道，Apple 和 Apple II 以及之后的 iMac 市场份额不断被侵蚀，苹果公司陷入了前所未有的危机。

这场危机依靠 iPod 的发布才得以解除。iPod 的推出，使苹果开创的 MP3 设计理念大放异彩，"将 1000 首歌放进口袋"的宣传标语让无数音乐爱好者为之欣喜若狂。然而随着 iPod 的热卖，以索尼为首的日系企业不断快速地推出优秀的播放器与之展开竞争，iPod 的市场份额遭到了一定程度的冲击，苹果公司又一次有了危机感。

iTunes 商店的出现拯救了 iPod 和苹果公司，改变了整个音乐产业的盈利模式。iTunes 商店从互联网上购买第一首歌曲开始，短短 3 年时间苹果公司创收逾 100 亿美元，完全扭转自个人计算机危机以来的颓势。

3.1.1 节提到，在苹果公司发布 iPhone 后仅 10 个月，谷歌就发布了安卓智能手机操作系统并建立了一个全球性联盟，将三星、HTC 等实力雄厚的厂商纳入其中。这些全球的手机制造商，在随后几年里很快完成了硬件配置上对 iPhone 的超越，在外观体验和安卓系统逐步提高的操控体验方面也毫不逊色，迅速抢占了新兴智能手机市场 70%的市场份额。

但这一次，苹果没有重蹈覆辙，App Store 的出现使苹果公司从一家出售设备的公司变成了一家提供从硬件到软件再到内容的全方位"体验提供商"。iPhone 的外观设计、硬件配置，甚至界面设计都可以被超越，但是除了 iPhone 之外，没有第二款手机可以使用 App Store，也没有第二款手机可以像 iPhone 一样方便地获取超过 100 万种各式各样的应用。iPhone 凭借以 App Store 为核心的外围生态系统取得其他手机无法比拟的竞争优势。App Store 使苹果公司能够超越产品本身，构筑一个生态，使其即使被复制也无法被超越。

辩一辩：

1. 有人说："安卓的开放是善于折腾者的天堂入口，苹果公司的'专制'，让你即使静止不动，也可以领略世界的美妙。"如何看待这句话？

> 2. App Store 审核机制不时受到抨击，一些与苹果公司产品有功能重叠或者利益冲突，或者影响其未来战略布局的应用得不到审核通过，试从商业行为和道德层面多角度分析。

3.3.2 产品皆一体，连续互通

iPhone 不仅仅是一个产品，而是苹果公司包括 Mac、iPhone、iPad、AirPods 和 Apple Watch 在内整个产品链中的一环。换句话说，苹果公司所有的产品之间都是可以互联互通的，接力、通用剪贴板、iPhone 蜂窝移动网络通话、短信/彩信、智能热点等功能，在不同种类设备之间可以实现无缝衔接。

苹果公司将这些实现不同种类设备之间可以无缝衔接的功能统称为"连续互通"（见图 3.11）。如果你手中有多个种类的苹果公司产品，连续互通能使这些设备互相协作，让你享受便捷的操作与切换，创造更多精彩。正如苹果自己所描述的：

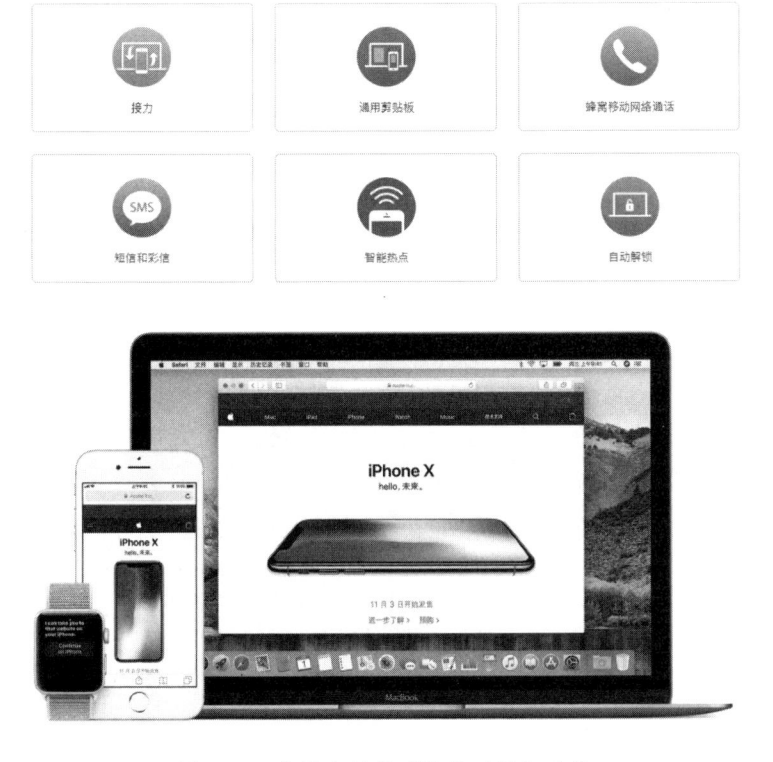

图 3.11　苹果产品的"连续互通"功能

"无须拿起 iPhone，便可接打电话；在一台设备上开始撰写电子邮件、编辑文稿或浏览网页，然后转到另一台设备上继续进行；不必输入密码，便可解锁 Mac；甚至无须从口袋或背包取出 iPhone，即可启用 iPhone 热点……"想象一下这样的场景，当你坐在沙发上使用 iPhone 回复邮件,邮件中有文档需要进行图形处理,你可以在 Mac 或者 iPad 上进行这些处理,并可以选择 iPhone、Mac 或者 iPad 继续编辑未完成的邮件;然后想在邮件中插入 iPhone 聊天程序里的一个表情图片或一个有趣的笑话段子,只需要在 iPhone 中进行复制,就可以在 Mac 或者 iPad 上粘贴这些内容,然后在 Apple Watch 轻松点击即可发送这封在多个不同设备上编辑的邮件。

这种在一台设备上开始工作,再切换到附近的另一台设备上继续工作,以及在一台设备上复制文本、图片、照片和视频等内容,然后在另一台设备上粘贴该内容的流程,并不是 iPhone 到 Mac 或者 iPad 单向的,而是双向的,是在所有支持相同类别显示或呈现设备上的双向无缝切换。

只要相关设备与 iPhone 连接到同一网络,你甚至可以直接在 Mac 和 iPad 上拨打和接听电话。在 iPhone 上发送和接收的文本信息也可以显示在你的 Mac 和 iPad 上,并且你可以在距离你最近的任一设备上继续对话。

通过苹果公司产生的智能热点,iPhone 或 iPad(无线局域网+蜂窝网络)上的个人热点可以为 Mac、iPhone 或 iPad 提供互联网连接,且无须在这些设备上输入密码。在佩戴 Apple Watch 期间,直接唤醒你的 Mac,还可直接访问 Mac 而不必输入密码。

这些功能让人不禁惊叹,苹果公司产品间的互通能力竟然已经能够达到如此精妙的程度。

> 比一比:
> 了解一下华为鸿蒙系统在手机、平板、计算机之间设计的连通功能,比较一下苹果产品在这方面和华为之间的差异。

3.3.3 生产制造,成本尽掌控

2011 年 5 月,史蒂夫·乔布斯去世前不久,微软创始人比尔·盖茨最后一次去看望乔布斯。盖茨对乔布斯说:"我曾经相信开放、横向的模式会胜出,但你证明了一体化垂直的模式也可能很出色"。乔布斯则说:"你也成功了"。

这番对话意味深长,抛开复杂的感情色彩,单论商业模式,苹果公司的确取得了巨大的成功。苹果公司一体化垂直模式的成功,不仅在于 iPhone 和 iPad 等产品的操作系统及 App Store 为核心的外围生态系统的成功,还有其产品硬件制造方面的成功。

从营收角度,App Store 虽然可以为苹果公司提供一些收入,但这些收入不足以支撑一家如此巨大的公司在激烈竞争的手机市场谋得生存,且增长能力有限。而硬件制造方面,通过对供应链的把控,则可以降低成本实现更多利润。以 2016 年第三季度数据为例,该季度全球智能手机的实际利润约为 90 亿美元,而其中苹果公司的利润约为 82 亿美元,占比高达 91%。3.1.2 节提到,iPhone 的市场占有率并不高,安卓系统占据了接近八成的智能手机市场,但是苹果却创造了远超安卓阵营的利润。实现这一高利润的关键除了苹果品牌的附加值外,苹果对于供应链的把控也是至关重要的环节。

评价供应链很重要的一个指标是库存周转率。作为衡量和评价企业购入存货、投入生产、销售收回等各环节管理状况的综合性指标,库存周转率在不同的环节和应用场景有不同的计算公式,其中以销售额为比较对象的计算公式为

$$库存周转率 = \frac{销售额}{平均库存}$$

库存周转率表征了业务的活跃度,低库存周转率意味着库存积压、产品可能面临过时淘汰,同时也表明产品线不完善或营销效果不佳。

提高库存周转率可以有效降低产品的持有成本,使企业或组织在租金、设施、保险、人为损失以及其他维持存货的成本方面花费减少,同时提高资金回笼速度,提高企业或组织短期债务偿还能力。在销售额保持不变的情况下,降低持有成本就可以提高净收入和利润率。此外,对于实效性要求强的行业,比如当前讨论的智能手机行业,高库存周转率意味着更快的清仓能力,使得企业或组织对于客户需求变化具有更快的响应能力,使其能够及时更换过时的产品。

在库存周转率公式中有两个因素:作为分子的销售额和作为分母的平均库存。显然,为了实现较高的库存周转率,提高销售额和降低平均库存都是可行方法。

在降低平均库存方面,乔布斯以其"专注"的管理原则,取消了多余的生产线,把库存从两个月缩短为一个月。乔布斯的目标是建立准时制工厂和供应链——一种将平均库存降至非常低的状态,他曾说:"我在日本参观过很多采用准时制生产的工厂,也曾为 Mac 和 NeXT 建立这样的工厂"。

事实上,乔布斯并没有真正实现他的设想,或者实现的程度不够。真正帮助苹果公司实现这一目标的,是将降低库存做到极致的蒂姆·库克。

库克认为"库存本身就是一种罪恶",他与乔布斯在降低库存方面具有共识,正如乔布斯自己所说:"我们的设想差不多,我们也在高级战略的层面上进行互动。我会忘记很多事,他总是能提醒我……"。在库克的运营下,苹果的主要供应商从 100 家减少到 24 家,他还要求这些供应商减少其他公司的订单,专注于苹果所需配件的生产。此外,库克还说服许多供应商迁到苹果工厂旁边。

当时,库克大刀阔斧地把苹果的 19 个库房关闭了 10 个。由于超过一半的库房被关闭,存货就无处堆放,于是他又采取措施大幅减少库存。1998 年,在乔布斯"一番折腾"把两个月的库存缩短到一个月时,苹果公司的员工还没来得及喘口气又迎来了更为巨大的工作量,因为同年 9 月底,库克把库存缩短到 6 天!下一年的 9 月,这个数字已经达到令人瞠目的 2 天,在一些特殊情况下,更是到了逆天的 15 小时!

不仅是 iPhone,在苹果计算机制造方面,库克也将生产周期从 4 个月压缩到 2 个月。所有这些改革,不仅降低了成本,而且也保证每一台即将销售的苹果产品——无论个人计算机、iPhone、iPad 及其他产品,都被安装了最新的组件。苹果公司 2017 年财务报告显示,公司累计卖掉了价值 1863.91 亿美元的 iPhone、iPad 和 iMac,而该年度公司账上的库存却只有 48.55 亿美元(见图 3.12),几乎等于所有产品全部卖光。

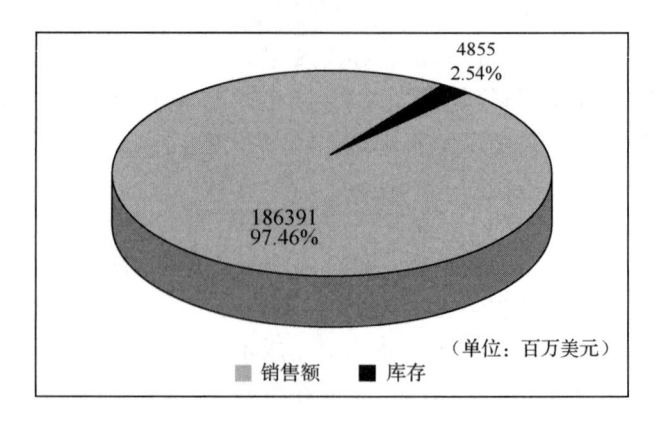

图 3.12　苹果公司 2017 财年 iPhone、iPad 和 iMac 的销售额与库存占比情况

事实上，库克，或者说苹果公司，降低库存的法宝之一就是转嫁成本。以苹果公司的代工厂这一级为例：

代工厂将从各地汇集而来的 iPhone 零部件进行装配作业，其中部分零部件，由代工厂向零部件厂商下单付款进行购买，这些零部件从零部件厂商到代工厂生产出完整 iPhone 前，都还不是苹果公司的库存。代工厂将 iPhone 组装好后，苹果公司才会付款，此时苹果公司才会产生库存。紧接着 iPhone 产品由快递公司直接用专机运到苹果公司各地销售网点的物流仓储，以在中国的代工厂为例，iPhone 从代工厂出货到美国旧金山的苹果销售点可以控制在 72 小时之内，并且在销售点被很快销售出去。

苹果公司这种成本转嫁的方式，一方面清除了库存压力，让自己时刻能够轻装上阵；另一方面，由于成本一级一级向上游企业传递，也迫使上游企业提高自己的运行效率。如果企业自己的效率足够高，从苹果公司转嫁过来的成本就会尽可能少。苹果公司在下游用财务杠杆撬动着整个供应链，使其配合苹果公司需要而高速运行，在可能的各个方面降低成本。另外，手机厂商与供应商是利益共同体，iPhone 出货量大，对于零部件需求量也大，在议价过程中占有话语权，规模效应明显，使苹果公司能够获得价格更低的零部件。

除了财务手段，苹果公司从技术层面，对供应链的各个环节也做到了极致把控。在开始了解这种极致把控前，我们首先要了解"黑盒"的概念。

在计算和工程领域，"黑盒"是一种可以根据输入和输出（或传输特性）来查看的、完全不考虑其内部结构特性和内部工作情况的设备、系统或对象（见图 3.13），它的实现是"不透明的"（黑色）。

图 3.13　"黑盒"示意

在半导体行业，大部分元器件都是以黑盒形式销售给使用者的，使用者只需关心什么样的输入及其对应产生的输出，而无须关心其内部结构。有些元器件虽然会在数据手册中提及实现原理，但其实现细节依然是"不透明的"。

以 iPhone 为例，一部 iPhone 4 手机包含约 500 个元器件（内部总体构成如图 3.14 所示），由上游 200 余家供应商提供。与一般厂商只要求元器件的质量与指标达标不同，苹果公司不允许供应商对其有任何"黑盒"，苹果公司要了解每一个元器件的来源、研发、生产、测试等过程。通过这种供应链的强制要求，苹果公司建立了一套无缝供应链，完全渗透到手机上游所有元器件的开发、生产和制造的过程中，从而建立了手机技术上的领先地位。

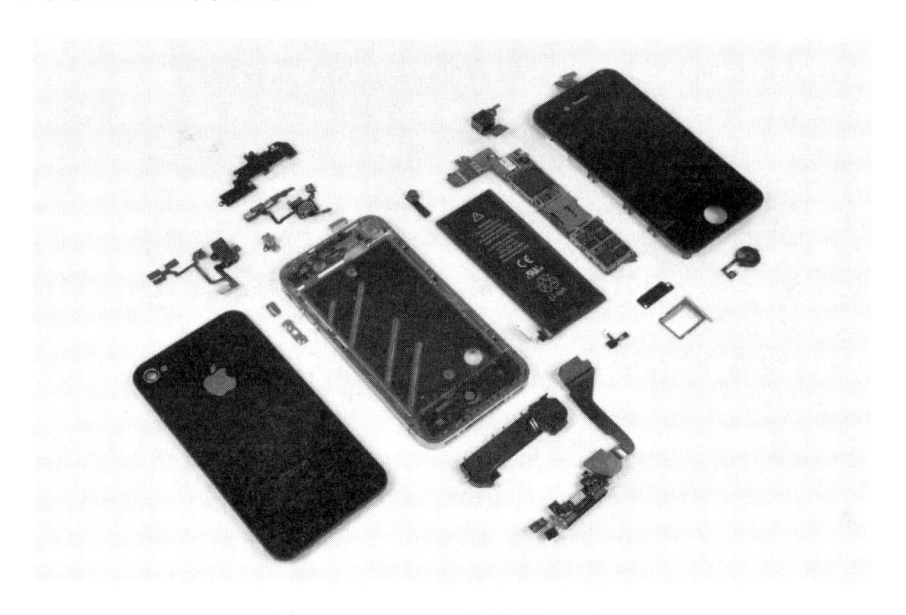

图 3.14　iPhone 4 的内部总体构成

不仅是上游的元器件厂商，就连前面提到负责组装的代工厂，苹果公司往往会派驻上千名工程师，执行对质量和成本的严格监督。苹果公司对于从原材料、元器件、零部件各个层面掌控度都很强，正是由于这种全方位、立体式地切入生产环节的方式，可以在物料短缺之前预见问题并迅速予以解决,苹果对于供应链的把控程度可见一斑。

那苹果公司是如何通过参与到元器件的开发、生产和制造的过程中，从而建立手机技术上的领先地位呢？事实上，苹果公司不会与供应商联合投资一项新技术，而是通过派驻研发工程师的形式"催生"超前于市场的元器件研发。

"苹果公司的要求太高了，而且不讲情面，能做就做，不能做就换人。"这透露了供应商与苹果公司合作的无奈。苹果公司的供应链模式会对元器件不断提出更高的要求，设计开发和制造生产的关系不再是泾渭分明，而"开发就是制造，制造就是开发"使得苹果公司具有更短的研发周期、更低的研发成本和更快的市场反应速度。

更有供应商大倒苦水，"iPhone 为了实现同类智能手机领先一到两年的目标，要求供应的元器件也要达到相同的领先程度,对于这些市面上还不存在的元器件,需要我们供应商自己研发并试产。""初期既需要大量的研发投入,而且良品率也很低,通常只有20%左右。就算研发的产品后期成功,能被苹果认可,但成熟器件的良品率也在80%左右,因为苹果对品质要求太高了。"

面对苹果公司的这种"咄咄逼人",有人用"爱恨交加"来形容。因为供应商虽然牙恨得痒痒的,但苹果公司的高要求能够使企业在技术发展方面获得领先市场的优势,同时苹果公司产品单一,采购数量巨大,一旦符合苹果公司的要求,供应商的出货量有了保障,在生产管理中反而更加简单。因此,即使苹果公司"刁难"成性,许多供应商还是趋之若鹜。

相比之下,如果给三星公司的手机产品供应元器件,由于手机型号众多,每款产品的市场反应各不相同,三星公司会根据市场反应随时调整每款产品所需元器件的供应,这对供应商的生产管理非常不利。因此,有不少元器件供应商从开始给苹果、三星、HTC供货,到最后变成"只给苹果一家供货"。

此外,苹果公司在核心部件上一直实施双采购制度,即同种型号有两款设计,分别从不同的供应商采购相应部件,既能通过供应商比价而迫使其降价,从而降低自身成本,同时也是一种保障供给的有效手段,确保不会因为某个供应商出现问题而导致全线断货的情况出现。

当然,"完美"也有不同的视角,从供应链上的其他厂商角度去理解苹果公司生产制造的要求和流程,会有不同的体会。

据美国媒体报道,2013年苹果公司和一家生产蓝宝石玻璃的极特高科(GT Advance)公司签订了供货合约。虽然在合约中,苹果公司看似大方地预付了5.7亿美元的货款,但条约中有4项对于极特高科公司极为不利的条款:

● 只规定极特高科公司最少和最多要供应多少蓝宝石玻璃,却没承诺苹果公司实际会购买多少产品;
● 极特高科公司的部分设备作为这笔预付款的担保品;
● 苹果公司可以根据自身情况,要求极特高科公司加速偿还苹果的预付款;
● 将部分关键技术授权给苹果公司。

这样的条款意味着,这家尝试新技术的小公司如果成功,苹果公司会得到一家有竞争力的供应商及其关键技术;即使失败,研究过程中的技术资料和设备也会落于苹果公司手中,成为自身的技术储备,而苹果公司在这个过程中几乎毫无风险。

这就是苹果公司,"在商言商",一家践行实用主义的现代化公司。

聊一聊:
1. 库克认为"经营电子业就像卖鲜奶,一定是卖最新鲜的产品给客户,保留大量库存,不是无能,就是懒惰",你怎么看待他的这种观点?
2. 试分析iPhone品牌附加值对产品定价的作用,以及盈利方面的贡献。

3.4 营销战略

"如何更好地把产品卖出去呢?"在这个问题上,苹果公司又有其独到之处。苹果的营销着力在三个方面:广告、发布会、线下体验店。这看起来似乎是很多品牌的通用营销手段,但仔细分析就会发现,苹果就是苹果,在消费者心理的把握上,独树一帜。

3.4.1 品牌屹立,营销有不同

在 3.3.3 节中提到,库存周转率公式中,通过提高销售额也可以提高库存周转率。陈品营销对于提高销售额有很大的促进作用,苹果公司的成功和发展也得益于其在营销方面的出色表现。

1982 年年底,当时的苹果公司总裁马库拉将要离职之际,苹果公司开始物色新的总裁人选。很快,当时任职于百事可乐的斯卡利,凭借"百事挑战"系列广告在营销上的成功而成为热门人选。在乔布斯与斯卡利为期数个月的交谈过程中,斯卡利向乔布斯展示了营销的诀窍:"营销活动不仅是一种产品,而且是一种生活方式和乐观的人生态度"。

斯卡利这一营销哲学深深影响了苹果公司,苹果公司现有的三种营销模式:广告、发布会和线下体验店无不遵循这一营销理念。

广告是产品宣传最为直接也最为传统的方式。苹果公司的广告一直以来以其独特的设计,巧妙的构思,被誉为成功广告的典范。1984 年苹果公司为麦金塔计算机制作了广告"1984"(见图 3.15)。麦金塔计算机,是第一款使用图形化操作界面的商用计算机,正是图形化界面的推广才造就了今天庞大的个人计算机市场,因此,麦金塔计算机在个人计算机市场具有开创性的意义。

图 3.15 广告"1984"

广告"1984"的创意在于,在英国作家乔治·奥威尔极权主义小说《1984》描述的背景下,一个反叛的年轻女子逃脱思想警察的追捕,用大锤砸碎了正在向普通大众播放思想洗脑讲话的大屏幕。

广告的最后写道:"1 月 24 日,苹果计算机公司将推出麦金塔计算机。你将明白为什么 1984 不会变成《1984》。"这则广告于当年在全美收视率最高的电视节目——美国国家橄榄球联盟的年度冠军赛"超级碗"的赛场主屏幕播放,有超过 9600 万人次观看。当天晚上,该广告在全美范围内引发了广泛的报道,包括美国三大电视网和 50 个地方台在内的电视媒体播放了相关新闻。一时间"1984"广告在美国人人皆知,被《电视指南》和《广告时代》评为有史以来最伟大的商业广告。

1997 年,乔布斯满怀感慨再次回到苹果公司时,苹果公司濒临破产,其个人计算机市场的占有率已经从巅峰时的 16%下降到了 4%。存亡之际,苹果公司聘请李·克劳为苹果打造了"非同凡想"(Think different)广告(见图 3.16)。这则广告的主要内容是在赞美那些"非同凡想"的"狂人"——爱因斯坦、甘地、列侬、迪伦、毕加索——那些乔布斯心中改变世界的偶像,广告旁白以"致疯狂的人"开场,盛赞那些跳出固有模式进行思考的人,结尾高呼"因为只有那些疯狂到以为自己能够改变世界的人,才能真正改变世界",向观众传递了"苹果品牌代表的,是那些跳出固有模式进行思考的人,那些想用计算机帮助自己改变世界的人"。

图 3.16　广告"非同凡想"

"非同凡想"广告不仅使得苹果的品牌再次深入人心,也重整了苹果公司内部的士气。当时苹果公司是一个还有 90 天就要破产,且没有任何突破性产品的公司,然而在广告播出后的 1998 年,苹果公司一举从之前每年 10 亿美元的亏损中走了出来,实现了 3.09 亿美元的盈利。在"非同凡想"广告家喻户晓的同时,苹果公司重新找回了目标,在消费电子领域开始真正变得"非同凡响"。

2001 年苹果公司投放了 iPod 的第一个广告,虽然广告词"把 1000 首歌装进口袋"脍炙人口,但这个广告本身却并不出彩,年轻人觉得一点都不炫酷,成年人则觉得广告人物过于造作,广告投放效果并不理想。2003 年,苹果推出 iTunes 商店和 iPod 新型号时，推出了一款新的广告——"剪影"（见图 3.17）。"剪影"中，单一颜色背景前的剪影人物，随着他们佩带的 iPod 中的音乐起舞，广告配乐使用的流行曲包括 The Vines 的 Ride、The Caesars 的 Jerk it Out、Gorillaz 的 Feel Good Inc.、Jet 的 Are You Gonna Be My Girl、N.E.R.D 的 Rock Star(Jason Nevin's Mix)、Franz Ferdinand 的 Take Me Out 等。这个灵活把黑色剪影跳舞人物和流行音乐融合在一起的广告给大众留下了深刻印象，但巧妙的是，广告中自由自在的舞蹈却来自 2001 年那个不出彩的 iPod 第一个广告。

图 3.17 广告"剪影"

2009 年苹果公司推出 iPhone 时，也投放了 iPhone 的首个广告"总有一个程序可以做这事"（There's an App For That，见图 3.18），这个广告通过生活中的若干需求向人们推广一种理念——iPhone 不仅仅是个通信设备，它能做得更多。这个广告本身没有太多出彩之处，但广告词"There's an App For That"却为人们所熟知，甚至被词典收录，苹果公司还专门为此申请了注册商标。广告阐释了 iPhone 丰富的应用是其与其他手机的重要差异，并最终实现了对诺基亚和黑莓等公司的完全碾压。

图 3.18 广告"总有一个程序可以做这事"

> **想一想：**
> 　　1. 为何同样的舞蹈，在 iPod 第一个广告上反响平平，却以另一种形式在"剪影"中获得成功？如何看待表现手法的不同对于内容传递造成的影响？
> 　　2. 找一找 iPhone 近几年的广告，试分析其内容及风格有何变化？

3.4.2　发布会，重装上阵

　　作为苹果公司运用娴熟的另外一种营销模式，发布会是一个公司传递自己设计理念最直接的方式和平台。苹果公司的发布会之所以与众不同，成为其营销的重要阵地，与乔布斯有直接关系。早期的苹果公司发布会，乔布斯将自己的个人魅力与对产品的激情在发布会现场尽情释放，《史蒂夫·乔布斯传》中着墨最多的就是发布会，仿佛乔布斯的整个人生都在发布会中度过。

　　书中对于发布会有这样的描述："乔布斯的产品发布会都是精心安排的。他会穿着黑色高领衫和牛仔裤缓步上台，手里拿着一瓶水。观众都带着教徒般的虔诚，整个活动更像是一场宗教复兴大会，而不是公司的产品发布会。记者们被安排在中间的区域。乔布斯会亲自撰写及修改演讲内容，他会给朋友和同事观看并征求他们的意见。"

　　在乔布斯的发布会上，他将自己对于产品的热情通过精心设计的流程很自然地传递给与会者。这些设计如此巧妙且环环相扣，让整个发布会高潮迭起、欢呼不断。下面让我们通过仔细剖析 2007 年度发布 iPhone 的环节来领略一下乔布斯的发布会艺术。

　　乔布斯首先回顾了苹果公司的麦金塔计算机（见图 3.19），第一款使用图形化操作界面的计算机。发布会现场的演示屏显示了第一款麦金塔计算机的实物图片，计算机屏幕显示优雅的手写体"hello"，左上角显示"1984"，而乔布斯本人则在灯光照射下背手而立，侃侃而谈。根据《史蒂夫·乔布斯传》中描述，发布会上灯光的颜色、数量、投射角度，光柱移动路径、与布景的配合等诸多细节，乔布斯都要亲自把控，自己多次走位，体验效果从而最终确定。

图 3.19　麦金塔计算机

接着，发布会的主屏幕显示了 2001 年发布的 iPod（见图 3.20），浅蓝色背景下，洁白的 iPod 配合环抱放置的耳机放置在屏幕正中央，显得格外灵动脱俗。乔布斯简明扼要地回顾了 iPod 创生的历程，带领观众回味"把 1000 首歌装进口袋"的惊艳欣喜，话语中时而感怀自己临危受命的艰辛，也毫不掩饰对于 iPod 取得成功的激动与自豪。

图 3.20　2001 年发布的 iPod

正当 iPod 激情洋溢的回顾结束，观众满怀期待，紧盯发布会主屏幕，认为今天的主角马上就要登场时，画面却转换成一个黑色的苹果公司商标在黑暗背景中闪耀着光芒。乔布斯通过这种表现形式成功地在观众中制造了悬念，引发大家的好奇心。同时，黑色商标周围的光芒也暗示其背后的产品是多么光彩夺目。

接着黑色苹果画面从中间向两侧徐徐拉开，一个黄色 iPod 图标出现在观众眼前，下面写着"带触摸控制的宽屏 iPod"！What？今天要发布的是宽屏 iPod（见图 3.21）？观众中一阵骚动，大家对此议论纷纷。

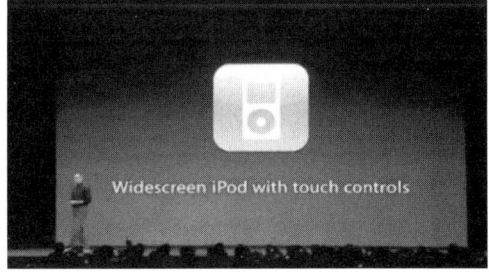

图 3.21　宽屏 iPod 悬念

正当有的观众以为自己猜中而得意扬扬，有的满腹狐疑不知乔布斯所谓时，乔布斯顿了顿，发布会的主屏幕接着连放两个画面：一个电话图标，下面写着"革命性的移动电话"；一个指南针图标，下面写着"突破性的互联网通信设备"（见图 3.22）。乔布斯对"革命性的移动电话"和"突破性的互联网通信设备"并没有深入讲解,只是一带而过,观众充满了疑惑,而乔布斯则稍微停顿,酝酿感情准备稍后激昂的宣告。

图 3.22　电话和通信设备

"今天我们将推出 3 件类似麦金塔计算机和 iPod 这种级别的革命性产品。第一件是一个带触摸控制的宽屏 iPod,第二件是一个革命性的移动电话,第三件是一个突破性的互联网通信设备""是的,这并非是三个分离的设备,而是一款设备——iPhone"(见图 3.23)。

图 3.23　iPhone 的引出

此时,发布会主屏幕上没有出现产品的图片,只有工工整整的"iPhone"。乔布斯站在"iPhone"下用骄傲的口吻正言道:"我们的 iPhone 是一款全新地融合了 iPod、移动电话和移动互联网的设备,一款真正意义上的智能手机!",观众的兴趣被完全调动起来了,被乔布斯冠以如此"高帽"的 iPhone 到底会是什么样子?大家急切地想一睹 iPhone 的真容,现场气氛异常热烈起来。

"iPhone 会是什么样子?会是这样子吗?",乔布斯话音刚落,发布会主显示屏出现了一款奇特的产品图片——一只"肥硕"的、其显示屏下方经典环形滚轮变成密布字母环形键盘的 iPod(见图 3.24)。

这个画面一出,立即引来了观众的哄堂大笑。"好了,人们认为的'智能'电话就是打电话 + E-mail + Internet""就是拥有标准键盘""问题是:他们并不'智能',并不好用,"乔布斯话锋一转,"我们以使用性为横坐标,以智能为纵坐标,传统电话并不智能所以位于智能轴的下方……""但是现在的'智能'手机呢，不论是 Moto Q、E62 还是 Treo，它们都号称'智能'但都不智能而且很难用。而我们的 iPhone——位于这个坐标系的右上角——既智能又好用（见图 3.25）。"

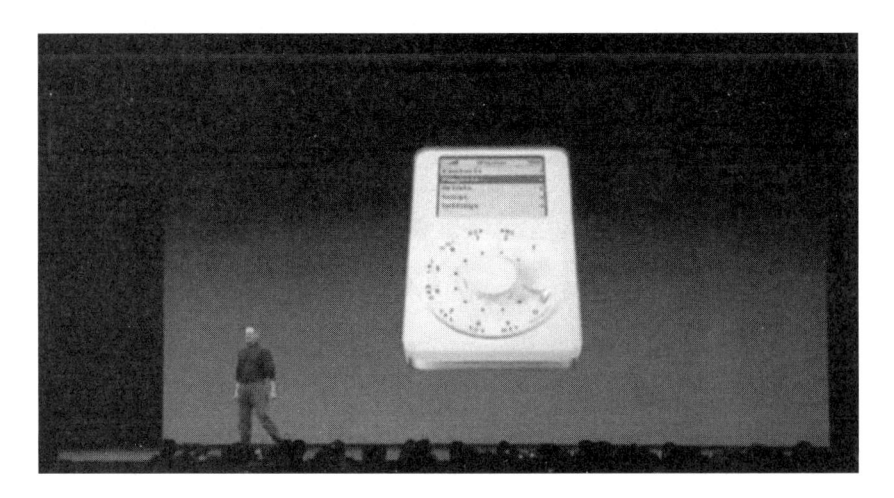

图 3.24　iPhone 臆想图

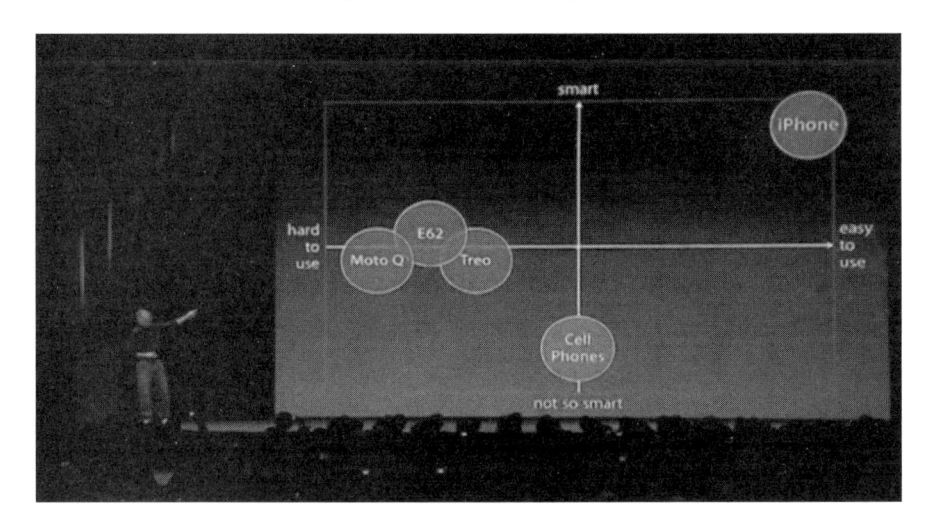

图 3.25　iPhone 的坐标分布

接着发布会主屏幕的画面再次回到工工整整的"iPhone"，但这次下面多了一行字"苹果公司重新发明了电话"（见图 3.26）。"什么叫重新发明了电话？"相信此时观众头脑中无一例外地闪现这个念头，这便是乔布斯精心设计所要达到的效果。

"我们开发出了革命性的用户接口"，此时观众心里也许更想见到的是所谓"iPhone"本身，但"革命性"的字眼吸引了观众的眼球，也抓住了观众猎奇的心理——"什么样的用户接口称得上'革命性'呢？怎样的革命性才能使 iPhone 具有重新发明电话这样重大无比的殊荣呢？"

图 3.26 苹果公司重新发明电话

"让我们看看现在的智能手机"乔布斯不紧不慢地说道。显然他并不打算直接给出观众答案，他需要铺垫更多。"现有智能手机都有一个大键盘（见图 3.27），让我们看看去掉屏幕后的键盘有多大……这个大键盘不管你用不用，它都在那！如果某一天我们需要为智能手机增加一个需要单独按键的功能——对不起，这个键盘不能自己'生长'出新的键。"

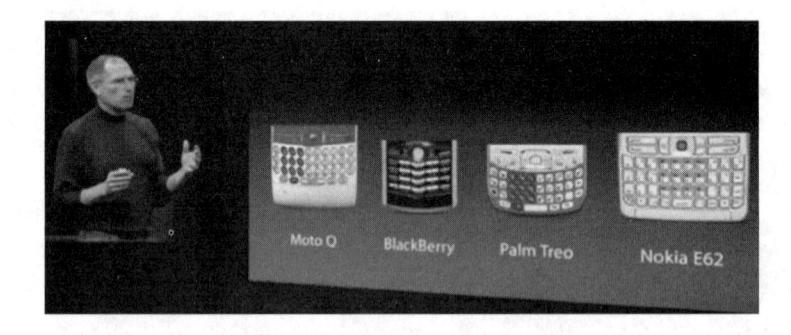

图 3.27 现有智能手机的大键盘

"另一方面，我们的桌面操作系统 OS X（见图 3.28）拥有巨大的操作便捷性，它可以使用鼠标让你获得非凡的操作体验"，乔布斯接着讲道。

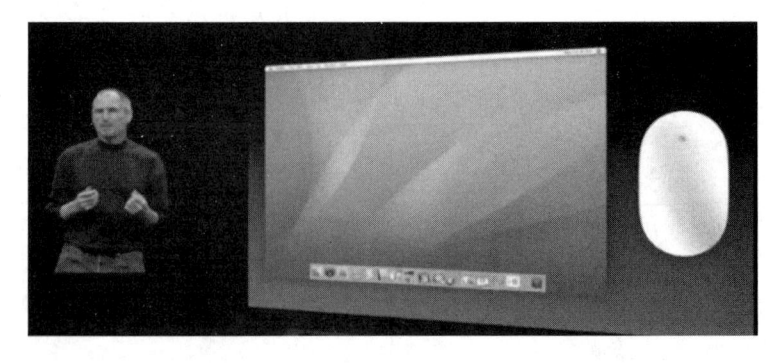

图 3.28 便捷的桌面系统操作 OS X

的确，和 OS X 卓越的用户体验相比，智能手机实在太笨了，或者说太不好用了。看看乔布斯那揶揄的神气，观众瞬间对"笨拙"的智能手机产生出鄙夷。或许稍微冷静的观众还会想道："智能手机怎么能够和桌面系统的 OS X 相比呢？两者属于两个不同的级别"。

乔布斯很快给出了答案，"我们新的 iPhone，运行了 OS X！"。随后观众在发布会的主屏幕上见到了 iPhone 的真正面目（见图 3.29），一时四座雷动。

图 3.29 iPhone 真面目

"是的，我们有一个完整、光亮的屏幕"，乔布斯说道。这样的屏幕在当时是那么地不同。"问题来了，我们运行了 OS X 系统，但我们没有鼠标，那我们如何和这部手机交互？"乔布斯又抛给观众一个问题。不一会，发布会的主屏幕出现了一根手写笔在 iPhone 上书写的模拟画面（见图 3.30）。

图 3.30 模拟 iPhone 使用手写笔

在现场观众不少都信以为真时，乔布斯双手一摊，自问自答道："因此我们使用手写笔吗？No！"。随着发布会主显示屏幕在模拟 iPhone 使用手写笔的画面打出一行字"谁会想要一只手写笔？"，乔布斯紧接着说道："是的，谁会想要手写笔呢？你的孩子会将它扔来扔去，很快就会不见"。乔布斯边说边模拟小孩将手写笔扔来扔去而大人无可奈何的样子，引起现场观众的哄堂大笑。伴随着模仿大人气愤又无可奈何的叹息声，乔布斯双手摊开，吐着舌头，充满"手写笔很快就不见了（见图3.31），以后你的'智能'手机怎么用？"的幸灾乐祸和嘲讽，而现场观众笑得更欢实了。

图 3.31 "手写笔很快不见"

在充分铺陈和充分集中观众注意力后，乔布斯说道："谁会想要手写笔？我们有手指，这是最好的工具，我们带来了最新的科技"多点触控"，如童话中的魔法一般，手指到处都有奇妙变化发生（见图3.32）。"

图 3.32 用手操控 iPhone

在今天看来，用手指触控手机是那么地理所当然，而在当时，这绝对是一个石破天惊的革命性方式，现场观众完全被震惊了。乔布斯在观众的满心期待中开始了小结"神奇的工作方式，没有手写笔，更好的精度，无意触碰的滤除，多点手势，这一切都是拥有专利技术的！"。

接着乔布斯简要回顾了苹果公司之前开创历史的革命性用户接口——鼠标和点击式触摸转盘。然后，乔布斯紧攥的拳头，煽情道："每一次革命性的用户输入方式，都会伴随我们革命性的产品，……现在是 iPhone（见图3.33）。"

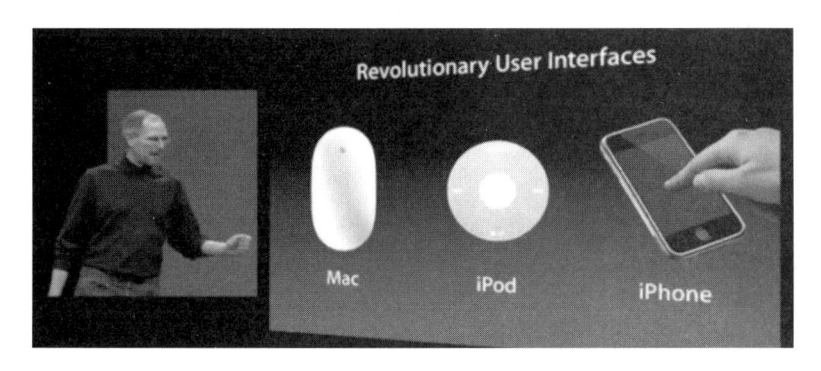

图 3.33　革命性产品

乔布斯的演讲有非常强的逻辑性,从手写笔切入到革命性的用户接口——多点触控,这仅回答了 iPhone 如何解决类似鼠标输入的问题,他把观众的思绪再次带回现场,将娇小的 iPhone 能够运行桌面级的 iOS、与 iTunes 连接尽享丰富资源等特点娓娓道来,予人以 iPhone 确实集苹果公司尖端技术之大成的观感。尤其是在介绍 iPhone 与 iTunes 的同步时(见图 3.34),乔布斯丰富的肢体动作和面部表情,具有很强的气氛渲染能力。

图 3.34　乔布斯介绍 iPhone 与 iTunes 同步

顺着 iPhone 与 iTunes 的连接,乔布斯引出了 iPhone 与 iPod 的对比(见图 3.35),并如数家珍般将 iPhone 的音乐、有声读物等功能向观众做了简略介绍。

图 3.35　iPhone 和 iPod

在由 iPhone 的输入方式到功能呈现的发表引发观众热烈互动后,乔布斯将观众带到了最后一个话题"设计",展示 iPhone 如何将精彩置于掌中!"3.5 英寸多点触控屏幕,160ppi 分辨能力……""一键 Home 尽在掌握……""11.6 毫米超薄机身……"这些参数信息(见图 3.36)在乔布斯抑扬顿挫的语调中带给观众一种别样的震撼。

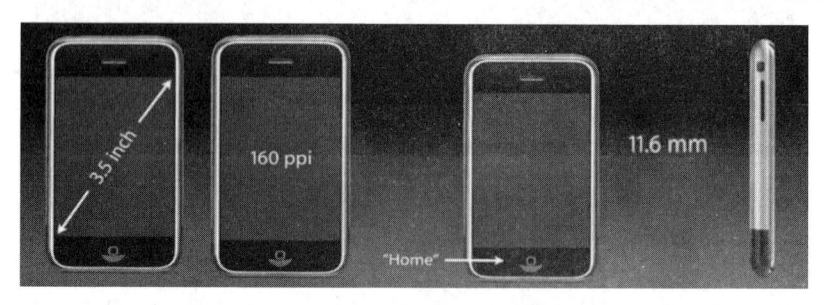

图 3.36　iPhone 外观信息

乔布斯忽然保持沉默,在舞台上闲庭信步。当观众的注意力被完全吸引时,乔布斯掏出一部 iPhone(见图 3.37),这个集触摸控制宽屏、革命性的移动电话和突破性的互联网通信设备于一体的跨时代产品终于呈现在人们眼前。

图 3.37　"这就是 iPhone!"

这就是 iPhone 当年的发布会,乔布斯所主持的每一次苹果公司的发布会都可以作为演讲艺术的经典案例(见图 3.38)。通过发布会,苹果公司很好地给自己的新产品造势,向世人传递了自己的品牌文化,引发一次次时尚潮流。

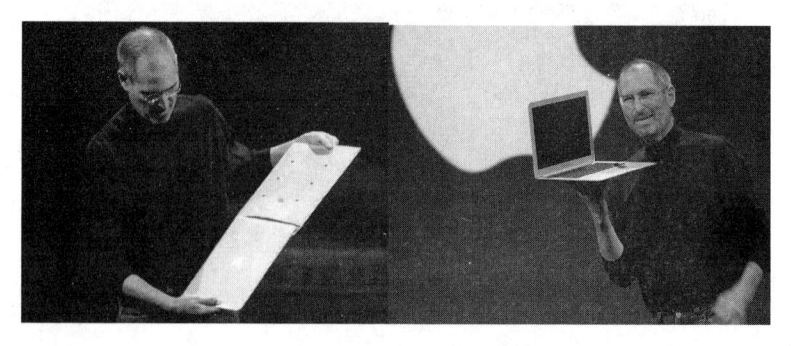

图 3.38　经典案例:MacBook Air 的发布

> 聊一聊：
> 1. 结合自己了解的其他成功演讲，聊聊如何通过悬念的方法有效地引起和调动观众的注意力？
> 2. 从一个悬念到另一个悬念，用层层环环的悬念吸引观众是很多人都会用的一种技巧，但如何把握一个度？如何做得恰到好处而不引起观众反感？

3.4.3 零售体验一体，格调与时尚纷呈

俗话说："百闻不如一见"。苹果的线下体验店是苹果公司与消费者直接沟通的地方，消费者可以在 Apple Store 获得苹果公司相关产品最直观的使用体验，通过触觉、视觉和听觉全方位感受这些产品所带来的感官享受。既是体验店又是零售店，在消费者爱不释手时将产品双手奉上，在物权上"所见即所得"。

截至 2021 年年底，苹果在中国仅开了 42 家线下体验店，相对于苹果产品在中国的销量而言，线下体验店的数量确实是少了一点。但这个"少"，同样藏着苹果公司的"心思"。打造出第一个彻底颠覆零售体验的苹果店的主设计师 Tim Kobe，在介绍他的设计理念时谈到，"我相信情感永远大于功能和形式，这也是为什么苹果店里总是挤满疯狂的粉丝。一个好的零售设计应该要能激发非理性的品牌忠诚。"在如今智能产品的推出几乎快令人应接不暇的今天，苹果每有新品发售，苹果线下体验店门口仍然都会排着长队，等待领取或者购买第一批产品。这样的品牌忠诚度确实相对少见。

线下体验店的选址非常严格，一般只在世界知名城市的繁华商业区开设，诸如纽约曼哈顿第五大道、伦敦的科芬园、东京的银座、北京的三里屯和王府井……这就无形中给线下体验店披上了"高贵"的外衣，也提升了前来体验的顾客的自信，毕竟走进这个商圈，就意味着一定的身份象征。线下体验店（见图 3.39）以白色为基调，用大面积的玻璃材质取代传统门面打造出敞开式的友好态度，秉持苹果公司产品相同理念——简单与纯粹，同时不失趣味和创意，在时尚与令人生畏之间准确拿捏，恰到好处。明快的建筑设计、考究的内饰装修，在激烈竞争的商业环境映衬下更具格调，尽显科技生活品质与艺术时尚的完美融合。

图 3.39 苹果公司线下体验店

线下体验店的首要目标并不是销售，而是体验，体验店一般多为2~3层，第1层摆放着苹果所有的产品，超大的空间可以容纳很多的消费者进行体验。在体验产品的同时，用户积累了对于产品、服务、品牌价值的直观感受。第2层多为售后服务和销售区，面积较第1层会缩小，更像是VIP厅，有专门的服务人员进行一对一服务，宾至如归的体验感提升了用户的品牌黏性。"如果从一开始你就只想着创造一家'店'，最终它就只会是一家'店'而已。苹果店的成功在于它不只是贩卖商品，而是一个提供体验的空间，一个最具辨识度的品牌标识。"Tim Kobe是这样来阐述苹果线下体验店的意义的。

虽然初衷并不是销售，事实上线下体验店给产品的销售带来了锦上添花的效果，2010年，《彭博商业周刊》写了一篇报道，称"每平方英尺（约合0.09平方米）的销售额相当于一辆奔驰，苹果店大概是零售行业史上业绩最高的门店"，可见苹果这个线下体验店布局，在维持苹果公司的品牌认知度、推广产品服务和设计理念等方面都起到了非常好的推广效果，也是竞争者当前都难以超越的。

> **想一想：**
> 与同学分组讨论，全面、细致地评价线下体验店的作用？

3.5 案例总结

苹果公司的价值，早已超出了产品本身。乔布斯个人在商业史上是个经久不落的传奇，他给苹果带来了关键性的生机。他个人的求学经历、他重回苹果的故事，以及个人的性格魅力都是口口相传的经典案例。在乔布斯的带领下，苹果形成了"艺术与科技"融合，"产品与用户"契合，"宣传与销售"结合的企业特点，并将每一个点都做到了独属于它的美。

iPod取得巨大成功后，乔布斯能够清醒意识到潜在的危机，把目光投向移动通信。他重新定义了智能手机，突破了人机交互的瓶颈，引入"触控交互"、大屏幕显示、虚拟键盘等创新技术，实现"移动通信"与"互联网"的融合，为第三代移动通信注入了活力。

在产品设计上，苹果公司以用户体验为中心，大胆应用新技术，从外形设计、标识设计、交互设计等方面入手，力图达到简洁、易学、易用。在追求用户体验的过程中，苹果公司非常重视产品的成本控制，比如提高库存周转率，核心部件的双供应商制度等。

在生态体系上，苹果公司将硬件系列，如iPod、iPhone、iPad等，软件系列，如iOS、iTunes、App Store等，做到产品皆一体、连续互通，形成垂直一体化的商业模式。其中iTunes、App Store，还使苹果公司从一家出售设备的公司变成了一家提供从硬件到软件再到内容的全方位"体验提供商"。

在营销体系上,将"广告""发布会"和"线下体验店"三者融为一体,遵循斯卡利的营销理念,也即"营销活动不仅是一种产品,而且是一种生活方式和乐观的人生态度。"如果说苹果的产品发布会,是一种对产品设计理念的解读,那么苹果广告就是这种理念广泛传播的途径,而线下体验店则能够将用户对产品的印象变为购买行为。

研究苹果的案例,可以进一步加深对欧林工学院的"广义工程"和"广义工程教育"的理解。了解苹果的产品线可以发现,对于终端产品来说,产品设计,不仅仅是工程技术,产品在设计制造的过程中要涉及经济可行性,还要考虑社会吸引力。

拓展思考题

1. 乔布斯被自己创立的公司赶出来,经过一番创业后,再次回到苹果公司,这些经历对乔布斯带领苹果走向辉煌有何影响?

2. 了解关于"App Store"平台的故事,乔布斯初期为何极力反对?后来为何同意?对此你有何启示?

3. 详细了解乔布斯的生平经历,思考乔布斯的广告设计理念、演说能力、体验店营销等各种能力是如何习得的?

4. 丹尼尔·平克在《全新思维》中提出6大全新思维能力,"三感三力:设计感、娱乐感、意义感、故事力、交响力、共情力",你能从本案例中找到应用情景吗?

5. 2020年11月,苹果公司推出了自研芯片——M1,采用5nm制程,拥有令人惊叹的能效表现。你是如何看待苹果也开始关注芯片设计领域的呢?

6. 人们对于苹果的产品可以称得上又爱又恨,有人吐槽它信号差、限制性强,有人却就爱它系统流畅、设计简洁,有人是"果粉",有人是"果黑",你是如何看待这种用户反差的呢?

参 考 文 献

[1] 沃尔特·艾萨克森. 史蒂夫·乔布斯传[M]. 管延圻,等,译. 北京:中信出版社,2011.

[2] Owen W. Linzmaye. 苹果传奇[M]. 毛尧飞,译. 北京:清华大学出版社,2006.

[3] 布莱恩·麦切特. iPhone简史[M]. 吴奕俊,等,译. 成都:天地出版社,2019.

[4] 丹尼尔·莱昂斯. 乔布斯的秘密日记[M]. 刘宁,译. 北京:中信出版社,2010.

[5] Hartmut Esslinger. 极简设计：苹果崛起之道[M]. 朱宏，译. 北京：电子工业出版社，2016.

[6] Andy Hertzfeld. 苹果往事：开发麦金托什的非凡岁月[M]. 洪慧芳，译. 北京：电子工业出版社，2010.

[7] 亚当·拉辛斯基. 苹果：从个人英雄到伟大企业[M]. 王岑卉，译. 上海：上海财经大学出版社，2013.

第4章

谷歌商业案例分析

成立于 1998 年的谷歌（谷歌 logo 见图 4.1）被公认为是目前全球最大的搜索引擎公司。虽然这家企业很年轻，但它却拥有着大量"明星"产品，例如 Chrome 浏览器、谷歌学术、谷歌地球等，让人们不得不惊叹于谷歌超凡的想象力与强大的科技实力。很多热爱科技的年轻人以能进入谷歌工作为奋力追求的目标。近年来，谷歌加快了在人工智能领域的探索，无人驾驶、急救医疗、量子计算……几乎每一步都走在了科技的最前沿。走进谷歌，看看两个斯坦福大学的年轻博士生是如何创造出这家具有无限可能的公司的。

图 4.1　谷歌 logo

4.1 潜在的创业基因

创新能力是天生刻在基因里的吗？拉里·佩奇和谢尔盖·布林究竟有何特别之处？为什么是谷歌而不是别的企业？面对具有时代特性的成功，是机缘巧合还是命中注定？人们对于谷歌有着非常多的好奇。

出身于斯坦福大学，坐落于硅谷，拥有两名博士创始人，谷歌的简历背景可谓梆梆硬。

4.1.1 红瓦砂岩墙，创业沃壤

斯坦福大学（Stanford University，官方正式名称为 Leland Stanford Junior University）是位于美国加利福尼亚州的一所私立研究型大学，由加利福尼亚州参议员利兰德·斯坦福（Leland Stanford）和他的妻子简·拉斯罗普·斯坦福（Jane Lathrop Stanford）于 1885 年创立，以纪念此前一年由于伤寒而病逝的年仅 15 岁的独生子小利兰德·斯坦福（Leland Stanford Junior），并"通过践行博爱和文明传播以提升大众福祉"[1]。

学校建筑以红瓦屋顶、砂岩墙壁以及半圆拱门为主要特色（见图 4.2），校园以斯坦福夫妇最初捐赠的 8180 英亩土地为基础。这 8180 英亩土地，正是斯坦福大学能够在 20 世纪初由一介寂寂无闻、西部荒凉的"农场大学"，一跃成为世界顶尖大学之一的重要资源。

图 4.2 斯坦福大学校园建筑

20 世纪 40 年代和 50 年代，斯坦福大学工程学教授弗雷德里克·特曼（Frederick Terman）执掌斯坦福大学工程学院，倡导学生不仅要有想法，同时要将这些想法商业

---

[1] 英文原文是 "to promote the public welfare by exercising an influence in behalf of humanity and civilization"，摘自斯坦福大学官方网站，中文为作者翻译。

化，鼓励教师和毕业生创办自己的公司。在弗雷德里克·特曼的推动下，斯坦福大学成立斯坦福工业园（Stanford Industrial Park，后来更名为斯坦福研究园（Stanford Research Park）），将学校闲置的数百英亩土地，象征性地以极低租金，长期租给工业界高科技公司和毕业校友设立的公司。这些公司与学校合作，提供各种研究项目和学生实习机会，通过这种方式，斯坦福大学成为美国第一个在校园内成立工业园区的大学。

工业园的第一个租户是由斯坦福大学校友于20世纪30年代创办、制造军用雷达的瓦里安联合公司（Varian Associates）。早期租户还包括伊士曼·柯达（Eastman Kodak）、通用电气（General Electric）和惠普（Hewlett-Packard）等。弗雷德里克·特曼积极为民用技术初创企业寻找风险投资，其中惠普公司的成长与发展，被视作斯坦福工业园区早期最成功的案例之一。

随着半导体产业的飞速发展，工业园区内企业的数量不断增加，很快便超出斯坦福大学原本提供的土地范围，并沿着工业园区向周边扩张。最终这些企业的聚集地成了高科技和创新全球中心——硅谷（Silicon Valley），而首倡斯坦福工业园的弗雷德里克·特曼教授也被人们称为"硅谷之父"。

> **查一查：**
> 1. 斯坦福大学在创立之初的50年里，经历了怎样的发展历程？斯坦福工业园是在怎样的时代背景下催生和发展起来的？
> 2. 斯坦福大学除了提供廉价租金的土地外，在产学研一体化方面还有哪些教学、科研与鼓励创新和成果转化的制度与举措？
> 3. 调研斯坦福大学的师资力量、世界排名、科研成果、学术资源等情况。

4.1.2 硅谷，高科技孵化器

英特尔公司创始人戈登·摩尔（Gordon Moore）在2000年名为"硅谷模式探究"（Learning the Silicon Valley Way）的演说中讲道：

……

在人们试图理解硅谷的成功时，常归于一个神奇的公式：

技术 + 企业家 + 资金 + 阳光 = 硅谷

这个公式也许能够帮我们标识出一些发挥重要作用的因素，但并没能涵盖影响发展进程、通向成功所需的资源与制度。

另一个误区则是，通过一系列被"神话"了的历史事件勾勒出硅谷的发展史。在这些历史事件中，某个人的行为、特定的创新，甚至是一些偶然事件，成就了硅谷这个高科技圣地。比如在很多文献中被提及的：弗雷德里克·特曼和斯坦福大学如何通过提供"关键资源"，组织协调工业界的支持，以某种方式策划了硅谷的创建；情绪多变的诺贝尔奖获得者肖克利因为要就近照顾母亲而来到此地创业；"八叛逆"如何在初创企业中有所保留以便建立自己的公司……这些都是为了强调硅谷的唯一性和不可复现而存在的"神话",叙事上未免有失偏颇。实际上,硅谷的成功在于所有硅谷人的经验积累。

……

真正的硅谷经验是:

(1) 科学家成为管理者;

(2) 把科学商业化;

(3) 发现、创造和抓住机会。

在硅谷,天才与资本紧密结合,在坚定的决心、对发现与创造不懈追求的驱动下,硅谷持续闪耀着创新的光芒。硅谷的风险投资占整个美国所有风险投资的三分之一,成千上万的创业公司,苹果、脸书、英伟达等诸多世界顶级高科技公司总部均位于硅谷。这些都昭示着硅谷拥有优良的创业生态系统,并且在企业与资本的互相推动中不断强化了自身高科技创新、科学研究与发展方面的领先地位。斯坦福大学不仅携地利优势与硅谷双向互动,更是借此活跃在全世界科技创新的舞台,置身于创新的最前沿。

一种普遍认同的观点是:斯坦福大学与硅谷之间不是主导与被主导,而是一种双向的互动关系。因为斯坦福大学才有了硅谷,但是,硅谷不是斯坦福大学的硅谷,而是整个美国乃至世界的硅谷,加利福尼亚大学伯克利分校(University of California, Berkeley)、卡耐基·梅隆大学(Carnegie Mellon University)、加州理工学院(California Institute of Technology)、麻省理工学院(Massachusetts Institute of Technology)以及其他一流大学都在为硅谷提供技术和人才。

> **聊一聊:**
> 1. 你认为资本与科技创新有怎样的关联?
> 2. 如何理解戈登·摩尔所指的"真正的硅谷经验"的三点?试用具体实例说明。
> 3. 阅读讲稿的英文原文,归纳总结硅谷经验带给我们怎样的启示及其现实意义?

4.1.3 年轻人的创新思维

谷歌的两个创始人(见图4.3)——拉里·佩奇(Larry Page)和谢尔盖·布林(Sergey Brin),便来自斯坦福大学。他们两个的成长环境相似,虽然没有显赫的家世,但都能称之为书香门第。拉里·佩奇的父亲是大学计算机科学教授,母亲是计算机编程讲师,在父母的影响下他从小便对计算机感兴趣。谢尔盖·布林的父亲是大学的数学教授,母亲是美国宇航局戈达德(Goddard)太空飞行中心的研究员,对父母工作的耳濡目染使他具有较好的数学与工程基础。良好的家庭氛围让他俩从小就对科学有着更为深刻的理解,并培养出了浓厚的学术兴趣。

图 4.3 年轻时的拉里·佩奇（左）和谢尔盖·布林（右）

1995 年春，拉里·佩奇和谢尔盖·布林第一次相遇在斯坦福大学计算机科学博士课程申请者的周末欢迎会，当时已入学的谢尔盖·布林负责招待拟申请到斯坦福大学就读的拉里·佩奇。这次相遇并不是一见如故、相见恨晚的桥段，相反，这两个年轻气盛的小伙子几乎在任何话题上都是唇枪舌剑、意见相左，从哲学到计算机，从电影到城市规划，以至于整个周末时间，他们都是在激辩中度过，最后两人不欢而散。

"我认为他非常讨厌！他对任何事情都固执己见，而我亦是如此"，拉里·佩奇在回忆那段经历时这样说道。谢尔盖·布林在后来的访谈中也承认当时"我们花了大量时间交谈，但交谈唯一的共识是——都认为对方令人作呕"。

1996 年初，拉里·佩奇作为计算机科学的博士研究生在斯坦福大学注册入学。寻找自己研究方向的过程中，他通过发掘万维网（World Wide Web）数学属性，萌生了用图表将其链接结构表示出来的想法。拉里·佩奇的导师特里·温诺格拉德（Terry Winograd）对他的想法予以肯定，并鼓励他在这个方向上深入下去。

当时万维网的文档规模约是千万的数量级，这些文档之间有着无法估计的链接数量，要完成如此巨大规模的链接结构表示所需要的计算资源远远超出了一个学生项目的体量。当时的拉里·佩奇并没有意识到自己正要开采一个浩瀚的数据海洋背后蕴含的无限价值，仅仅本着纯粹的学术目的和完成学生项目的单纯思想，开始着手编写自己的爬虫程序（crawler）。当时的谢尔盖·布林则正在不停地从一个项目跳到另一个项目，在不同的项目间游走以寻求自己的博士论文方向。当他了解到拉里·佩奇的项目时，他敏锐地意识到了这个项目的复杂性和规模尺度，并被其具有的前景所深深吸引。"我与学院里的许多研究课题组进行了交流，但当我再次遇到拉里·佩奇时，我发现他所从事的项目是最为激动人心的，因为这个项目着眼于将万维网构建成可以有效使用的人类知识集合"，谢尔盖·布林毫不掩饰地表达了对这个项目的欣赏。

于是谢尔盖·布林找到拉里·佩奇表达了自己对于项目的看法，充分肯定项目的远景并提出了许多建设性意见。拉里·佩奇对谢尔盖·布林的很多观点都表示了赞同，同时他发现谢尔盖·布林具有扎实的数学基础和能力，这正巧与自己具有很强的互补性。两人彼此间曾经因争论而产生的偏见很快冰释，一股惺惺相惜、人逢知己的认同，让两人团结一心，在这个新的领域跃跃欲试。

> 谈一谈：
> 1. 继续深入了解谢尔盖·布林和拉里·佩奇的成长环境，你认为家庭环境对个人成长有怎样的影响？
> 2. 谢尔盖·布林和拉里·佩奇之间由志趣不投到惺惺相惜的案例其实非常典型，请找寻更多相似的故事，并谈谈你是如何理解同学之间或者将来的同事、合作伙伴之间具有不同性情与志趣的？

4.2 谷歌的创业简史

成立于 1998 年 9 月 4 日的谷歌公司，与 IBM 这种百年老店相比，是个"90 后"的新生代，娇羞自诩"00 后"也不为过。与英特尔公司等诞生于 20 世纪五六十年代半导体产业崛起时期的前辈不同，谷歌是在互联网发展时期乘风而起，依靠数据搜索业务迅速发展，并在短短数年间直上云霄，迅速跻身高科技公司的第一梯队。

4.2.1 PageRank 价值初显

1996 年 1 月，拉里·佩奇进入刚刚建成的斯坦福大学威廉·盖茨计算机科学大楼（William Gates Computer Science building），在编号为 360 的办公室开始了他的研究项目。不久，谢尔盖·布林也加入到他的项目中。

威廉·盖茨计算机科学大楼是微软公司捐赠 600 万美元并以其创始人威廉·比尔·盖茨三世（William Henry Gates III，国内常简称为比尔·盖茨）的名字命名的建筑。比尔·盖茨曾经笑谈"终有一天，在某个地方一定会有某个学生能创建一家足以挑战微软的高科技公司"。谁知一语成谶，拉里·佩奇与谢尔盖·布林后来创立的谷歌公司就成了这样的一家公司，而他们的奠基之地就是在以比尔·盖茨的名字命名的大楼里。

1996 年 3 月，爬虫程序完成并开始工作，这标志着两人命名为 BackRub 的项目正式起航。爬虫程序从斯坦福大学的主页开始，不断向外追踪页面链接，以期获得整个万维网的链接总和。在寻找网页链接的过程中，他们开始思考这些浩瀚的链接背后，是否蕴藏着一些独特的价值。作为在学术氛围中成长起来的拉里·佩奇和谢尔盖·布林，他们有着一些敏锐的嗅觉，例如他们充分理解无论是对于数学、化学这样的基础学科，还是计算机这样的工程学科，衡量一个学者在相关学科的学术水平，没有什么比论文发表更重要的了。如果说真有更重要的，那就是论文的被引用（citation）！

诚如一篇访谈中谈到的：

"学者们在一个精心构建的引文基础上建立他们的论文：每篇论文都引用以前发表的论文作为推动作者论证的证据点得出结论。

论文的评判不仅取决于他们的原始思维，还取决于他们引用的论文数量，随后引用它们的论文数量，以及每个引文的重要性。

引文非常重要，甚至还有一个专门研究它的科学分支：文献计量学……"

拉里·佩奇和谢尔盖·布林的父母发表过学术论文，虽然他们可能未曾阅读过父母的文章，但他们一定从父母的笑容和家庭的庆祝活动中分享了相同的喜悦。而他们自己，也正在打算发表学术论文以获得他们的博士学位。所以他们清楚地了解"被引用"是如何工作的，每一次被引用，相当于一次"投票"。被引用越多，表示获得的投票越多，代表论文越有价值，而被引用次数最多的论文被认为是最具权威性的。

"被引用"给了他们灵感，他们重新思考了自己的工作，于是从刚开始专注于解决如何找出有哪些网页链接到了给定网页，转向评估这些链接的数量对于给定网页本身所具有的信息价值。

拉里·佩奇认为："整个万维网是基于引用的松散结构，但为什么是引用而不是链接（link）？如果我可以设计一个方法去计数和评价每一个反向链接（backlink），那么万维网将成为一个更有价值的地方。"于是他和谢尔盖·布林开始设计一种排序方法，尝试为每个链接赋予一个等级，并以此建立一个经过排名的列表。这个方法在数学实现上具有一定的挑战，因为他们不仅要在计算排名的数学表达式中计算特定页面的链接，对于所有链接到该链接的链接也要进行计算，同时整个过程又是递归的。

谢尔盖·布林的数学天赋为这个难题的解决提供了坚实基础，在两人的紧密合作下，1996 年 8 月 PageRank 算法面世并上线。1997 年初，在项目的网站主页上，拉里·佩奇对 PageRank 算法的功能及 BackRub 项目的整体情况做了总结性的描述（见图 4.4）。

诚如拉里·佩奇所言，PageRank 算法是用于网页（page）按相关性等级（rank）的排序算法，但算法的命名却不是依照这个字面意思，里面的 Page（佩奇）是自己的名字。PageRank 表示是 Page（佩奇）发明的"rank"方法。

在 1997 年，如果你使用当时最好的搜索引擎 AltaVista 检索"汽车公司"，你会惊讶地发现前 100 个检索结果里都没有福特公司、通用汽车或者丰田公司的网站。尽管这些汽车公司网站与你要检索的"汽车公司"相关性更强，但它们可能出现在检索结果的第 3 页、第 4 页，甚至更后面，以至于你要紧盯屏幕对数百个检索结果一一辨认，才不至于错过你需要的信息，这显然让人疲惫又沮丧。

BackRub 的出现，或者更具体说是 PageRank 算法的出现，改变了上述局面。

有人说 PageRank 并没有找到新的东西，就检索结果而言，早期的搜索引擎已经得到了相同的结果，但 PageRank 利用相关性对这些结果进行了重新排列，让用户真正想要的信息放在了检索结果的最前面，它只是以更好的方式找到你想要的东西。但很显然，PageRank 带给了用户一些全新的体验。

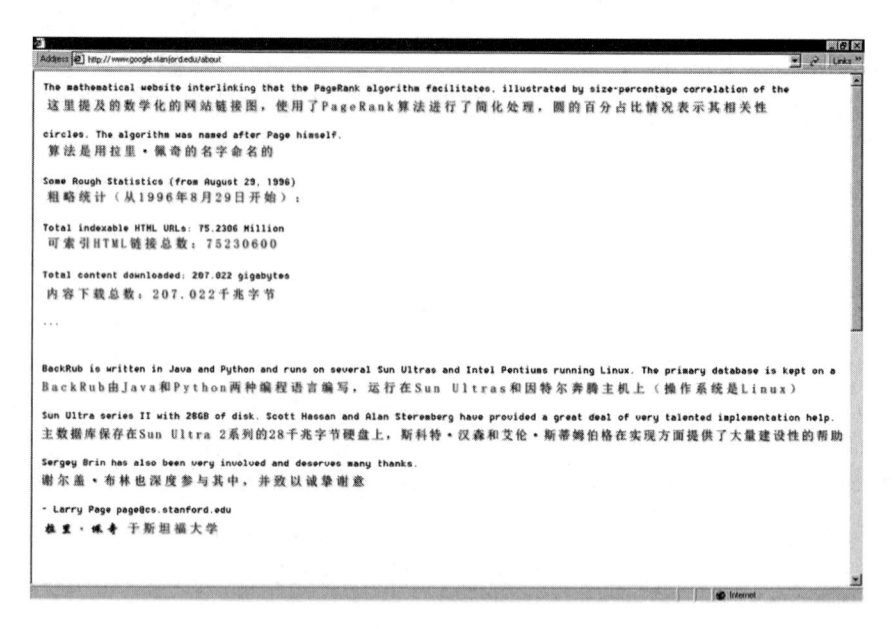

图 4.4　BackRub 项目网页（1997 年年初）[1]

> **想一想：**
> 1. 如何从用户体验角度理解 PageRank 算法的价值所在？
> 2. 一般搜索引擎都有分词、索引、排序三个主要步骤，试查阅相关资料，对比 PageRank 算法与当时其他搜索引擎在这三个步骤上的异同。

4.2.2　被忽视的"搜索"

拉里·佩奇和谢尔盖·布林对于 BackRub 项目取得的进展很满意，但是他们并没有意识到他们正在打造的是一个开启新时代的伟大搜索引擎。

一方面，当时已经有 Yahoo（雅虎）、Excite、Lycos、AltaVista、AskJeeves、MSN 等众多的同类型公司。尤其是雅虎，这家成立于 1994 年的公司，短短三年时间，其市值已经高达数十亿美元，在随后的 2000 年年初市值更是高达 1280 亿美元。因此，即使拉里·佩奇和谢尔盖·布林所开发的、基于 PageRank 算法的 BackRub 项目有更先进的技术和更好的搜索结果，但在一个本已拥挤的市场空间，他们面临的竞争形势严峻，纵然有机会搏杀也会异常惨烈。

另一方面，拉里·佩奇和谢尔盖·布林更有志于成为像父母一样的、专注于研究的学者，倾向于以发表论文的方式来捍卫自己的研究成果，而不是去创办和经营公司，被各种烦琐的业务牵扯精力。

当然，虽然他们更倾向于走学术道路，致力于继续对项目进行研究和优化，但并

---

[1] 内容来自维基百科，网页效果为作者编辑。

不意味着他们清高到对 BackRub 项目存在的潜在商业价值不屑一顾。他们是斯坦福大学的学生，由斯坦福大学校友创建的雅虎和 Excite 两家非常成功的搜索引擎公司让他们自豪又艳羡，学校固有的产学研氛围同样在他们身上发酵。与此同时，当时互联网泡沫正急剧膨胀，处在硅谷中心的斯坦福大学，尤其是计算机科学学院，到处弥漫着高薪的诱惑。与拉里·佩奇和谢尔盖·布林共用威廉·盖茨计算机科学大楼 360 室的一名学生回忆到："每次参加完派对或聚会，你都会收到多份工作邀约并且这些邀约都是真实可靠的，于是你不得不反复权衡比较。要决定的问题不是要不要坚持完成研究生学位，而是在那之前何时离开参加工作……"

拉里·佩奇和谢尔盖·布林在经济上并不富裕，就连 BackRub 项目所需的计算机都是通过四处借用学校闲置的配件组装起来的。在外部氛围影响和内部实际困境下，他们试图以将 BackRub 授权给其他需要搜索引擎的门户网站的方式，从 BackRub 项目中获得经济利益。

在斯坦福大学技术许可中心（Office of Technology Licensing）的帮助下，他们见到了雅虎的创始人杨致远（Jerry Yang）和戴维·费罗（David Filo），以及众多其他搜索引擎公司的负责人，但是很可惜，没有人真正想购买 BackRub 的授权。其中同为斯坦福大学校友的戴维·费罗的反馈稍微正面，他告诉拉里·佩奇和谢尔盖·布林："等到完全开发出来并能升级的时候，我们再来谈。"所有尝试中，最接近达成协议的是 Excite 公司（见图 4.5），Excite 公司一度出价 75 万美元，但最后其 CEO 并未批准这项交易。

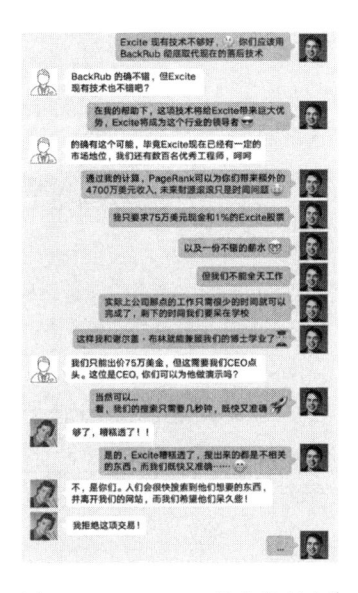

图 4.5　PageRank 的出售谈判[1]

---

[1] 内容根据维基百科等相关资料翻译整理，对话形式为作者根据双方谈判情况组织改编，并非真实场景，人物头像来自互联网，表情图标来自苹果公司。

关于这项交易，有几点是可以肯定的：

第一，BackRub 作为搜索引擎的性能确实非常卓越，否则该公司不会发出 75 万美元的收购邀约，其 CEO 也不会浪费时间参加会议并观看演示。

第二，Excite 公司并非缺钱，1996 年该公司刚刚以大手笔收购了两个搜索引擎：1800 万美元收购了 Magellan 和 1230 万美元购买了 Web Crawler。

对于 Excite 公司 CEO 拒绝这项交易的原因，一方面正是由于已经高价收购了两个搜索引擎，所以对于 BackRub 这样一个学生项目持保留态度；另一方面，大企业在互联网早期对于搜索、门户网站和电子商务方面严重缺乏了解，更谈不上深刻认识。尤其是搜索功能，当时还没有人将其当作一项业务对待，只作为门户网站的一项辅助功能而已，这通过雅虎和 Excite 当年的页面可见一斑（见图 4.6）。搜索功能只占据页面很小的一部分，大部分的页面都被各种有引导性的链接所占据。

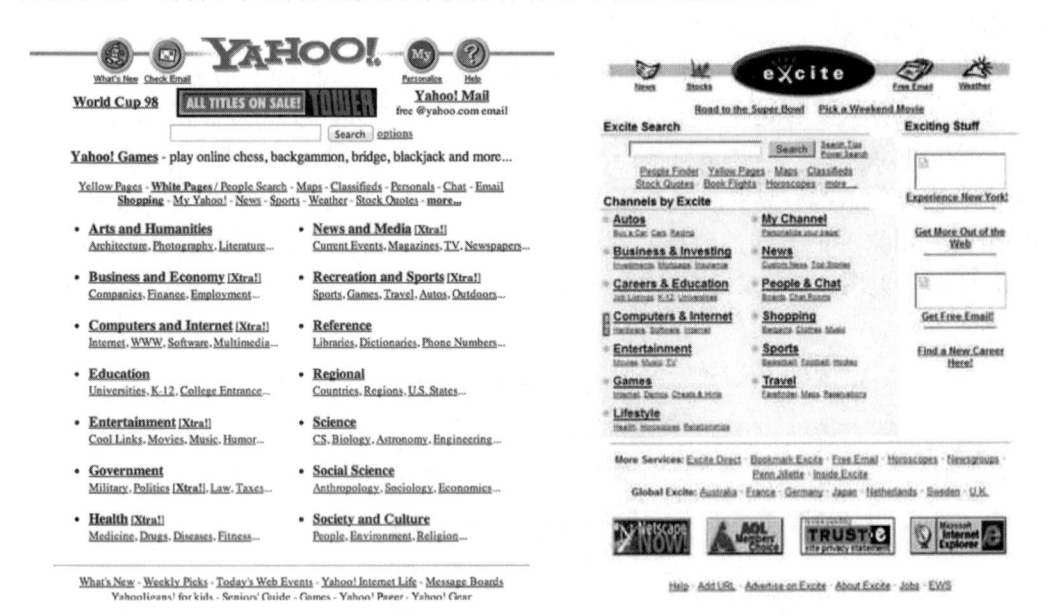

图 4.6 雅虎公司（左）和 Excite 公司（右）主页截图（1998 年）

在当时，搜索作为一个辅助性、非营利的功能，地位不显，一些主流门户网站当时甚至没有搜索功能。这就导致了上文描述的反常情况——BackRub 由于性能太好反而遭嫌弃，因为当时还没有人摸索出搜索本身如何产生可见经济效益的商业模式，更不用提洞见搜索引擎对于人类信息获取方面将要产生的颠覆性影响。

查一查：

查阅雅虎成长的相关资料，了解其所处的时代有怎样的特点，以及其成功与失败都有怎样的原因？

4.2.3 从宿舍到车库

1997 年年初，BackRub 已经具备了搜索引擎的特征和基本功能，能够对用户的输入进行查询，并返回一个按重要性进行排序的反向链接列表。最初 BackRub 的搜索页面非常简单朴素，他们没有专门的网页开发人员来针对视觉效果进行设计，自己也没有时间去做这件事情。他们把全部的精力和时间都投入到寻求一切可以获得的计算机部件，尽可能增强自己的系统以应对日益增加的搜索请求。

随着 BackRub 在斯坦福大学内部的流行，从学校各处淘换来的硬盘驱动器、处理器等配件组装的计算机很快塞满了拉里·佩奇的宿舍，然后他们将谢尔盖·布林的宿舍变成了讨论、办公和计算机编程的多用途空间。

1998 年 5 月，拉里·佩奇和谢尔盖·布林共同撰写了一篇名为《大型超文本网络搜索引擎剖析》（The Anatomy of a Large-Scale Hypertextual Web Search Engine）的研究论文，在澳大利亚的一个国际会议上发表。后来该论文一度成为互联网上下载次数最多的科学文献。

到 1998 年 6、7 月份，每天的搜索请求已经超过 10000 次，两人意识到 BackRub 项目已经基本成熟，作为学生项目的目标已经达到，而其蕴含的巨大潜力更适合去真实的世界释放与发挥。虽然此前授权 BackRub 的尝试没有成功，但 BackRub 项目还是引起了硅谷投资者的关注。1998 年 8 月，Sun 公司联合创始人安迪·贝希托尔斯海姆（Andy Bechtolsheim）向拉里·佩奇和谢尔盖·布林开出了一张 10 万美元的支票，9 月 7 日谷歌公司（Google Inc.）正式成立。

这张支票使 BackRub 从一个研究项目转变成一个创业公司，并更名为官方的正式名称"Google"。有了初始资金，拉里·佩奇和谢尔盖·布林很快招募新成员组建了新的团队，并将办公室从宿舍升级到了车库（见图 4.7）。这个车库位于加利福尼亚州门洛帕克郊区，由苏珊·沃希基（Susan Wojcicki）所拥有。

图 4.7 谷歌两位创始人在车库办公室

苏珊·沃希基[1]在一年后的 1999 年成为了谷歌公司的首任市场部经理，员工编号 16，此前她在英特尔公司市场部任职。苏珊·沃希基后来历任谷歌广告与商业高级副总裁、谷歌 YouTube 公司 CEO 等，成为谷歌公司最早一批，也是任职时间最长的员工之一。

据苏珊·沃希基回忆，1998 年，当两个 25 岁的年轻人在自己面前认真地吹牛皮说"从现在起一年后，人们会知道我们的搜索引擎"，她看了看他们新添置的、储藏糖果和零食的大冰箱，嘴里说着"是的，你们一定可以做到"，心里却不禁发笑"大男孩们，要是你们那么有能耐，干吗还租我的车库？"。在后来的访谈中，提及当年租借车库给拉里·佩奇和谢尔盖·布林的往事，苏珊·沃希基笑谈："我的车库可是位于硅谷，要知道惠普公司、苹果公司都是在硅谷的车库中起家的，我给予了谷歌与这些大公司相同的成长环境，而且讨价还价后我的车库每月仅收 1700 美元。"

当时租借车库的真实情况如何早已不得而知，由于苏珊·沃希基曾经负责谷歌的市场部门，她的话或多或少有夸张，或者故作幽默的成分。而且除了冰箱，拉里·佩奇和谢尔盖·布林添置的 8 条电话线、宽带调制解调器及 DSL 宽带线一定也让她印象深刻，不过她却按下不提。能确信的是，拉里·佩奇和谢尔盖·布林在当时很节俭，不仅车库的租金讨价还价，为了省钱，在计算机配置方面也是自己"攒机"，这从谷歌的首台服务器可见一斑（见图 4.8）。

图 4.8　谷歌公司的首台服务器

---

[1] 谷歌在 2006 年以 16.5 亿美元收购 YouTube，该交易由时任谷歌广告与商业高级副总裁苏珊·沃希基主导。

1999 年，谷歌的搜索引擎使用量从年初的每天 10 万次，以每月 50%的速度增加，到年底已经达到每天 700 万次。虽然与雅虎这样的主流门户网站相比，这个数量依然显得很小，但谷歌的搜索引擎以其优异的表现在用户中口口相传。在没有花钱营销的情况下，一些主流媒体都对谷歌的搜索引擎交口称赞，在当年 11 月份的《财富》（*Fortune*）杂志评论中，记者称赞谷歌公司的搜索引擎简直就是"不可思议的魔法"。借由着这样的发展趋势，谷歌开启了自己的极盛时代。

回顾谷歌的创业史，正如谷歌官网宣称的那样，公司的起步是如此寻常而无半分传奇色彩，用计算机主板、硬盘、内存、网络适配器和其他配件像搭乐高（Lego）积木一样，用低廉的成本构建了首台服务器，所有配件都裸露在外并且导线和电缆四散连接。提供给用户的界面亦是简单明了，少有修饰（见图 4.9），和之前提及的雅虎、Excite 公司的页面形成了鲜明的对比。

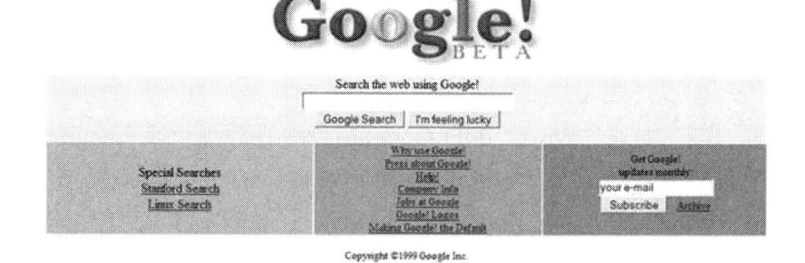

图 4.9　谷歌公司的主页（1999 年）

截至 2020 年第四季度，谷歌在全球拥有超过 13 万名员工，拥有包括搜索、YouTube、Android、Chrome 等在内的数百种产品，为全球数十亿人所使用。曾经的"乐高"服务器见证者谷歌从无到有的开端，而谷歌我为人人的技术热情、寻求更好答案的不懈努力，将一直伴随着谷歌——从宿舍到车库，直到今天[1]。

> **辩一辩：**
> 　　有人说正是谷歌的节俭帮他们度过了互联网泡沫破灭的寒冬，你怎么看待这种说法？

4.3　独树一帜的商业模式

谷歌花费了比一般企业更久的时间才真正成了一家成功的营利性企业。拉里•佩奇

---

[1] 本段是谷歌公司官网"我们的故事"（https://www.google.com/about/our-story/）（2019 年）摘引，中文为作者翻译，部分内容有删减。

和谢尔盖·布林在谷歌公司成立的随后两年里都没有太重视如何给公司快速带来经济效益,哪怕硅谷的商业哲学是"迅速做大"(Get Big Fast)。两位创始人专注于改进谷歌的搜索引擎,以确保它是世界上最全面、最可靠、最快速的搜索引擎,并在确保技术优势的情况下,逐步找到了能充分发挥搜索价值的商业模式。

4.3.1 探索盈利模式

1999年,当拉里·佩奇和谢尔盖·布林向风险投资家游说时,曾经提出三种公司盈利的方法:

(1) 将搜索技术授权给主要门户网站,以获得授权费

对于谷歌公司的这种商业举措,主要门户网站并不买账。直到2000年6月,雅虎公司同意使用谷歌公司的搜索引擎,才算有所进展。

对于雅虎公司而言,由于其执着于门户网站战略,一直不认为搜索是核心产品,所以谷歌对于雅虎的影响力有限。但对于谷歌而言,雅虎公司采用其搜索引擎则给予了公司许多收入层面以外的益处:

一方面,由于雅虎允许"Powered by Google"(由谷歌提供支持)出现在其搜索页面上,使得谷歌品牌出现在数百万主流网络用户面前,提升了其品牌知名度。

另一方面,谷歌的每日搜索量由合作前的1800万条激增到6000万条,随后在2001年年初,每日搜索量突破一亿次大关。借助雅虎平台获得的搜索量,谷歌能够在大流量环境下对其搜索引擎进行测试和改进,使搜索引擎逐步达到成熟状态。

(2) 将搜索技术作为产品,销售给需要的企业,以获得销售收入

谷歌公司生产了一种可以安装在数据中心的机架式硬件设备,可以为企业或者其他组织对自身的数据进行组织、索引和搜索,如同谷歌搜索引擎在万维网上做的那样。

(3) 在谷歌公司的网站上直接放置广告,以获得广告收入

在网页的顶部投放横幅广告是一般门户网站的通行做法,也是这些门户网站获得广告收入的直接来源。

不过拉里·佩奇和谢尔盖·布林对于在谷歌公司网站上投放广告一直持保留态度。早在1998年5月发表的《大型超文本网络搜索引擎剖析》论文中,他们就激烈抨击搜索公司依靠广告创造收入的做法,认为这会使搜索结果偏向广告商,而非消费者想要的信息,直言广告导致糟糕的搜索结果。在1999年向风险投资家提及在谷歌公司的网站上直接放置广告以获得广告收入时,两人也是闪烁其词,并未明确同意,而是做了一些模糊含混的承诺。

但到了2000年年底,谷歌从风险投资获得的资金燃烧殆尽,漂亮的搜索量增长数据后面是谷歌难以言说的苦楚。董事会成员表示,在谷歌网站上每天有超过7000万次的搜索却不能让谷歌挣一分钱,这让人非常沮丧。

而这三种盈利方式的实验结果,也都并不乐观。

在技术授权方面,从雅虎获得的授权费对于谷歌公司每个月50万美元的开支来说

杯水车薪，甚至都不足以支付为雅虎提供搜索所增加的计算和带宽成本，第一种将搜索技术授权给门户网站以获得授权费的盈利方法宣告失败。

第二种销售搜索硬件产品盈利的方法比第一种情况稍好，但市场的需求不那么强烈，并不能为公司带来维持生存所需的销售收入。甚至，即便在随后的近20年时间里，搜索硬件产品始终也没有能够成为拳头产品，一息尚存而已。

2000年年初，拉里·佩奇和谢尔盖·布林在维持谷歌的极简风格和获得商业利益之间摇摆不定、犹豫不决时，就因互联网泡沫破裂而进入寒冬——大量互联网公司破产，侥幸存活下来的门户网站损失巨大，在线广告市场急剧萎缩。这样的形势下，第三种在谷歌的网站上直接放置广告以获得收入的方法还没真正开始尝试，就已经前途无路。

> **聊一聊：**
> 1. 如果你作为当时谷歌公司的决策者，会采用怎样的盈利策略？
> 2. 一些观点认为，对于企业来说，现金流比盈利（利润）更重要。现金流是如何定义的？怎样看待这种观点？

4.3.2 广告也可以简洁

4.3.1节提到，谷歌对于在网站上直接投放广告一直是犹豫的状态，事实上，谷歌最终也没有选择在主页直接增加广告，因此才有了人们心中一直认为经典的那个简约搜索页面。成立于1998年的GoTo.com也是一家搜索引擎公司，但它与谷歌的商业思路完全不同，谷歌是通过抓取网页，然后用PageRank对返回结果排序，而GoTo.com的搜索引擎根本不抓取，其返回结果全部都是由广告商提供的现成内容。更直白一点儿地说，GoTo.com搜索引擎返回的是一个看起来像搜索结果的广告产品列表。

这种商业理念听起来毫无新意，当年在GoTo.com的发布现场，观众几乎全程用嘘声和拇指倒立表达自己的反感。但广告商们趋之若鹜，商业直觉告诉他们这是一个好点子，会后广告商成群结队与GoTo.com签约。

为什么广告商会如此追捧这种商业理念？

在原来的广告模式中，像雅虎这样的门户网站，通过自身的新闻、评论、旅游、运动等资讯，吸引用户停留在自己的网站上，同时在网页上投放大量的横幅式的广告，以达到"广而告之"的产品宣传效果。这与报纸上夹缝添加广告的传统方式并无不同，都是通过广告的曝光度引起用户的注意。但在这些模式中，广告会出现在所有用户面前，无论用户愿不愿意。这些"狗皮膏药"似的广告不仅会引起用户的反感与不满（真正有需求的用户另当别论，但毕竟是少数），广告效果本身也不佳。

GoTo.com的理念就不同了。用户用搜索引擎去搜某样东西，代表他/她对于这样东西有需求，通过搜索引擎搭建的桥梁，广告商可以将产品有针对性地呈现在用户面前，而用户也可以轻松找到所需要的产品信息，双方都省时省力而且有效，当然双方都满意。尤其对于广告商来说，从此不必费神去猜测产品的潜在客户可能是谁，一味追着客户跑,客户会在搜索引擎的指引下自动来到身边,还有什么比这让广告商更心动的呢?

GoTo.com 自己也没有想到,它们不经意间开创了搜索直接产生盈利的模式,推动了商业的发展,并成为历史上最伟大的广告模式之一。GoTo.com 于 2001 年更名为 Overture Services,2003 年 10 月被其最大的客户——雅虎公司,以 17.3 亿美元的价格收购。

GoTo.com 模式的成功给谷歌以极大的启示,虽然拉里·佩奇和谢尔盖·布林在广告上一直持有保留态度,但很显然,他们也需要在谷歌当前的商业模式中找到广告的盈利点,从而维持谷歌的长期运营。

谷歌的第一次尝试是在 2000 年 1 月。当时谷歌在一些搜索结果的关键字上方插入一些不显眼的文字,这些文字链接到相应的广告。在收费上,想要排在第一位的广告商需要为每一千次展示支付 15 美元,第二位是 12 美元,第三位是 10 美元……这个价格和在门户网站上投放横幅广告的价格差不多。谷歌一度组织销售团队以开展广告业务,但收效不佳,只有约 350 名广告商在谷歌投放广告。因为此时 GoTo.com 发展迅猛,而且广告商更喜欢简单地使用在线表单轻松填写出价,而不是和销售打交道。

针对上述情况,谷歌在 2000 年 10 月推出了自己的 AdWords 在线广告业务系统,任何广告商,不论其经营规模如何,都可以用信用卡在 AdWords 上花几分钟向谷歌购买广告,整个过程简单而轻松。

谷歌拥有很高的搜索量和知名度,广告商们愿意使用 AdWords 这种轻松的方式在谷歌上投放广告。这个变化为谷歌在 2001 年带来了 8500 万美元的收入,解决了谷歌迫在眉睫的资金问题。但谷歌仍然是按展示收费,而不是像 GoTo.com 按点击次数收费,这使得谷歌在收入上反而不如搜索量低的 GoTo.com。

2002 年 2 月,谷歌更新了 AdWords 系统,采用了 GoTo.com(此时已更名为 Overture Services)的竞拍定价和按点击付费的模式。这种做法引起了 Overture Services 的声讨,他们对谷歌展开侵权诉讼,这场诉讼最终在雅虎收购 Overture Services 后,以谷歌向雅虎支付 270 万股公司股票以换取永久许可而告终。

侵权诉讼并没有影响到谷歌公司的盈利。2002 年是谷歌首个盈利的年度,销售额为 4.4 亿美元,利润为 1 亿美元。到 2003 年时利润超过 1.85 亿美元,AdWords 上已经拥有 10 万名广告商。一年后谷歌收入增加到 10 亿美元,可以说,在不牺牲搜索质量的前提下,谷歌巧妙利用自己的平台与科技优势,找到了适合自己的广告模式,既不影响用户体验,又能充分满足广告商的需求。

谈一谈:

1. GoTo.com "竞价排名"和"按点击付费"的广告商业模式,谈一谈这两种方式的优劣。

2. 直到如今,谷歌的主页面上也没有任何广告,从企业角度谈一谈这样做的长远用意。

4.4 开源的智慧

搜索是谷歌的看家本领,但谷歌可绝不仅限于搜索。Gmail、Google map、Chrome、Youtube、Android……谷歌涉及的业务领域和提供的产品种类不断增多,并且都如同"搜索"一样,具备鲜明的高科技属性。2016 年,谷歌将发展战略从"Mobile First(移动先行)"调整为"AI First(人工智能先行)",寻求人与设备更自然的交互。本节,我们将探讨谷歌在"Mobile First"时期的重心——安卓操作系统,以及"AI First"时期的重心——人工智能技术,着重感受一下谷歌与众不同的开源生态系统。

4.4.1 强大的安卓阵营

说起手机操作系统,苹果 iOS 和谷歌安卓(Android,见图 4.10)是当仁不让的两大霸主,当然还有新兴的华为鸿蒙,以及已经落幕的微软 Windows Phone、诺基亚的塞班等,不过这些操作系统的用户数量,相比于 iOS 和安卓,就着实是小巫见大巫了。

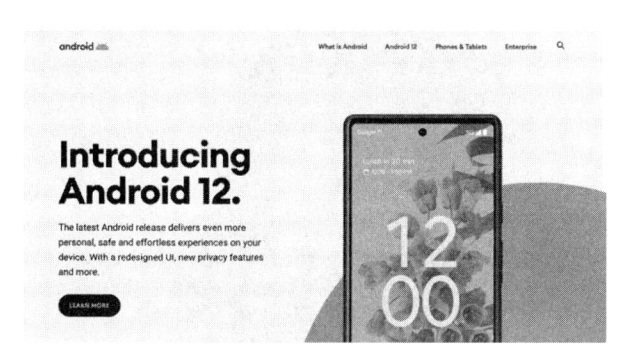

图 4.10 安卓系统官方首页(2022 年)

iOS 和安卓的发展定位完全相反,苹果公司长期致力于打造的就是一个封闭的苹果生态系统,iOS 系统高效、流畅,但限制性极高,用技术壁垒强行将用户划分成了苹果与非苹果阵营。安卓系统则不同,它是谷歌在"Mobile First"时期下的一盘大棋,用开放的方式揽获了大量的合作伙伴,目前全球有超过 10 亿部手机在使用安卓。

2007 年 11 月,谷歌宣布开发出了基于 Linux 平台的开源手机操作系统,并命名为"安卓"。更准确地说,它是集手机操作系统、中间件软件和应用程序为一体的软件平台。安卓系统最早是由安迪·鲁宾(Andy Rubin)等人创建的安卓公司开发的,2005 年谷歌收购了安卓公司。2007 年谷歌在发布安卓的同时,主导并组建了开放手机联盟(Open Handset Alliance,OHA),OHA 最早包含 34 家终端和运营企业,例如中国移动、三星、高通、德州仪器等，这些企业通过共享安卓操作系统的源代码来减少自家公司在移动设备的开发及推广成本。同时，安卓系统允许手机厂商和移动运营商自由定制，它拥有自己的开源计划（Android Open Source Projec，AOSP），企业用户可以使用安卓源代码进行二次开发。此外，安卓比 iOS 开放了更多的应用接口 API，软件安装更加开放便捷。

可以看到，安卓最大的特色就是开放。谷歌以阿帕奇免费开源协议（Apache open source license）的授权方式，发布了安卓的源代码，无论是想要模仿安卓，还是想要借助于安卓开发新的应用，都可以随意使用且不存在任何侵权问题。至 2021 年 10 月，安卓系统已经从 Android 1.0 升级到了 Android 12，显示出了磅礴的生命力。

谷歌安卓业务高级副总裁希罗史·洛克海默（Hiroshi Lockheimer，见图 4.11）曾是谷歌最具影响力的工程师之一，也曾是安卓系统的首席工程师，他对于安卓系统的构想是"我们的目标是让安卓登录所有的屏幕，因为屏幕控制着所有的设备。"此言点出了谷歌在安卓系统上的野心，在拥有了足够数量及稳定的合作伙伴后，谷歌开始尝试基于安卓系统做更多的事情。2014 年，谷歌发布了安卓车载系统，实现了智能手机与汽车之间的智能操作与通信；2015 年前后，安卓系统让电视机从简单的接收设备摇身变成了智能终端；基于安卓的可穿戴设备打开了人与智能设备的交互新模式，计算机与手机的"中心化"地位开始变化，谷歌顺理成章地过渡到了"AI First"时期……

图 4.11 安卓业务高级副总裁希罗史·洛克海默

辩一辩：
　　安卓虽然拥有着远超苹果的市场份额，但是苹果却依靠其封闭的生态系统赚取了远高于谷歌的利润，如果谷歌也将安卓系统打造成封闭的系统，你认为会更利于谷歌的盈利吗？

4.4.2 AlphaGo 领衔人工智能

"人工智能"的全民热度一定得记 AlphaGo 一功，2016 年 3 月，谷歌旗下 DeepMind 公司研发的深度学习程序 AlphaGo 以 4∶1 的成绩战胜了世界围棋冠军李世石（见

图 4.12），将人工智能技术一下推进了大众视野内。

图 4.12　AlphaGo 战胜李世石

AlphaGo 实际上来源于一项叫"谷歌大脑（Google Brain）"的项目，2012 年，谷歌的科学家们用 16000 套计算机处理器搭建了一个大型的中枢网络系统，它具有自主学习的能力，在观看了千万条 YouTube 视频后，谷歌大脑可以辨认人类、物体和猫。谷歌大脑将人工神经网络从理论层面带到了实践层面，并带动了包括脸书、苹果、微软等公司在人工智能领域的高投入。毫无疑问，谷歌在人工智能领域走在了最前沿，于是，它又做了一个大胆的决定。

2015 年 11 月，谷歌开源了自己的深度学习框架——TensorFlow（见图 4.13），依据的便是阿帕奇授权协议 2.0 版本（Apache 2.0 open source license）。TensorFlow 是由谷歌大脑开发和维护，可以用来实现神经网络的内置框架学习软件库，对于想要了解或者从事深度学习的人来说，TensorFlow 提供了一个非常便捷的上手方式。TensorFlow 的命名来源于其本身的运行原理，Tensor（张量）意味着 N 维数组，Flow（流）意味着基于数据流图的计算。

图 4.13　TensorFlow 框架 logo

在深度学习研究者当中，TensorFlow 的知名度不可谓不高，它允许将深度神经网络的计算部署到任意数量 CPU 或 GPU 的服务器、PC 或移动设备上，这极大地降低了深度学习对硬件设备的要求，相对应地也就降低了深度学习的准入门槛，让想要了解深度学习的人都能够一探究竟。和多数深度学习库一样，Tensorflow 能够有效支持所有常见的 NN 架构，如卷积神经网络（CNN）、递归神经网络（RNN）和深度置信网络（DBN）等，同时它还能支持几乎所有流行语言，如 Python、C++、Java、R 和 Go，受到所有云服务（AWS、Google 和 Azure）的支持，可以在移动平台和分布式平台上工作，允许模型部署到工业生产中，且具有非常好的社区支持。这些独特的优势对于普通开发者而言具有非常强的吸引力，借助 Tensorflow，开发者可以非常方便地实现诸如语音识别、自然语言理解、计算机视觉、广告等不同场景的应用，打造出高度智能化的产品。

虽然 TensorFlow 只是一个通用的深度学习框架，很难用来解决专业领域的相关问题，但完善的功能让它足以应对深度学习在各个行业中的基本应用。在应用 Tensorflow 的同时，开发者会进一步了解到谷歌 TPU、云计算、AI 服务的内核，对谷歌的产品形成更完整的认知。TensorFlow 的开源得感谢谷歌首席科学家杰夫·迪恩（Jeff Dean），他认为创新工作要比重复的代码工作重要得多，于是他通过开源 TensorFlow 来加速这一进程，同时让开发人员实时与科学界进行协作。TensorFlow 项目负责人 Rajat Monga 指出，"通过将 TensorFlow 开源，我们能够与大学以及诸多初创企业的开发人员进行合作，接触新的理念，推进技术发展。开源使得代码开发的速度更快，TensorFlow 也更加功能多样，灵活方便。"

除开源的深度学习框架外，2017 年，谷歌在各个领域开放了 11 个数据集，供研究者们免费使用。"数据+框架"，谷歌可谓是帮愿意走进深度学习的开发者们扫除了一切基础障碍，而换一种角度，当开发者在使用谷歌的框架及数据时，他们也相当于建设者，在帮助完善谷歌的深度学习系统搭建。有着这数以万计的开发人员作为体验官，相信谷歌对推行"AI First"一定有着更充足的底气。

> **查一查：**
> 1. "谷歌大脑"是"Google X 实验室"的一个主要研究项目，请查阅更多有关"Google X 实验室"的资料，了解他们当前正在研究的新技术，并思考这些技术对未来可能带来的影响。
> 2. 你认为谷歌开源 Tensorflow 的用意又是如何呢？

4.5 案例总结

谷歌是一家散发着浓浓的科技与创新魅力的企业。两位来自斯坦福大学的博士生，在创业摇篮硅谷，凭借高效的搜索算法，创立了谷歌，并快速跻身高科技公司的第一梯队。创立至今，谷歌的搜索算法在数据搜索领域依旧是独树一帜，难以超越。谷歌用强劲的实力持续书写着硅谷创业的传奇，也给斯坦福大学的创业教育增添了光辉。

时间退回到 1995 年前后，网景公司正发展得如日中天，网景浏览器首次实现了图形浏览器功能，可以将图片与文本同步显示在网页中。然而，微软获得了网景浏览器的技术授权，并对其进行打压，网景公司很快便落下了帷幕。有趣的是，1997 年，拉里·佩奇和谢尔盖·布林打算将 BackRub 项目授权给搜索引擎公司，结果门户网站巨头雅虎并没能意识到项目的价值，拒绝了他们。而雅虎自身也在时代发展的洪流中慢慢消失了身影。前有网景，后有雅虎，都曾是红极一时的高科技公司，但都只能留在互联网的过去，一家企业得以长久存在的秘密是什么呢？

将目光放回谷歌，谷歌搜索的算法核心是基于网页链接所潜藏的价值，两位创始人用"被引用数"量化了"网页价值"，让搜索结果更贴近人们的内心期望，用科技实现了艺术。正是这个技术洞见，让谷歌在所有的搜索引擎中脱颖而出，迅速占领市场。而后，谷歌成功跨越了技术产品到商业应用的壁垒，"免费的搜索，收费的广告"，商业模式的确定帮助谷歌走向了新的时代。在广告的收费模式上，谷歌也是开创性的，广告排序的原则依旧是以对用户的价值为标准，并在此基础上开发出了广告系统 Adwords 与 Adsense。

有了足够的底蕴，谷歌的步子迈得更大了。谷歌在新兴领域普遍采用"开源"的方式，"开源"是谷歌非常重要的一项推广手段。安卓系统的开放打造了一个强大的联盟，人工智能框架的开放让谷歌在智能时代引领潮流……如今，谷歌已经在移动搜索、大数据、云服务、无人驾驶等一系列领域实现了业界领先，更不用说那极具神秘色彩的 Google X 实验室。用最先进的技术，制造最炫酷的产品，触及更多的人，收获顶尖的人才，继续研究最先进的技术。谷歌的战略保障了公司源源不断的创新生产力，让它有胆量去探索更多看似不可能的技术。

研究谷歌的案例，创意，无穷的创意，是这家企业最亮眼的地方。谷歌招揽的，都是以创造力、洞察力、对客户的感知力为核心特征的创意精英。这些人用大胆、开放、自由、想象创造着谷歌不可估量的未来。拉里·佩奇在《重新定义公司》的序言中说，谷歌试着将一种自主思维的方式推行到公司的方方面面。践行路上，谷歌一路高歌。

拓展思考题

1. 有人说拉里·佩奇安静、内敛、思想深邃而富有远见，谢尔盖·布林外向、合群、高调但同时也是问题解决者、工程师的工程师（engineer's engineer），如何理解这种评价？如何看待两个人的这种组合？
2. 结合拉里·佩奇和谢尔盖·布林当时既有心学术，又想从 BackRub 项目中获得经济利益的心境，试论理想与现实间应当如何权衡？
3. 尝试梳理谷歌当前涵盖的所有业务领域，总结谷歌的战略方向。
4. 谈谈谷歌前 CEO 艾瑞克·施密特对于谷歌的作用是什么？
5. 2004 年谷歌公司宣布公开发售股票，试回答：

（1）公开发售股票对于一家公司而言会在哪些方面产生影响？

（2）谷歌公司公开发售股票的前前后后都有怎样的故事？对于谷歌的发展有怎样的影响？

（3）在中国内地和美国公开发售股票各有怎样的步骤？对比其异同，并评论。

6.你认为什么样的人能被称之为"创意精英"？大学教育能否培养出这样的精英？如果可以，大学培养方案需要有怎样的变化？

参 考 文 献

[1] 戴维·A. 怀斯，等. 谷歌的故事[M]. 朱波，等，译. 北京：中信出版社，2020.

[2] 托马斯·舒尔茨. Google：未来之镜[M]. 严孟然，等，译. 北京：当代中国出版社，2016.

[3] 埃里克·施密特，等. 重新定义公司[M]. 靳婷婷，等，译. 北京：中信出版社，2015.

[4] 拉斯洛·博克. 重新定义团队：谷歌如何工作[M]. 宋伟，译. 北京：中信出版社，2015.

[5] 熊江. 谷歌真相：透析Google不为人知的故事[M]. 北京：中华工商联合出版社，2010.

[6] 姜炳俊，等. 谷歌之神：艾瑞克·施密特[M]. 王喜双，译. 吉林：吉林出版社，2020.

第 5 章

高通商业案例分析

创立于 1985 年的高通公司（Qualcomm，其 logo 见图 5.1）如今在全球有超过 3 万名员工。CDMA 技术是高通公司走进移动通信领域的代表作，向全球多家制造商提供技术使用授权是高通公司特有的商业模式，骁龙芯片展现了高通公司在智能芯片设计领域的强大实力。与英特尔等集设计、制造、封装测试为一体的企业不同，高通公司通过与合作伙伴建立产业链，来实现商业价值的最大化。虽然高通并不参与诸如芯片制造的具体过程，但它却能够在设计、生产、制造、销售等任何一个环节获得收益。走进高通公司，去看看它是如何努力坚持，最终成为 3G 通信标准的领航者，又是如何独辟蹊径，找到了"知识产权"这条商业路线？

图 5.1　高通公司 logo

5.1 契机：高通前传

高通创立之前的故事非常有趣，一位好莱坞明星与一位音乐家的灵感突现，为高通公司起家的核心技术奠定了理论基础；香农在麻省理工学院任职期间对信息论的传播，让高通公司创始人艾文·马克·雅各布（Irwin Mark Jacobs）领略到了信息论的魅力，从而有了他想将理论应用于现实的想法；凌凯比特被收购后，母公司的短视和对优质项目的漠视，成了高通创始人决意跳出母公司，成立高通的关键因素。一家公司成立之前的故事，对其今后的发展变化，会有什么大的影响吗？

5.1.1 无所不在的存在

没有电视媒体的"霸屏"广告，没有地铁、商场"风姿卓越"的吸睛广告牌，没有网络流媒体的植入广告和片头广告，如果不是新闻中偶尔提及的反垄断诉讼和并购，在中国国内，除了通信行业，很少有人知道高通这个名字。就连公司的商标，没有苹果（Apple）公司商标的象形和豁口隐喻，没有英特尔（Intel）公司商标明朗色彩和圆环加持，在单一颜色下，是字母"QUALCOMM"的近乎平铺直叙。QUALCOMM 由 Quality Communications 两个单词分别取前 4 个字母构成，字面意思为"高质量通信"，这也是中文名称"高通"的由来。

不过，这个总部位于美国加利福尼亚州圣迭哥（San Diego, California）的"低调"企业，却是一个不折不扣的行业巨头。作为全球 500 强企业，高通在全球拥有超过 200 个分支机构，在 2013 年 8 月更是以 1138.2 亿美元市值一度超越半导体巨头英特尔（Intel），当时高通的营业额不及英特尔的三分之一，距离高通的创建也仅 28 年！随后虽然市值时有起伏，但高通的利润一直保持在一个非常惊人的水平。

在移动通信领域，高通公司是一个具有压倒性优势的企业，虽然如今芯片制造领域的竞争非常激烈，但高通公司智能芯片的市场占有率仍能达到 30%左右，换言之，统计意义上，你手中的手机有三分之一的概率使用的是高通芯片。高通虽然被列为一家美国跨国半导体和电信设备公司，致力于设计和销售无线电信产品和服务，但其主要资产却不是设备、厂房场地等有形存在，而是知识产权。截至 2019 年年底，高通在全球范围内申请了超过 14 万项专利，主要为移动通信和芯片等技术。这些专利不是装点门面的，而是真正应用于生产实践，具有实用价值和产生经济效益的——这些专利通过专利许可业务创造了公司的大量利润。

近 20 年来，高通公司不断遭遇各个国家或地区的反垄断调查，各种罚单不期而至，而公司始终能够屹立不倒，凭借的正是手中握有的大量专利。抛开其中的利益纠葛和政治考量，这些反垄断调查从侧面反映出高通已经形成了行业垄断，成为事实上的市场支配者。

在高通公司的官方介绍中，蕴含了高通自身的企业发展目标（见图5.2）。真实的高通究竟是什么样的？高通是如何发展起来的？让我们透过高通的发展历程来寻找线索，一探究竟。

图 5.2　高通官方简介[1]

说一说：
开启本案例的阅读之前，谈谈你目前对于高通的认知？

5.1.2　好莱坞明星与音乐家

高通知识铸就财富的传奇，要从一个好莱坞女明星说起，这是一个比公司创建早半个多世纪的故事。

故事的主人公叫海蒂·拉玛（Hedy Lamarr，见图5.3），1914年出生于奥地利维也纳，犹太裔，原名海德维希·爱娃·玛丽亚·基斯勒（Hedwig Eva Maria Kiesler），她的父亲是当地颇有名望的犹太银行家，母亲是一位钢琴家。20世纪20年代末是电影业大发展的时期，这一时期无声电影被终结，取而代之的是有声电影，美国好莱坞电影的"黄金时代"也在这时发端，不同题材的影片不仅流行美国，也风靡欧洲各国。

---

[1] 英文网页内容截自2017年12月20日，汉字内容为作者翻译。

正值青少年时期的海蒂·拉玛在这股电影风潮影响下放弃学业，转战德国柏林学习表演。1930 年，年仅 17 岁的海蒂·拉玛出演了一部德国电影《街上的钱》。不久后她来到捷克斯洛伐克，并在那里继续了她短暂的早期电影生涯。

现实生活中的她因为犹太裔的身份和认知，与当时和法西斯有密切关系、从事军火贸易的第一任丈夫分道扬镳，秘密搬到法国巴黎，并在那里遇到了米高梅公司（Metro-Goldwyn-Mayer，Inc.，MGM）的负责人路易斯·迈耶（Louis B. Mayer）。路易斯·迈耶为海蒂·拉玛提供了一份电影合约，于是她来到了美国好莱坞发展，从 20 世纪 30 年代末到 50 年代，她都是作为一个好莱坞电影明星活跃在美国洛杉矶地区。

1940 年夏天，海蒂·拉玛在一个聚会上认识了从德国来的移民乔治·安太尔（George Antheil，见图 5.4）。乔治·安太尔是一个多才多艺的人，既是作曲家和钢琴家，同时也是作家和发明家。他的音乐作品极具现代主义色彩，本人被视作美国 20 世纪初的先锋音乐人；写作方面，他曾撰写杂志文章精确预测二战的发展和结果，写作体裁涉及自传、神秘小说、报纸音乐专栏等。移民美国后，他大部分时间都在为电影和电视作曲，也因此结识海蒂·拉玛。

图 5.3　海蒂·拉玛年轻时剧照　　　　　图 5.4　乔治·安太尔（George Antheil）

在两人的交谈中，海蒂·拉玛提及在第一任军火商丈夫参加的晚宴上，她曾听到纳粹官员谈起过如何操控鱼雷的内容，而她在乔治·安太尔带来的钢琴演奏中获得了灵感：直接使用固定频率遥控鱼雷，则很容易被相同频率的信号干扰从而使鱼雷偏离目标，那么像改变钢琴按键就能改变声音一样，通过不停随机地改变信号频率，就可以有效降低来自敌方的干扰。

当她与乔治·安太尔分享这个想法时，乔治·安太尔很快想出了具体的实施方案。他曾经在 1926 年的《机械芭蕾》（*Ballet Mecanique*）中使用了由滚筒驱动的 16 架钢琴进行自动演奏，他的实施方案就借鉴了这个经验，通过在鱼雷的接收端和舰船的发射端安装相同的编码滚筒，两者同时运转以改变信号频率，从而实现"跳频"。

经过一番细致的整理工作和漫长的游说、等待，1942年8月11日，海蒂·拉玛与乔治·安太尔从美国专利局获得了名为秘密通信系统（Secret Communications System）的专利，编号为2292387。在他们的专利中一共使用了88种频率，这个数字正是钢琴按键的数量。专利申请后他们没有将其用于商业用途，而是直接交给了美国政府。不仅如此，他们还需要继续负担专利维护费。海蒂·拉玛和乔治·安太尔两人终其一生也没有从这个专利中获得任何利益。

当时，晶体管以及集成电路还未出现，想要将庞大的电子管"跳频"设备塞入鱼雷之中几乎是不可能的，所以美国海军直到20世纪50年代中期才真正对这项专利进行了技术实现。由于"跳频"技术还处于保密中，当时负责为美国海军进行技术实现的无线电公司认为这个先进概念是海军或者国防部门的优秀工程师提出的，全然不知他们为之研究和探索的技术，是一位美丽聪颖的女演员和一位富有创造力的作曲家为整个人类社会呈现的智慧结晶。海蒂·拉玛与乔治·安太尔的这项发明就是我们今天所熟知的"扩频"技术（Spread Spectrum）的前身和基础，并在后续衍生了无数专利。无论是高通公司起家的CDMA（Code Division Multiple Access，码分多址），还是后来的WLAN、Wi-Fi和Bluetooth（蓝牙），这些无线电通信技术的基础都是"扩频"技术。

> 论一论：
> 1. 以海蒂·拉玛的例子为引，尝试阐述"机会垂青有准备的人"这句话的含义？并尝试解读"像外行一样思考，像专家一样实践"的科研之道？
> 2. 如何看待海蒂·拉玛和乔治·安太尔在专利技术上的无私和产生这种行为的历史背景？

5.1.3 巨人的肩膀

"在我看来，两三百年之后，当人们回过头来看我们的时候，他们可能不会记得谁曾是美国的总统，也不会记得谁曾是影星或摇滚歌星，但是仍然会知道香农的名字，学校里仍然会教授信息论。"

——理查德·布拉胡特

克劳德·艾尔伍德·香农（Claude Elwood Shannon，见图5.5）于1916年4月30日出生于密歇根州的佩托斯基（Petoskey），父亲是新泽西州早期移民的后裔，是一名自由商人，曾经短暂担任过当地审核遗嘱的法官；母亲是德国移民的后裔，是一名语言学教师，曾担任密歇根州盖洛德市（Gaylord）一所公立学校的校长。

童年时代的香农非常仰慕托马斯·爱迪生（Thomas Alva Edison）（后来得知托马斯·爱迪生竟然是他的远房亲戚），视发明创造为英雄所为。中学时期，香农对机械和电气电子有着浓厚兴趣，课业中以科学和数学两门最为突出。他甚至自己在家制作了模型飞机、无线电控制的模型船和一个用于与半英里内的朋友联系的短距离无线电报机。

图 5.5　克劳德·艾尔伍德·香农（Claude Elwood Shannon）

1932 年，16 岁的香农中学毕业，进入密歇根大学，并在那里接触了英格兰数学家、哲学家、数理逻辑学先驱乔治·布尔（George Boole）的理论（简称布尔理论）。大学毕业时，他同时获得了电子工程学士和数学学士两个学位。大学毕业后，香农进入麻省理工学院（Massachusetts Institute of Technology，MIT）开始研究生阶段的学习，参与了万尼瓦尔·布什（Vannevar Bush）关于微分分析机（Differential Analyzer）的相关研究工作。

在研究微分分析机的自组织（Ad hoc）电路时，香农基于布尔理论的相关概念设计了一套交换电路，并据此撰写了他的硕士毕业论文《中继和交换电路的符号分析》（*A Symbolic Analysis of Relay and Switching Circuits*）。在论文中，香农证明了他设计的交换电路可以有效简化机电式中继结构，这一设计后来被广泛用于电话交换机。

在论文中，香农做了进一步扩展，提出并证明了这种交换电路具有解决完全的布尔代数运算能力。在论文的最后一章，他还展示了一些令人称奇的示例电路图，其中就包括了一个 4 位全加器（full adder）。香农这篇论文的意义在于，提出了用电开关实现逻辑运算，而这正是所有数字化电子计算机的基本概念。这篇论文也被后来的美国哈佛大学心理学家、多元智能理论开创者哈沃德·加德纳（Howard Earl Gardner）盛赞为"可能是本世纪（20 世纪）最重要、最著名的硕士学位论文"。

在万尼瓦尔·布什建议下，香农将类似的数学方法应用于孟德尔遗传学，于 1940 年完成了他的麻省理工学院博士学位论文——《理论遗传学代数论》（*An Algebra for Theoretical Genetics*）。同年，香农成为普林斯顿高等研究院（the Institute for Advanced Study in Princeton）的研究员。在那里，聚集了当时有影响力的科学家和数学家，如阿尔伯特·爱因斯坦（Albert Einstein）、赫尔曼·克劳斯·胡戈·外尔（Hermann Klaus Hugo Weyl）和约翰·冯·诺依曼（John von Neumann）等，通过与他们的交流，现代信息论思想在香农的脑海中萌芽并发展。

香农在二战期间离开了普林斯顿高等研究院，加入贝尔实验室（Bell Labs），受托美国国防研究委员会，研究火力控制系统和密码学。1943年，英国计算机科学家、数学家、逻辑学家、密码分析学家和理论生物学家艾伦·麦西森·图灵（Alan Mathison Turing）来到华盛顿和美国海军交流破译德国北大西洋潜艇舰队密码的成果，顺便到访贝尔实验室。图灵到访期间在一个自助餐厅向香农介绍了自己1936年一篇论文中的一个重要概念（后来被称作"通用图灵机"），香农发现这个概念与自己的一些想法吻合，并获得有益的启发。

二战期间，由于密码学研究的需要，香农的研究领域逐渐扩宽至通信理论，这使他意识到通信与密码学紧密相连的关系。他曾向贝尔实验室提交过一个名为《密码学的一个数学理论》（A Mathematical Theory of Cryptography）的备忘录，其中包含了许多与通信相关的概念和数学公式，这些通信相关内容后来被香农整理成通信方面的专门文章进行了公开发表[1]。

1945年，第二次世界大战即将结束，美国国防研究委员会在解散前决定将战争期间的重要成果进行整理归档，香农和同事一起撰写了《火力控制系统的数据平滑和数据预测》（Data Smoothing and Prediction in Fire-Control Systems）。论文的主旨思路可以推广到通信系统中，应用于信号与噪声的关系，信息论的基本概念和框架体系就此成型。1948年，划时代的信息论奠基论文——《通信的数学理论》（A Mathematical Theory of Communication，见图5.6），被分成两部分在当年7月和10月的贝尔系统技术期刊上发表。《通信的数学理论》通过对"发送者如何对信息进行最好编码"这一问题进行探讨，系统论述了信息的定义，信息如何量化，以及如何更好地对信息进行编码。香农在文章中提出了信息熵（information entropy）的概念，用于衡量消息（message）的不确定性。

1949年，香农和美国科学家、数学家沃伦·韦弗（Warren Weaver）合著了《通信数学理论》（The Mathematical Theory of Communication，见图5.7），书中包含了香农1948年的论文《通信的数学理论》，并对其中的内容进行了更为通俗易懂的重新表达。同样在1949年发表的《保密系统的通信理论》中，香农提出，数字通信的基础理论是采样理论，即用归一化的离散样本集表示连续时间信号，这个理论对于20世纪60年代以后通信从模拟传输向数字传输系统的转变具有至关重要的作用，为之后数字通信的兴起和发展奠定了基础。

---

[1] 该备忘录当时被列为机密文件，香农于1949年在贝尔系统技术期刊（Bell System Technical Journal）中发表了该备忘录的去密版本《保密系统的通信理论》（Communication Theory of Secrecy Systems）。

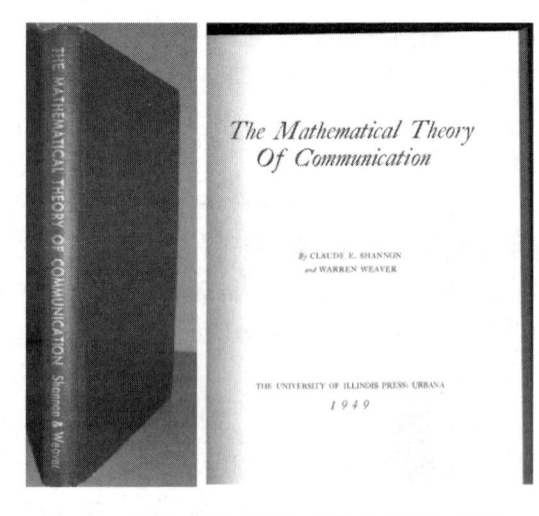

图 5.6 《通信的数学理论》论文　　　　图 5.7 《通信数学理论》著作的书脊与扉页

1951 年，香农发表了论文《书面英文的预测与熵》（*Prediction and Entropy of Printed English*），论文使得信息论在自然语言处理（natural language processing）和计算语言学（computational linguistics）中的实用性得以确立。香农在文章中展示了如何从统计角度进行语言分析，他计算了英语这门语言的熵的上界和下界，同时证明了如果把空格当作英语字母表上的第 27 个字母，能够降低英语书写体处理中的不确定性，为文化实践和概率认知提供了一个清晰明确的量化关系。

1956 年，香农返回美国麻省理工学院，开始了他在麻省理工学院长达 22 年的任职。这次的返回，成了高通创立的重要契机。

> **查一查：**
> 1. 了解信息论的基本定义与理论，试指出"信息"与"消息"的关联与异同？
> 2. 归纳整理一下香农有哪些科学家的个性特点，这些特点与他能成为信息论之父有联系吗？

5.1.4　风云际会，终成高通

高通故事的正传，始于香农返回麻省理工学院之初。1957 年，高通公司的两位创始人安德鲁·詹姆斯·维特比（Andrew James Viterbi）和艾文·马克·雅各布（Irwin

Mark Jacobs)各自结束了在麻省理工学院的硕士学业,由于完全不同的兴趣,安德鲁·詹姆斯·维特比选择去了美国西海岸的喷气推进实验室(Jet Propulsion Laboratory, JPL),而根据《高通方程式:新兴通信公司巨额利润和市场霸主的养成记》[1](*THE QUALCOMM EQUATION: How a Fledgling Telecom Company Forged a New Path to Big Profits and Market Dominance*)中的描述,艾文·马克·雅各布继续了他的博士学位,1959年毕业时,他受到香农在信息论方面开创性工作的吸引和鼓舞,决定留校任教。

在麻省理工学院,香农突破性的观点为他周围的人们打开了信息理论的大门,香农将他的观点进行了高度的理论化,这使得艾文·马克·雅各布和其他人能够有机会领略到香农理论的魅力,并为之深深吸引。在完全理解香农的信息论后,艾文·马克·雅各布和另一名同事合作,开设了一门旨在将香农的深奥理论应用到实际问题当中去的课程,并共同撰写教材《通信工程原理》(*Principles of Communication Engineering*,1965年出版),此时的艾文·马克·雅各布俨然已经成为香农理论的一名布道者。

1966年艾文·马克·雅各布离开麻省理工学院,来到加州大学圣迭哥分校(University of California, San Diego)任教。在加州的工作经历使他意识到自己在通信方面的知识为当地的国防部门所亟需。于是他在1968年,与当时有项目合作的两个伙伴安德鲁·詹姆斯·维特比和利奥纳德·科仑洛克(Leonard Kleinrock)三人(见图5.8)一起组建了咨询公司——凌凯比特(Linkabit)。

图5.8 艾文·马克·雅各布(左)、安德鲁·詹姆斯·维特比(中)和利奥纳德·科仑洛克(右)

不久,公司从洛杉矶(Los Angeles)搬到圣迭哥,此时,利奥纳德·科仑洛克选择留在洛杉矶,因而离开公司。离开后的利奥纳德·科仑洛克转向计算机网络,在计算机网络的理论基础方面做出了卓越贡献,并在现代互联网(Internet)的前身——ARPANET的开发中发挥了重要作用。

---

[1] 中文名称为作者根据英文书名翻译,与中文译本有出入。

凌凯比特公司并没有因为利奥纳德·科仑洛克的离开而解散，在网罗和补充新生力量后，公司继续朝前迈进。当时美国海军在圣迭哥地区设立了许多军事设施，随之而来的是大量先进通信设备的采购合同，这些为凌凯比特公司的发展提供了支撑。

1971年，艾文·马克·雅各布离开学术界，全身心投入到公司的事业当中。随着公司业务向数字卫星通信方向发展，公司的收益构成也逐步从政府和军方订单的单一来源，向民用卫星电视广播加密电路等收益更为丰厚的领域延伸。10年间公司的员工由最初的3人增长到超过600人，公司在数字信息理论方面显示出巨大优势。

1980年8月，凌凯比特公司被收购。包括艾文·马克·雅各布在内的公司初创者与领导层都非常看好这次收购，而事实也确实如此，与母公司的优势互补使得公司在最初的几年迅速发展，员工人数超过1400人。

然而随着母公司的人事更迭，艾文·马克·雅各布与母公司管理层逐渐产生巨大分歧。虽然艾文·马克·雅各布等人一再坚持，都没能挽回凌凯比特公司研发的许多优质项目。这些项目还没来得及实现其巨大商业前景，就被母公司廉价出售给竞争对手。其中一个例子就是一款为家庭有线电视业务研发的解码器被作为不良资产以极低的价格出售给美国通用仪器公司（General Instrument Inc.），而通用仪器公司在此基础上仅用几个月就将这款解码器变成数亿美元的有线机顶盒解码器业务……

对母公司的失望与无可奈何最终导致艾文·马克·雅各布在1985年愚人节晚上离开了公司。不到一周，安德鲁·詹姆斯·维特比也选择了离开。随后，许多对于母公司缺乏远见而痛心疾首的业务骨干也相继离开。

1985年7月，在艾文·马克·雅各布前期联络下，原来凌凯比特公司的7名骨干，怀着将专业知识运用到新兴通信领域中的憧憬和实现自我价值的期待，共同成立了后来影响整个通信界的高通公司。

> **想一想：**
> 1. 凌凯比特的三位创始人都具有麻省理工学院的背景，这能说明些什么？试从校友、学校本身特点等多方面进行理解与阐述。
> 2. 如何看待艾文·马克·雅各布在52岁时毅然放弃悠闲的退休生活，转而迎难开辟新的事业？

5.2 探索：创业之路

成立公司只是创业的第一步，高通在成立之初并没有遇上太大的困难，凌凯比特的母公司并没有对具有竞争关系的高通多加刁难。不过在之后的创业路上，高通却走得磕磕绊绊，无论是进军民用卫星通信系统，还是提出CDMA通信标准，高通都经历了"资金紧缺、研发难度高、无人赏识"等多重窘境。幸好，高通公司依靠不懈的坚持和聪明的营销方案,最终获得了市场的高度认可。

5.2.1 起步维艰

高通公司的开创者们是幸运的,他们有一个安静的开始。母公司一直认为凌凯比特公司的商业价值有限,于是当高通公司与凌凯比特公司在相同的研究领域进行竞争时,没有遇到母公司不当竞争诉讼的袭扰,这种情况在当下的商业环境中是不可想象的。今天,纵然最为慷慨大方的公司,如果它的研发队伍主要成员离开并成立一个新的与自己有竞争关系的公司,那么该公司会用知识产权等诸多方式对新公司加以限制以保护自身权益。

在高通公司成立之初,主要营收依然来自政府和军工部门,但是 1985 年一份价值 25 万美元的民用卫星通信系统合约改变了高通公司的发展轨迹。这个卫星通信系统与以往接收终端固定在建筑或设施上不同,它需要被安装到卡车上,用于当时的一个先进理念——货运监控。根据设计要求,地面调度中心通过卫星通信链路向移动中的卡车发布单向指令。高通公司很快完成了产品的研发与样品的试制,产品在各项测试中也表现稳定。但是,当产品投向市场时却遭到了冷场,一些有意向的客户表示更愿意使用具有双向通信功能的产品。

双向通信功能在逻辑上看来轻而易举,似乎只需要简单将原来单向系统变成两份,一正一反即可。但是从实用性和可靠性上来说,需要突破许多技术上的障碍,更别说成本和体积等其他诸多方面的制约了。在当时,除了军事领域,其他领域还没有能够移动的双向卫星通信系统。

1987 年年初到 1988 年夏天,高通公司上上下下都在为这个能够移动的双向卫星通信系统忙碌。他们需要解决各种问题,诸如能够双向通信的天线,能够在卡车移动状态下实现卫星追踪的天线基座,地面调度中心的接口等。最令人沮丧的是,当高通公司努力克服了所有技术和生产难题,一切基本就绪后,公司发现市场情绪依然冷淡。一方面,当时的货运公司还没有意识到货运监控对自身营运的巨大价值,因此购买意愿不积极;另一方面,整个系统非常复杂,不易使用且维护不便,系统中的不同部件需要对应的厂家提供支持,良莠不一。

对于市场,除了积极游说和静待转机外,高通公司无能为力。但在产品本身,高通公司及其合作者早早意识到必须打破出售单独产品的传统模式,提供给客户一整套的解决方案。整套解决方案的出售将便于卡车司机使用稳定的终端,同时能够为客户的地面调度中心提供不间断服务及多样的网络运营方案。这种解决方案是将产品和服务进行捆绑销售,秉持"以用户体验为先"的理念,力求简单易用,这种想法也确实收到了市场方面的积极信号。但是数年的开发已经给高通公司的现金流带来了巨大的压力,资金投入从当初的 25 万美元上升到了上百万美元,资金面上几近枯竭。在产品商业化程度不够、没有销售,且前期投资回报率为零的情况下,要去实现需要更多资金投入的解决方案的理念谈何容易。

鉴于凌凯比特公司的痛苦经历，高通公司的决策者坚信，只有自己的产品达到商用的程度其价值才能真正得到体现，当前遇到的不利局面才会得到扭转。1988年8月，高通公司与委托其开发卫星通信系统的合作伙伴进行了合并重组，并释放了公司的一半股权进行了融资，共筹集到了350万美元。

高通公司用孤注一掷的做法解决了资金上的难题，于是公司按照解决方案的思路开始在运营中心和生产方面进行大力投入，租用了更大的生产厂房，购买了用于生产的大型设备，合并后的新高通公司用破釜沉舟的决心和毅力与时间赛跑，奋力前行。

1988年10月，等待已久的市场转机终于出现，当时美国最大的货运公司之一施耐德公司（Schneider National）向高通公司表达了产品购买意向，签订了高通公司的第一笔卫星通信系统产品的购买合同。这个合同不仅为高通公司提供了急需的现金流，也奠定了网络运营中心能提供基于服务的连续性收入的基石，更重要的是为高通公司本身及其投资者注入了强大的信心。

产品源源不断地从工厂运往美国各地，当然问题也随之出现。在数千套卫星终端产品安装到卡车上后，高通公司曾在产品上发现了一个低级的软件错误，由于已经安装，返厂维修的成本太高昂，而且返厂维修对信誉造成的损失更难估量。为此高通公司给能动员的所有员工都定了飞机票奔赴各地，协助客户进行程序存储芯片的替换，只为将错误在现场解决。1989年高通公司的营收约为3200万美元，其中一半来自1988年与施耐德公司的那份合约。卫星通信系统的整体解决方案为高通公司带来了实实在在的效益，而高通公司自身也在生产实践中得到锤炼。

> **辩一辩：**
> 1. 结合iPhone和高通的例子，如何看待"需求引导"和"引导需求（创造需求）"之间的不同？
> 2. 在现实商业环境中，如何看待市场培育期企业研发、资金、技术、生产等各个方面的协同？

5.2.2 蜂窝中蕴藏的机遇

蜂窝网络（cellular network）也称作移动网络（mobile network），是一个区域性通信网络的末端。一个"蜂窝"通常由三个或更多基站（或类似功能装置）构成，为该"蜂窝"单元覆盖区域提供语音、数据传输等服务，且相邻"蜂窝"单元间通常使用不同频率或频率集合，以避免干扰（见图5.9，图中F1、F2、F3、F4代表"蜂窝"单元使用的不同频率）。手机或类似功能的终端能够对不同"蜂窝"单元的频率进行自动切换，从而实现语音和数据流的无缝衔接，由于切换时间短，在用户端看来语音和数据流就像一直连接着没有中断一样。

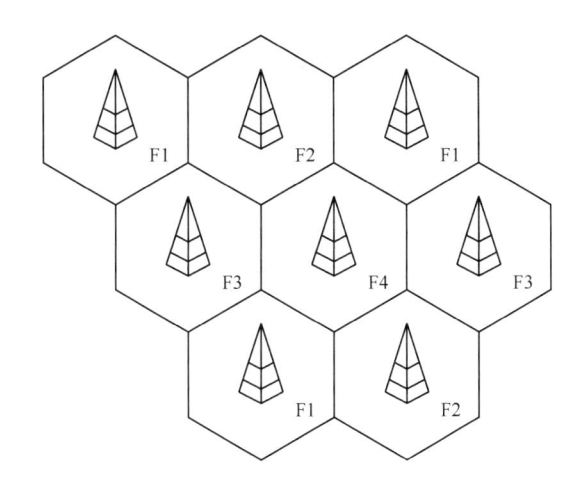

图 5.9　蜂窝网络示意图

蜂窝网络的实践始于 1960 年，当时贝尔实验室和摩托罗拉（Motorola）公司各自在这个领域开展自己的研究。与传统无线电相比，蜂窝网络的优势是显而易见的：
- 在不同"蜂窝"单元（互相不相邻）可以使用相同频率。即相同的频率可以用于多个链路，从而提供比单一大型发射机更大的容量；
- 由于手机到基站（或类似功能装置）距离更近，与单一大型发射机或者卫星通信相比，手机或类似功能终端可以在一个非常低的功率水平下工作；
- 由于"蜂窝"单元可以无限扩展（理论上可以覆盖地球所有陆地面积），而单一大型发射机要扩大距离就需要提高功率，而功率不可能无限提高（构成发射机器件本身承受能力及对人体健康影响等限制），两者相比蜂窝网络具有更好的覆盖性；
- 蜂窝网络便于就近接入当地的公共网络（如公共交换电话网及后来的公共互联网），具有很强的灵活性。

不过由于蜂窝网络的复杂性及美国当局的限制，直到 1979 年才有使用模拟信号的蜂窝网络建成。贝尔实验室最终于 1983 年完成高级移动电话系统（Advanced Mobile Phone System，AMPS）的设计，该设计成为美国第一个蜂窝网络标准，随后陆续有实用性较强的商用蜂窝网络建成并投入使用。

摩托罗拉公司在 1983 年生产的蜂窝网络电话 DynaTAC 8000x（见图 5.10）是早期较为经典的造型，板砖大小的体形，重量近 800g，最长通话时间为 60 分钟，待机仅 8 小时，充电时间却要 10 个小时。价格也如外形一样不美丽，高达 3995 美元！不过人们对于便携通信设备的渴求占据了上风，高昂的价格并未吓倒他们，市场的热烈欢迎证明了人们对于创新产品的喜爱。美国著名电信公司 AT&T 对蜂窝网络用户的增长持积极

图 5.10　摩托罗拉公司的 DynaTAC 8000x

乐观的态度，它在 1982 年预测到 2000 年时蜂窝网络用户数有望达到 100 万户的大关，而实际上在商用蜂窝网络推出的 2 年后，也就是 1985 年，美国的用户数就超过了 20 万户，到 1988 年，这个数字已经达到 150 万。

用户数量的激增，迫使美国联邦通信委员会于 1989 年将蜂窝网络的带宽从原有的 40MHz 增加到 50MHz。高通公司看到了这里面蕴藏的巨大机会，而且显然不会让它轻易从眼前溜走。

> **查一查：**
> 1. 调查 1983 年美国的人均收入情况，体会一下当时蜂窝网络电话价格的昂贵程度。
> 2. 调查并绘制从 1983 年到 2000 年美国蜂窝网络年度用户数与当年手机平均价格的双线表，试分析两者之间以及两者与蜂窝网络的建设、运营维护成本间的关系。

5.2.3　CDMA 的"标准"之路

频带资源是有限的，不可能无限增加。在美国联邦通信委员将蜂窝网络频带的带宽大幅增加 10MHz 的前一年，美国蜂窝通信工业协会（Cellular Telecommunications Industry Association，CTIA）[1]便着手征集新的数字无线通信标准，旨在寻求一种容量是当时模拟网络 10 倍以上、具有更高可靠性和更好质量的解决方案。

凌凯比特公司时期，安德鲁·詹姆斯·维特比和艾文·马克·雅各布等人就携手开发了早期的移动电话模型，并且密切关注着蜂窝通信。高通公司的主营业务如民用卫星通信系统及大量的军方项目等，都与数字通信密切相关，且在编码和解码方面尤为擅长。在蜂窝通信由模拟向数字转变的重大历史变革时期，高通公司的领导层认为公司在数字通信方面已经有了较多的积累，这些积累必然能够在迅速壮大、拥有巨大市场前景的蜂窝通信产业中获得巨大优势。于是，在美国蜂窝通信工业协会征集数字无线通信标准时，高通公司看准时机提出基于扩频技术的 CDMA（Code Division Multiple Access，码分多址）技术，一种可以提供较当前模拟网络 40 倍容量的技术。

40 倍容量其实远远高于美国蜂窝通信工业协会的目标，相较于其他竞争标准的技术一般只能有数倍的提升而言，CDMA 技术几乎高了一个数量级。然而高通公司花费很大气力向蜂窝运营商和相关产品制造商游说、推介，CDMA 技术却并没有能够吸引人们的眼球，也没能获得业界的关注。或许是因为 CDMA 技术基于扩频技术，而扩频技术自海蒂·拉玛和乔治·安太尔提出以来，人们就对其形成了一种固有印象：只有对保密性要求高而容量要求不高的昂贵军用系统才会采用的复杂技术。

不仅如此，当时很多从事蜂窝技术的工程师具有的都是 FDMA（Frequency Division

---

[1] 2004 年更名为美国蜂窝通信与互联网协会（Cellular Telecommunications and Internet Association），其缩写依然为 CTIA。

Multiple Access，频分多址）的经验，即使当时热门的 TDMA（Time Division Multiple Access，时分多址）技术也是在原有经验范畴内可理解和掌握的，由此寻求改善方法对他们而言是一个"舒适区"。然而 CDMA 技术的很多概念却需要大量的学习才能理解掌握，工程师们需要针对"领域之外"的 CDMA 技术进行学习，这也滋生了工程师们的抵触情绪。同时 CDMA 技术的复杂性导致其在实际应用中需要蜂窝网络电话具备更高的处理能力，以当时的技术条件而言是困难重重。即使能够实现，随之而来的是蜂窝网络电话的体积和耗电增大的问题，这也是工程师们用来攻击 CDMA 技术的主要方面。

高通公司清楚地知道 CDMA 与其他技术相比的短板与劣势，但艾文·马克·雅各布等人，更多将目光投向了 CDMA 技术的安全性，以及在香农理论的指引下，只有扩频才能最大程度接近信息承载容量的理论上限的论断，CDMA 技术正是扩频的实际应用。不仅如此，高通公司的工程师相信半导体领域的进步定会如摩尔定律描述那样，每 18 个月翻一番，他们以这种前瞻的眼光和香农理论的支撑，毅然决然地投入到 CDMA 技术的研发之中。

在欧洲，欧盟已经选择部署基于 TDMA 的 GSM（Global System for Mobile Communications，全球移动通信系统），雄心勃勃地提出以 TDMA 技术实现 3 倍网络容量提升的口号。虽然美国蜂窝通信工业协会当初征集数字无线通信标准设定目标是 10 倍网络容量提升，但许多人认为随着时间的推移，TDMA 技术上的不断突破与革新能够逐步提升网络容量并最终达成目标。1989 年 1 月份，TDMA 技术被票选为新通信标准的数字通信方法。

随着 TDMA 技术在美国乃至全世界无线通信产业的地位确立，业界开始加强相关技术的研究与实用化，以及基于 TDMA 技术的标准化。此时的 CDMA 只是一个被业界和市场完全忽视、寂寂无闻的"杂音"，高通公司虽然执着于 CDMA 技术，但已经明显处于孤军奋战的不利境地中。

TDMA 技术投票后不久，艾文·马克·雅各布前往位于华盛顿的美国联邦通信委员会（Federal Communications Commission，FCC），寻求 CDMA 技术可以作为运营商选用的许可。当时美国联邦通信委员会鼓励电信市场开放，秉持放松电信管制的政策，因此给予了艾文·马克·雅各布肯定的答复。事实上，如果运营商对某项技术感兴趣，只要该技术与当前的网络不冲突，美国联邦通信委员会对于经过其认证的入网设备将不会设置任何障碍。这个消息鼓舞了艰难前行中的高通公司的士气，但作为蜂窝网络通信领域的"新手"，高通公司必须在市场宣传和技术攻关两方面双管齐下。

在市场营销方面，通过对 TDMA 技术在实际运营中存在的问题加以突出和放大，借以宣传 CDMA 技术的优势。同时，通过安排公司高层参加各种研讨会、在各种刊物上发表关于 CDMA 的技术报告、派遣工程师参与各种技术标准的讨论会等方式，让 CDMA 技术频频露面，保持曝光率。在技术方面，高通公司必须完成攻关，提供端到端的完整解决方案和具备相当程度的实用系统以供运营商实际检验，而不是停留在 40 倍容量提升的理论计算。

当时主流第二代移动通信技术（2G）不能测距，而基于扩频的 CDMA 技术能够实现测距。于是高通公司的研发人员就以测距为基础开发出了一种简单可行的功率反馈控制方法，该方法可以非常方便地应用在蜂窝网络电话中。通过对无线收发器的自动增益控制进行调节，该方法使蜂窝网络电话合理调节自身功率，从而改善和增强与基站的通信效能。

后来，高通公司的工程师进一步将功率控制延展到蜂窝网络基站。通过基站收到的每个蜂窝网络电话无线信号强度情况来通知蜂窝网络电话进行主动功率控制。这种基站与蜂窝网络电话之间进行交互形成功率闭环控制的方法，在当时而言无疑是一项巨大的创新。高通公司于 1989 年 11 月提交了该技术的专利申请，并于两年后被授予该项专利。

紧接着，高通公司开发出新的"软切换"机制与功率控制协同工作，以解决与其他网络的兼容性问题。随着基站时间同步等技术难题被不断攻克，高通公司的技术组成日益完整、成熟，已经能够给包括设备制造商、网络运营商和终端用户在内的各个产业链环节带来切实价值（见图 5.11）。

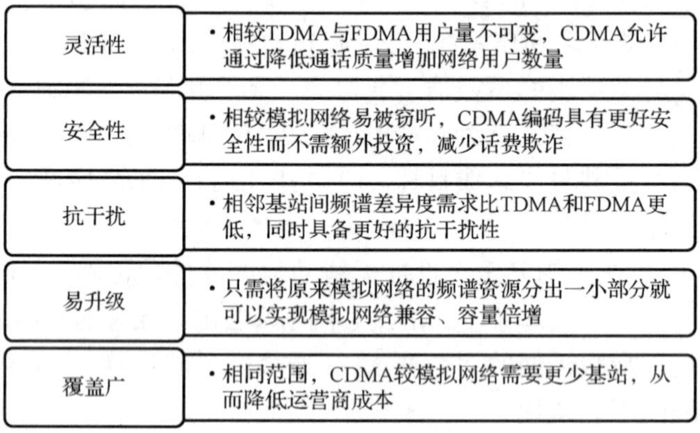

灵活性	· 相较TDMA与FDMA用户量不可变，CDMA允许通过降低通话质量增加网络用户数量
安全性	· 相较模拟网络易被窃听，CDMA编码具有更好安全性而不需额外投资，减少话费欺诈
抗干扰	· 相邻基站间频谱差异度需求比TDMA和FDMA更低，同时具备更好的抗干扰性
易升级	· 只需将原来模拟网络的频谱资源分出一小部分就可以实现模拟网络兼容、容量倍增
覆盖广	· 相同范围，CDMA较模拟网络需要更少基站，从而降低运营商成本

图 5.11　CDMA 技术对网络运营商带来的价值

对于普通消费者，也能够从 CDMA 技术中收获实实在在的利益（见图 5.12）。

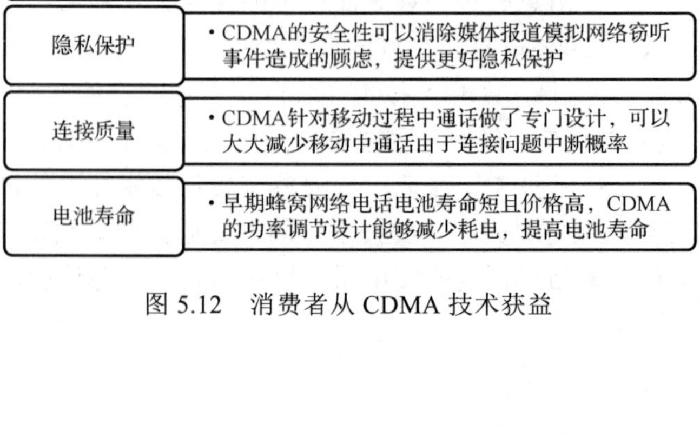

语音质量	· CDMA本身具备较模拟网络更好通话质量（这也是通过降低通话质量增加网络用户数量前提）
隐私保护	· CDMA的安全性可以消除媒体报道模拟网络窃听事件造成的顾虑，提供更好隐私保护
连接质量	· CDMA针对移动过程中通话做了专门设计，可以大大减少移动中通话由于连接问题中断概率
电池寿命	· 早期蜂窝网络电话电池寿命短且价格高，CDMA的功率调节设计能够减少耗电，提高电池寿命

图 5.12　消费者从 CDMA 技术获益

CDMA 技术一下子获得了大量关注，重新拥有了远大的前景和巨大的市场价值，不过一项伟大事业成就之前，总得经历几番风雨。由于 CDMA 技术描绘的前景太过美好而显得那么不真实，以至于对 CDMA 技术抱持可能值得一试的伯乐——太平洋电信公司（Pacific Telesis，PacTel）也不得不以更为谨慎的态度对 CDMA 技术进行深入评估。1989 年 6 月高通公司派员工参加美国蜂窝通信工业协会的展会。会上，艾文·马克·雅各布的一个长篇报告历数 CDMA 技术相对于 FDMA 和 TDMA 的优势，却并没有引起热烈反响，一些与会者甚至毫不讳言"1 月份美国蜂窝通信工业协会已经官方正式确定采用 TDMA 技术，高通公司的 CDMA 技术迟到了 6 个月，毫无机会可言"。

难得的好消息是，经过一系列严格、审慎的评估，太平洋电信公司决定对 CDMA 技术下注。高通公司在取得太平洋电信公司的资金后开始加速推进 CDMA 手机和基站的系统原型建造，并于 1989 年 11 月在圣迭哥对原型系统进行公开演示。演示当天，高通公司在市场营销方面花费的数百万美元显现了效益，来自全世界 250 多家的网络运营商和设备制造商来到现场参观。经过一番对于高通公司工程师来说无比惊心动魄的现场排障后，原型系统成功完成了各项预定演示任务，CDMA 技术开始引起人们的关注，并收获了许多正面的评价。

原型系统的公开演示让高通公司和太平洋电信公司收获了信心，但他们也深知更为严格测试的必要性，以及 CDMA 技术商用化的进程只不过向前了一小步，后面还有很长路要走。同时质疑声并没有烟消云散，一些没有参加原型系统演示的人依然对 CDMA 技术表示怀疑，甚至部分人暗指演示造假不可信。即使一些正面报道也提出 CDMA 技术的表现与圣迭哥良好的测试环境有关，在纽约或其他人口稠密的城市则可能会因为复杂环境而性能迅速下降。

1990 年 2 月，高通公司新的 CDMA 技术原型系统在建筑林立、充满多径干扰和无线噪声的纽约进行公开演示。为了更具公信力，整个演示由独立第三方组织和实施，并且取得巨大成功。

这是高通公司真正意义上的胜利，包括 AT&T、摩托罗拉在内的运营商和设备制造商巨头承诺注资 3000 万美元，预期两年内实现 CDMA 技术的商用化。这一方面给高通公司注入了强心针，另一方面也带来了挑战——不仅是基站，手机部分也要达到商用水平。这意味着原型系统中堪比小型冰箱的"手机"（见图 5.13）需要缩小到商用手机的尺寸水平，这项要求迫使高通公司向集成电路领域展开触角以定制符合要求的集成电路芯片。

1990 年至 1991 年对于高通公司而言是忙碌而不平凡的两年。这两年高通公司在太平洋两岸的三条战线（即 CDMA 技术的标准化、定制集成电路的研发和与韩国政府的谈判及合作）如火如荼地奋战着。

战线一：定制集成电路的研发

20 世纪 80 年代，虽然计算机和半导体行业飞速发展，但能够满足高级通信功能所需的高效运算元器件始终缺乏，直到 1988 年英特尔推出 80387 芯片前都没有用于高级运算的协处理器。当时没有集成电路芯片能够满足基于 CDMA 技术的手机所需的功能和运算能力,高通公司必须自己承担定制集成电路的研发工作。

图 5.13 高通公司原型系统中的 CDMA 手机外观及内部组成概览

高通公司在短时间内就征募了一批经验丰富的工程师,组建了专门的团队开始从集成电路底层——晶体管层面,着手所需芯片的设计、开发和测试工作。高通公司并不需要进行实际的芯片生产,这些工作奠定了高通公司在未来通信领域的巨大优势。

战线二:与韩国政府的谈判及合作

虽然高通公司在纽约的演示取得了巨大成功,但由于美国蜂窝通信工业协会已经确定将 TDMA 技术作为官方选项,高通公司需要在美国以外寻求认可,作为将来实际部署和应用 CDMA 技术的备选方案。

此时的韩国意识到自己在移动通信技术的数字化浪潮中处于不利地方,无所作为将会再次落后。因此,一方面整合大学和研究所的优势资源,另一方面则以本国移动通信业务作为新技术的"试验田"试图一搏。韩国当时无论是手机制造、基础设施还是辅助设备,当时都被外国公司所垄断,自身的经验、技术和研究能力都非常有限。显然高通公司的意图和韩国政府的愿景在某个层面上能够达成一致,在一系列漫长而密集的谈判后,双方于 1991 年 5 月签署了联合开发协议。

战线三:CDMA 技术的标准化

当时高通公司的定制集成电路处于研发过程中,同时资金面上也异常紧张,为了获得发展 CDMA 技术的资金,高通与主要的设备制造商签订了专利授权,使得多个厂商都能生产基于 CDMA 技术的设备。

但网络运营商的抱怨很快传到高通公司，他们表示不同设备制造商的 CDMA 设备互相之间不兼容。一个紧迫的现实问题摆在高通公司眼前：如果自己专有的协议和方法不能形成公开的标准，设备制造商和网络运营商可能会由于兼容性问题弃用 CDMA 技术，那之前开创的良好局面将荡然无存。

由于美国蜂窝通信工业协会和美国电信工业协会（Telecommunications Industry Association, TIA）当时正在致力于 TDMA 技术的标准化工作，无暇也无意顾及 CDMA，高通的唯一选项是自行承担 CDMA 技术的标准化工作。在设备制造商和网络运营商的帮助下，高通公司于 1990 年 7 月推出 CDMA 绿皮书，在 1991 年 11 月演示前，又经过三次修订，相继发布蓝皮书、红皮书和金皮书。

> **聊一聊：**
> 标准化的意义何在？如何看待标准的制定、实施等各个环节与市场间的互动关系？

5.2.4　移动通信 2.5G 时代

在第二代（2G）和第三代移动通信技术（3G）之间有一段过渡时期。这期间，移动通信领域致力于将 2G 系统的分组数据服务和数据速率提高到 20～40kbps，由于其功能及数据率均不及 3G，因此这一时期的技术被称作 2.5G。

这一时期，高通公司面临与技术实验攻关克难相辅相成的推广问题。俗语说"酒香不怕巷子深"，但在"街巷"林立的通信领域，刚刚确立地位的 TDMA 无疑是人头攒动的主干道，而高通公司的 CDMA 技术则位于远离时代主流的偏远僻静地。

好不容易搭上 2.5G 的末班车，为了让先进的 CDMA 技术得以发扬光大，高通公司的领导层认识到自己技术出身的局限性，转向公关界的专业人士寻求帮助。一项名为 McQuerter 的宣传公关项目在 CDMA 推广之初得以启动，并维持数年。

当时，为了将复杂难懂的 CDMA 技术变得简单而生动，McQuerter 项目从鸡尾酒晚会中找到了灵感，用鸡尾酒会的例子给 CDMA 技术做了形象的解释。现实移动网络的嘈杂环境如同一个鸡尾酒会（见图 5.14），没有订立规则的情况下，大家自由交流，往往除了就近交谈的几个人外很难听清其他人的声音，更别说进行远距离传播。

如果每个一对一的通信都在独立的房间内进行（见图 5.15），那么对话双方可以很清晰地听见对方的话语。对于 FDMA 技术，每一个独立房间就是预先分配好的频段，是独占使用的。

但在实际环境中，频带是有限且紧缺的资源。如果只拥有一个频带（"房间"）且正在被使用时，其他相同频带的人必须保持静默，直到该房间的当前用户使用结束（见图 5.16）。

图 5.14　嘈杂的鸡尾酒会

图 5.15　独占房间进行对话

图 5.16　FDMA 的频带独占

TDMA 技术（见图 5.17）允许超过一对的交谈发生在同一个房间，但这多对交谈者必须交替发声和静默。也就是说一次只能有一对交谈者进行通信，当交谈进行时，其他交谈者保持静默；当约定的时间间隔到达时，当前交谈者立即静默，而另一对原来静默的交谈者此时可以发声交谈。

图 5.17 TDMA 的频段分时复用

TDMA 技术虽然允许同一频带有更多的人进行交谈,且每次交谈发生在不同时间,因此交谈的双方都可以放声说话而不必担心影响别人。但随着该频带交谈者数量的增加,同房间的交谈者需要等待很长时间才能轮换到说话的时间片,且允许交谈的时间也可能由于人数的增加而变短。

CDMA 基于扩频技术,所有人都在相同的空间,没有交谈者有独立房间的特权。所有人都可以同时开口说话,在嘈杂的环境中为了让期望交谈的双方都听见对方的话语,每对交谈者都是用只有对方能听懂的方言,交谈内容被按照方言进行编码、传输和解码(见图 5.18)。这样每对交谈者可以很轻易地听见对方的话语,而周围其他人的声音被当成背景噪声被滤除,这样即使距离两人较远且有其他交谈者阻隔,也可以完成对话。

图 5.18 CDMA 技术下的"鸡尾酒会"现场示意图

但是,如果酒会上所有人都过于大声说话,会使整个会场闹哄哄,形成的巨大背景噪声可能使交谈无法继续下去,因此,CDMA 对酒会上每对谈话者的音量进行限制,从而有效控制背景噪声水平,保证交谈的进行。

这种鸡尾酒会的类比是有心理和生理作为基础的,早在 20 世纪 50 年代就有人关注和研究。这种现象被称为鸡尾酒会效应，即大脑能够将一个人的听觉注意力选择性地集中在特定刺激上，同时过滤掉一系列其他刺激，使得聚会者即使在嘈杂环境下依然可以专注于单一对话。

高通公司通过鸡尾酒会与 CDMA 技术类比，不仅使生涩难懂的技术问题形象化，同时也使有着鸡尾酒会亲身经历的人们萌生认同感。即使没有相关经历，一般人依靠基本常识也可以感受到 CDMA 技术所具有的优势。正是通过鸡尾酒会等形象化的技术营销方式，CDMA 技术逐步为运营商和设备制造商们所接受，它的先进性也得以呈现在世人面前。

> **聊一聊：**
> 为何高通公司要花费大力气将 CDMA 技术比喻成通俗易懂的鸡尾酒会呢？你认为这个推广方案成功的最大原因是什么？

5.3 成型：新商业模式

罗马不是一天建成的，高通公司的商业模式也不是一蹴而就的。高通公司凭借 CDMA 技术的成功迅速占领了移动通信领域的制高点。公司依靠技术方面几乎完全垄断的优势，开始在基础设施产品、手机移动终端等方面开始大肆扩张，力图将移动通信产业的各个环节全部置于自己的掌控之中。

然而事情的发展却出乎高通的意料，在一系列的失败和各方面的压力下，高通公司于 1999 年 3 月将自己的基础设施产品部分以 2.4 亿美元的价格出售给爱立信公司；紧接着于当年 12 月将手机移动终端生产部门出售给日本的京瓷公司。随着这些产品部门的出售，高通完成了内部整合与"瘦身"，在移动通信产业链上转了一大圈后，再次回归到自己最具竞争力的方面——技术研发与芯片设计，并在其中找到了最适用于高通的商业模式。

5.3.1 无晶圆模式

随着 CDMA 技术的普及和推广，今天的高通公司已然成为移动通信领域的巨人。人们谈论高通公司的成功法则大多谈的是它创新了商业模式，而实际上，高通公司的商业模式是其自身条件与特殊历史环境下所形成的，例如，高通公司的无晶圆模式就是"被创新"的。

高通公司的无晶圆模式（Fabless Manufacturing），也称作无生产线模式，或者无生产线代工模式。高通公司设计和销售半导体集成电路芯片，但这些芯片的生产并不是由高通完成的，而是由台积电、三星等代工晶圆厂（公司）进行代工生产的，高通自身则可以将研发资源集中在终端市场上。

20 世纪 80 年代，半导体行业是垂直整合的，半导体公司拥有并运营自己的硅晶圆制造设备，开发自己的芯片制造工艺技术，还进行了芯片的组装、测试与制造。这种模式被称为集成设备制造商模式（Integrated Device Manufacturer，IDM）。与大多数技术密集型行业一样，硅片制造工艺为市场准入设立了极高的门槛，尤其对于初创公司而言。

在这一时期，一些小公司在私募股权基金的帮助下，专注于集成电路（Integrated Circuits，IC）设计本身以提供创新的芯片解决方案，并将其作为主要竞争力。这些小公司利用和依靠集成设备制造商过剩的产能，来制造他们设计的芯片。

集成设备制造商模式与无晶圆模式的对比如表 5.1 所示。

表 5.1 集成设备制造商模式与无晶圆模式的对比

日 期	特 点	优 势	劣 势
集成设备制造商模式	业务范围包括芯片设计、制造、封装、测试、销售等多个产业链环节	设计与制造紧密结合，有助于发挥最大效益，有助于研发新型半导体技术	门槛高，风险大。需要大量的资金投入，建厂和生产线维护成本高
无晶圆模式	只负责芯片的电路设计与销售，生产、测试、封装等环节外包	门槛低，初始投入小，运营维护费用低，轻装上阵，易于转型	设计受制造水平约束，同类产品很难产生领先优势和技术突破；从设计到量产周期较长

事实上，第一个采用无晶圆模式的公司是 1978 年成立的美国西部设计中心公司（Western Design Center），而第一个真正将芯片设计从制造中分离出来、将无晶圆模式发扬光大的则是 1984 年成立的著名现场可编程门阵列（Field Programmable Gate Array，FPGA）生产商赛灵思（Xilinx）公司。

20 世纪 90 年代的高通公司并没有足够的资金来支持所有的项目投入。由于 AT&T、摩托罗拉等投资者在资金注入上的消极态度，以及投资者为投资设定了诸多门槛，这使得高通公司无意也不能在耗资巨大的生产线上有投入，他们必须将资金投向更加重要的地方。于是在自身条件限制下，高通公司也加入了这场无晶圆模式运动中，不曾想后来居上，成了最大的无晶圆模式生产商。从这个意义上说，高通公司的无晶圆模式只能说是"被创新"。如果考虑到在此之前西部设计中心公司、赛灵思公司等已经采用无晶圆模式，高通公司"被创新"也称不上，只能说是在当时条件下选择了适合自身条件和发展的正确道路。

国际电信联盟（International Telecommunication Union，ITC，见图 5.19）于 2000 年将 W-CDMA、CDMA2000、TD-SCDMA 三大主流无线接口标准列入第三代移动通信（3G）的技术文件 IMT-2000（International Mobile Telecommunications-2000，国际移动通信-2000）中，这三大标准都是基于 CDMA

图 5.19 国际电信联盟徽标

的，高通在技术创新上的主动性毋庸置疑。由此，高通公司走上了全盛时代。

3G 全面采用 CDMA 技术，这象征着高通公司的坚持得到了广泛的认可，此时的高通开始着手自我瘦身，集中精力在知识产权和芯片设计上。尤其是在芯片设计方面，高通早在 2006 年就倡导集成无晶圆模式（Integrated Fabless Manufacturing，IFM），通过与电子设计自动化（Electronic Design Automation，EDA）厂商、晶圆工厂、装配企业、测试企业紧密协作，积极推动产业链各方建立统一技术接口，形成汇聚每个合作伙伴专业优势与技术特长的一体化设计流程，从而提高效率、降低成本并缩短新品上市时间。

这种模式让产业链上的众多企业因相互依存而形成了事实上的联合关系，或者说是一种"虚拟联盟"。只要遵循统一的技术接口，任何在产业链单一环节具有领先技术的企业都可以快速融入产业链，整个产业链可以快速吸收这种领先技术并转化成切实效益，从而提高整体水平，使之可以与英特尔等集成设备制造厂商直接竞争。由于分工明确，产业链上的各个角色可以尽可能多地专注在自己的优势领域，有效利用资金进行设计与研发，同时也有利于风险分散。高通公司就是在这样一个动态组合的"虚拟联盟"中推出前沿产品，不断铸就和巩固在通信芯片方面的领先地位。

> **查一查：**
> 调研一下波音 787 的研发与生产模式，对比其与上文所述"虚拟联盟"的异同。

5.3.2 芯片平台化

高通公司凭借 CDMA 技术在通信领域奠定了那个时代不可撼动的地位，但公司很早就意识到 CDMA 只是一项技术，要想将这项技术转化成市场竞争力并实现利益最大化，只有自己设计芯片一途。

2006 年 11 月，高通公司发布了产品代号为 Snapdragon 的芯片，中文名称为"骁龙"。根据高通公司官方的说法，之所以选择 Snapdragon 作为命名，是因为"Snap 和 Dragon 听起来快速而激烈"。值得一提的是，高通公司并没有按常规套路出牌，将骁龙设计成一款与通信密切相关的调制解调器芯片。实际上，骁龙是一款片上系统（System on Chip，SoC），不仅包含精简指令集的 ARM 处理器，还搭载了专门设计的数字信号处理器（Digital signal processor，DSP）。

图 5.20 第一代骁龙产品 QSD8250

在那个主流智能手机处理器主频还在 500MHz 的年代，高通的第一代骁龙产品 QSD8250（见图 5.20）标称主频达到 1GHz，支持 720p 分辨率、3D 图形和 1200 万像素摄像头，这些在今天看来平平无奇的性能指标，在当时极其领先和超前。到 2018 年 11

月时，主要手机制造商已经有 15 家宣布采用骁龙芯片。

骁龙芯片的发布，显示了高通公司的远见卓识，也向世人展现了高通的抱负。高通绝不甘心做一个通信设备的部件供应商，而是要成为一个平台供应商，成为掌控系统全局的角色。在芯片领域的霸气开场将高通公司的雄心暴露无遗，高通立志做通信领域的 Intel！

距离第一款骁龙芯片发布还剩一个月时，高通公司闪电收购了 Airgo Networks，开始着手将该公司的 802.11a/b/g 和 802.11n Wi-Fi 技术集成到骁龙芯片中。2008 年 11 月，高通公司宣布在 2009 年底推出新的骁龙芯片，其功耗将低于同时发布的英特尔芯片。高通准备在便携式计算机的处理器市场上与英特尔展开正面交锋。虽然便携式计算机的风潮很快过去，这场交锋不了了之，但骁龙产品在多核技术方面收获不少宝贵经验。2009 年 5 月，Java SE 被移植并针对骁龙芯片进行了优化。

发布之初，骁龙芯片一直被称作处理器，实际上它就是一个集多种处理单元于一体的平台。正如高通自己的阐述："骁龙芯片不是一个单独的组件，不是一颗单独的 CPU，它是一块具有多种功能的芯片——集成了包括硬件、软件和服务在内的多种技术的有序集合体，这些都不是简单的'处理器'这个词可以替代……"

如今的骁龙平台，在单一芯片上包含了多个使用 ARM 精简指令集的高速 CPU 内核、GPU（Graphics Processing Unit，图形处理单元）、专用数字信号处理单元、无线调制解调器（Wireless Modem）、RF（Radio Frequency，射频）前端和基带处理单元、音频 DAC、图像信号处理器（Image Signal Processor，ISP）、Wi-Fi、触屏控制器、安全处理单元（Secure Processing Unit，SPU）和 AI（Artificial Intelligence，人工智能）处理单元（见图 5.21）。

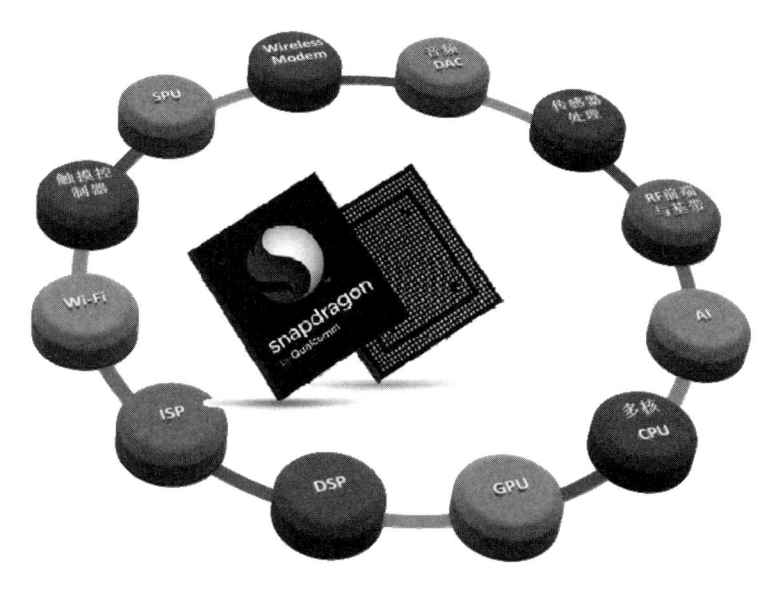

图 5.21　骁龙平台组成

骁龙平台通过将这些丰富的处理单元集成，在兼顾整体功耗需求下，形成了一个功能强大的异构计算平台。不仅能够满足传统智能手机的定位、拍摄、手势识别、视频等功能需求，同时对于 AI 以及数字对象与物理世界交互融合的 XR（X Reality 或 Cross Reality，交叉现实）、VR（Virtual Reality，虚拟现实）、MR（Mixed Reality，混合现实）、AR（Augmented Reality，增强现实）和 CR（Cinematic Reality，影视化现实）等新的交互技术都可以提供强大的硬件、软件和服务支撑，随着工艺制程不断向极限推进，其产品可以广泛用于智能手机、平板电脑、可穿戴设备和其他应用领域。

比一比：

1. 对比高通公司的芯片平台化战略与英特尔公司的"全系统"战略，各自有怎样的考量？

2. 高通公司在骁龙平台的宣传上与同期的"Intel Inside"相比具有怎样的特点及效果？

5.3.3 专利授权

与一般 IT 公司靠产品或服务获得盈利的模式不同，高通公司虽然也销售芯片，但其另一项重要盈利来源于专利授权。专利授权被誉为高通成功的关键方式，不过这也是个"被创新"的例子。在高通公司推广 CDMA 技术之初，公司没有资金和技术积累进行整机生产，于是选择通过与主要的设备制造商签订专利授权，使得多个厂商都能生产基于 CDMA 技术的设备，既符合高通公司当时的现实情况，同时又能使业界较好接纳 CDMA 技术从而实现其推广。经过不断发展与完成，专利授权不仅成为高通公司"知识创造财富"最直接的体现，也和其他策略一起形成了高通公司独特的商业模式。

高通公司的专利有两个来源：自身研发成果产生的专利和通过交叉许可获得的第三方专利。其中第三方专利的主要来源是通过与手机制造商的"免费反许可"条款获得。通常情况下，手机制造商如果想使用高通公司的芯片，就必须签署将其相关专利免费反授权给高通公司的协议条款，且高通的其他客户可以免费使用这些专利，并不被专利持有的手机制造商以专利侵权进行诉讼。

免费反许可极大地扩大了高通公司的专利池，为其赢得了更大的竞争力。手机制造商意识到，与高通合作就意味能得到数量庞大的高通公司专利和第三方专利的使用权，极大降低知识产权方面的投入和风险，能够有效避免专利纠纷，企业的启动投入和准入门槛都能得到很大程度的降低。高通公司借此与全球绝大多数手机制造商建立了合作。

有句老话："打铁还需自身硬"。高通凭借 CDMA 技术积累了专利方面的厚底子，但光靠吃老本和免费反许可还是无法在技术不断变革的市场环境中屹立不倒的，高通公司在移动通信的新技术研发方面投入巨资，不断强化其在该领域的领先优势，形成了事实意义上的"知识"垄断。

高通公司将其在移动通信领域的创新成果转化成"芯片+知识产权",通过将芯片与专利许可授权捆绑销售给手机制造商(而非芯片制造商)的模式获得巨额利润及大量免费的生产商专利。同时,将相当比重的销售收入投入到新技术的研发中,与原始积累、第三方专利相辅相成,形成新的创新成果,这个商业模式(见图5.22)产生的良性循环让高通公司的知识产权库犹如滚雪球越滚越大。

> **品一品:**
> 1. 调研并对比高通近5年来其研发投入与销售收入的占比、研发投入与主要竞争对手研发投入对比的情况,体会高通公司对其商业模式中"研发"一环的重视程度。
> 2. 试从多个角度分析为何高通公司专利授权不直接针对芯片制造商,而是越过芯片制造商直接针对手机生产商?

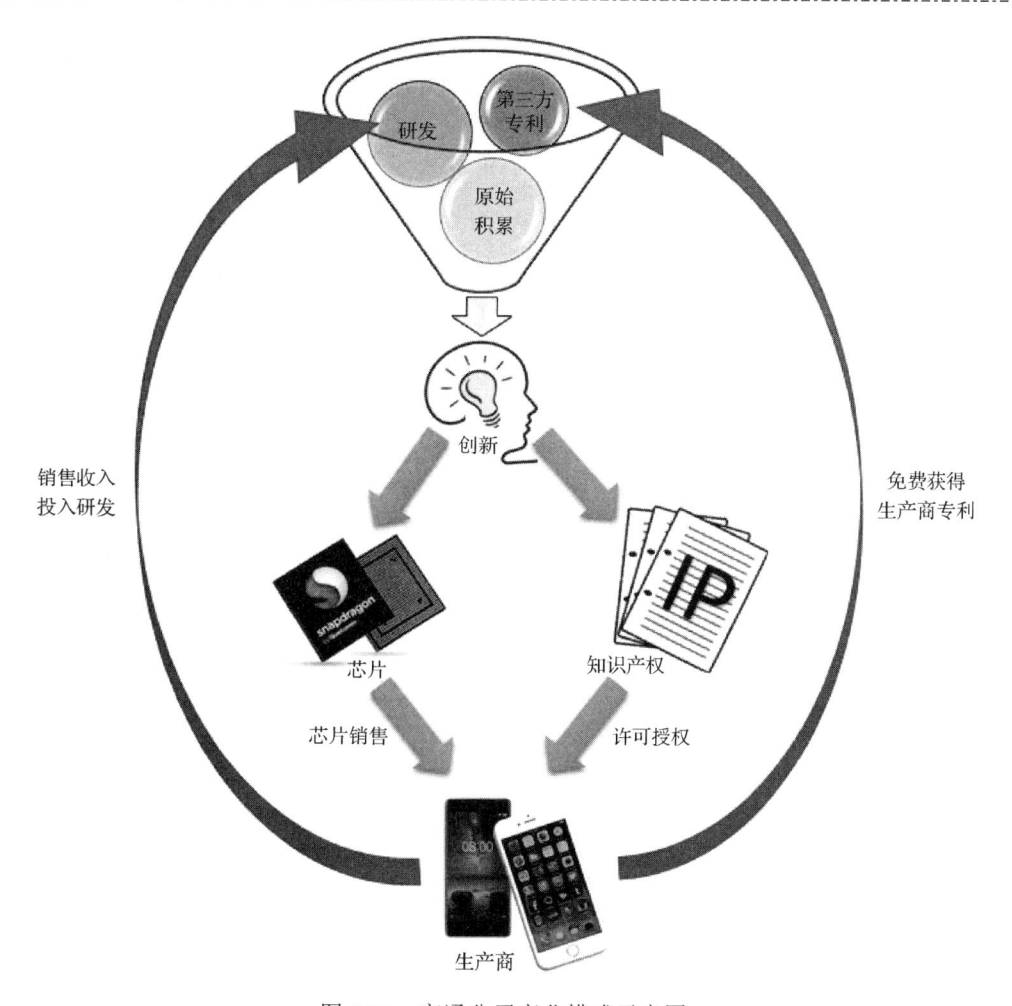

图 5.22 高通公司商业模式示意图

5.4 选择：前路是非

高通在知识产权方面的前瞻性意识，给公司带来了巨大的利润。高通利用自己的优势，在知识产权方面近乎"强制性"的收费方法遭到了广泛的诟病。随着高通商业帝国的不断强大，公司需要考虑的就不仅仅只有技术和盈利了。作为一个霸主企业，如何将企业的未来与行业、社会的发展相联系，如何寻找更多的创新点，推动自身与新兴领域的突破，将是它需要深入思考的问题。

5.4.1 "高通税"

高通公司的专利许可授权包括两部分：专利授权费和专利使用费。其中专利授权费是固定的，每个客户 50 万美元到数百万美元不等，而专利使用费则是浮动的，是按照手机的出厂价按一定百分比（通常为 5%）向手机制造商收取。也就是说，手机制造商每出货一部手机，除了要支付高通公司的芯片购买费用，还要按照手机整机出厂销售价格的 5%作为专利使用费，这种专利授权收费模式被业界称为"高通税"。

不仅"高通税"被广为诟病，高通公司在知识产权滥用方面也不遑多让。高通公司利用自己对知识产权所拥有的专有权，拒绝授予其竞争对手合理的使用许可，从而排除其他人的竞争，巩固和加强自己的垄断地位。公司曾经多次因此被处罚。虽然知识产权作为私权受到法律保护，权利人原则上有权力决定是否将自己的权利许可转让给他人，这也是权利人的权利范围，但知识产权特别是专利权的授予本身是以促进产业进步和技术传播为目的的，拒绝许可而排斥竞争就可能阻碍了具有潜在市场需求的新产品的出现。

作为商业模式的典范，高通公司在过去数十年发展过程中，遇到过很多的挑战和风险。高通公司顽强挺过了许多因技术不确定性带来的风险，并且形成了自己独特的商业模式和风格，建立了自己在行业内的"巨无霸"地位。但面对各国的政策风险、国家间关系影响等因素，高通公司未来面临的挑战依然严峻，在与合作伙伴的关系协调、利益分配及人类共同进步的历史担当方面，高通依然有很多作为空间。

> **辩一辩：**
> 1. 知识产权保护对知识的传播与增长有着怎样正面和负面的作用？
> 2. 你是否支持"高通税"这种做法？

5.4.2 布局未来

高通公司在移动通信快速发展、急需提高容量的20世纪90年代，搭上了2.5G的末班车；3G时代，三大主流无线接口标准全都采用CDMA技术作为基础，让高通公司一时风光无限，炙手可热；4G、5G时代，由于需要兼容3G，高通公司的地位依然稳固，但竞争对手的成长与挑战、各国对于高通公司垄断地位的戒惧而引发的政策风险，都让高通公司承受着巨大的压力。

以技术立身的高通公司，在信道编码、实用型毫米波通信等方面具有技术领先优势，在涉及传统产业数字化、云化、AI化的关键技术方面也早已提前布局，致力于在IoT（Internet of Things，物联网）、IoV（Internet of Vehicles，车联网，国外称作Vehicle-to-Vehicle (V2V)）、AI、XR(VR/AR/MR)、Always Connected PCs（"始终连接"个人计算机）和IIoT（Industrial IoT，工业物联网）等领域攻城略地，在自旋电子等新兴领域也申请了大量专利[1]。

高通公司的未雨绸缪之路一直没有停歇。

> **想一想：**
> 2017年11月爆发的博通公司（Broadcom Inc.）收购高通公司事件虽然以失败告终，但其中反映了高通公司面临怎样的现状和局面？

5.5 案例总结

每个企业都有不可复制的精彩故事，高通的早期发展也并不是一帆风顺的。雅各布、维特比等创始人在高通正式创立之前就已经功成名就，他们作为香农的忠实信徒，对于CDMA技术的潜在价值深信不疑，但尽管如此，因为CDMA技术太过超前，想要在公众移动通信领域展现魅力，还有许多难关有待克服。

凭借在专用移动通信领域的长期历练，高通公司不仅完成了双向卫星通信系统的技术攻关，也为CDMA技术的研发积累了经验，还找到了"提供成套解决方案"的产品销售思路。直到如今，"解决方案"依然是高通具有代表性的服务内容，涵盖了移动计算、网络连接、智慧城市等多种应用场景，为智能化生活提供更强大的技术保障。

CDMA技术研发与推广的故事，充分彰显了高通公司的技术实力与企业价值观，哪怕是在TDMA技术已经被确立为通信标准的情况下，高通也没有轻言放弃。在大家

---

[1] 根据2018年资料显示，高通公司拥有自旋电子领域超过50%的专利。

热衷于 TDMA 技术时，高通公司默默地把 CDMA 大大小小的创新技术都申请成专利。与此同时，高通公司力争 CDMA 成为第二代移动通信技术标准，虽然其应用范围远不如 TDMA。随后，高通公司不遗余力地推动 CDMA 成为第三代移动通信技术标准，包括国际标准 WCDMA、CDMA2000 和 TD-SCDMA。技术专利化、专利标准化、标准国际化，高通公司创造性地走出了一条技术标准的成功之路，成为高科技企业的典范。

获得成功之后的高通，更是懂得"扬长避短"，专注于"芯片设计"和"专利授权"，在商业模式上打造出了新的亮点。在芯片设计方面，高通采用无晶圆模式，并于 2006 年开创了集成无晶圆模式，既有无晶圆的灵活性，又汇聚了 IDM 模式的优点。以基带处理器芯片为核心，集成越来越多的功能，包括 CPU、GPU、AI、Wi-Fi 等，打造高性能、低功耗智能手机处理器，实现芯片平台化。"专利授权"的模式则成了高通公司"知识创造财富"最直接的体现，和其他策略一起形成了高通公司独特的商业模式，也被戏称为"高通税"。"专利授权"为其从事新技术研发和收购提供了充足的资金，不断强化其在移动通信领域的优势地位。

高通公司似乎平凡普通，不像前几章那些如雷贯耳的企业案例，它们的"明星产品"几乎改变了人们的生活模式。但事实上，那些"明星产品"里，诸如 iPhone 的基带处理器、华为的手机芯片等，都有高通公司的技术身影。研究高通公司的案例，可以看到"技术"的多样化价值。

拓展思考题

1. 调研如今在使用高通芯片的手机型号，感受高通在手机芯片领域的市场占有率。
2. 高通为何放弃手机终端业务与移动通信系统业务？为何保留芯片设计业务？
3. 高通起步过程中针对双向卫星通信系统的销售问题，提出面向客户提供整体解决方案的想法，和 IBM 的转型有何相似与不同之处？
4. 如何看待一个公司的人才流失？在管理行为中如何切实保护人才的积极性，防止其流失？
5. 2015 年，高通被中国国家发改委处以 60.88 亿元罚款，这一单罚款超过了 2014 年全年中国反垄断罚款之和，创造了当时中国反垄断罚款最高纪录。高通被反垄断调查说明了哪些关键问题？
6. 有人说是传统技术在各个方面的局限性催生了 CDMA 技术，正是"坏到极点就可能产生机会"。如何从中理解 CDMA 恰逢其时背后的哲学意味？

参 考 文 献

[1] 莫克. 高通方程式[M]. 闫跃龙，等，译. 北京：人民邮电出版社，2005.

[2] 詹姆斯·格雷克. 信息简史[M]. 高博，译. 北京：人民邮电出版社，2013.

[3] 吉米·索尼，罗伯·古德曼. 香农传[M]. 北京：中信出版社，2019.

[4] 丁伟. 高通公司的知识产权战略及对中国的启示[J]. 中国科技论坛，2008，11.

[5] Chen W T, Hub C N. Entering the mobile service market via mobile platforms: Qualcomm's BREW platform and Nokia's Preminet platform[J]. Telecommunications Policy. 2008, 32:399-411.

第 6 章

英特尔商业案例分析

在半导体行业，摩尔定律被称为"计算机第一定律"，它的提出者戈登·摩尔是一家名叫英特尔（英特尔 logo 见图 6.1）企业的创始人。英特尔在处理器领域中有着不可撼动的地位，甚至可以说英特尔的发展史就代表了处理器的发展史。1971 年，英特尔推出了第一款处理器，实现了从 0 到 1 的突破，之后英特尔不断推出新的产品，酷睿 i3，i5，i7 成了如今个人计算机 CPU 的主流。智能时代的到来引爆了市场对于芯片的需求，带来了更多的机会，也带来了更为激烈的竞争。拥有先发之势和领先工艺制程的英特尔会如何应对成为人们关心的话题。走进英特尔，走近英特尔的几位创始人，观察一下英特尔的成功是源自偶然还是必然？

图 6.1　英特尔 logo

6.1 开局:谋事在人

自工业革命以后,人类的时间齿轮被不断拨动、加速,"日新月异"不再是某些小事或局部发生变化的夸张写照,而是更为宏观层面的真实存在。英特尔公司就是这场人类历史加速行进的"暴发户"之一,在短短十数年便称霸一统。按照传统思维,论英雄、论成败、论人事,"人"在"事"前,所以我们先简要回顾英特尔公司集奠基"人"与"大成者"两个角色于一身的诸君,然后再论英特尔公司的事迹与事业。

6.1.1 "八叛逆"与半导体

1947年,当时任职于贝尔实验室的肖克利(William Bradford Shockley Jr.)、约翰·巴丁(John Bardeen)和沃尔特·布拉顿(Walter Brattain)共同发现了晶体管效应(见图6.2),开启了半导体时代。三人于1956年因"半导体研究及晶体管效应的发现"而荣获诺贝尔物理学奖。

图 6.2 晶体管效应的发现者

1956年,肖克利从新泽西州(New Jersey)搬到加利福尼亚州(California)的山景城(Mountain View),建立了肖克利半导体实验室,隶属于贝克曼仪器公司(Beckman Instruments, Inc.)。由于肖克利半导体实验室的建立,贝克曼仪器公司成为当地第一家从事硅半导体器件的公司。而这个地方,就是后来闻名于世、被称为"硅谷"(Silicon Valley)的地方。

新公司创立之初,肖克利尝试雇用贝尔实验室的一些前同事,但当时没有人愿意搬到西海岸,有的则是直接拒绝与肖克利再次一起工作。于是,肖克利招募了一批他认为的美国各大学工程学院最优秀、最聪明的毕业生组成公司的核心。这些毕业生总计 8 人,包括朱利亚斯·布兰克(Julius Blank)、维克多·格里尼克(Victor Grinich)、简·霍尔尼(Jean Hoerni)、尤金·克莱纳(Eugene Kleiner)、杰伊·拉斯特(Jay Last)、戈登·摩尔(Gordon Moore)、罗伯特·诺伊斯(Robert Noyce)和谢尔顿·罗伯茨(Sheldon Roberts)。

肖克利可以算是一个成功的科学家,但在管理方面却缺乏能力,加上他古怪多疑的脾性,很快便使得这些年轻人无法忍受,相约共同出走。肖克利称他们为"八叛逆(Traitorous Eight,见图 6.3)",这八人后来将半导体的种子播撒至全美各地乃至全世界。

图 6.3 "八叛逆"

"八叛逆"集体跳槽投靠了当时工业家谢尔曼·费尔柴尔德(Sherman Fairchild)的仙童相机仪器公司(Fairchild Camera and Instrument),成立了仙童半导体部门。仙童半导体采用硅而不是当时盛行的锗作为半导体器件的制备材料。1958 年戈登·摩尔开发的台面型晶体管获得巨大成功。不久,简·霍尔尼开发出平面工艺,这是半导体生产的巨大进步,不仅使用平面工艺晶体管可以更容易制造,而且成本更低、性能更高,可靠性也更好。20 世纪 60 年代初期,以罗伯特·诺伊斯为主的仙童半导体在一块硅片上构建了四个晶体管电路,成为世界上第一款硅基集成电路(silicon integrated circuit)[1],此时的仙童半导体员工人数也由 12 人迅速增长至上万人,至 1967 年,它的年收入近 2 亿美元。

硅基集成电路被研发出来后,仙童半导体立即将其投向了市场。虽然仙童半导体推出集成电路的时间要晚于德州仪器公司,但仙童半导体的集成电路采用平面工艺,

---

[1] 德州仪器公司(Texas Instruments)已于 1958 年开发了锗基集成电路,并获得了美国专利,是历史上第一款集成电路。

晶体管通过薄膜沉积互连,而德州仪器公司的集成电路需要精细导线连接每个晶体管,因此,各厂商都优先选用易于装配的仙童半导体产品。仙童半导体在数字集成电路市场表现不佳,但是在模拟集成电路市场逐步占据主导地位,并通过持续的工艺改进不断降低制造成本。到 1966 年,仙童半导体的销售额已经超越摩托罗拉公司,仅次于德州仪器公司。由于仙童半导体的生产成本大大低于竞争对手,盈利水平是事实上的第一。

1967 年,由于大量新创公司的冲击,市场竞争日益激烈,仙童半导体的销售额首次出现下滑(此前几年一直保持每年约 100%的增长)。更重要的问题来自公司内部:公司 CEO 对仙童半导体部门这棵销售额占公司总销售额三分之二的"摇钱树"并不待见——不仅不重视,还将仙童半导体的全部利润转移用以资助那些已经不具备盈利能力的传统业务。这种做法使得仙童半导体的员工愤愤不平,"八叛逆"中的六人陆续出走,一时间人心惶惶。

1967 年秋天,当初决定转移仙童半导体全部利润的公司 CEO 在此时突然宣布辞职,身为公司副总裁的罗伯特·诺伊斯作为仅次于 CEO 的公司管理者,成为 CEO 的当然人选。当时仙童半导体遭遇了 1958 年以来的首次亏损,公司董事会决定变卖仙童半导体部门不再盈利状态的资产,可以说,仙童半导体当时的状况并不好。罗伯特·诺伊斯作为仙童半导体初创者的领导人物,自然被部门员工给予厚望,大家都希望他能成为下一任 CEO,带领部门重整旗鼓,走出困境再续辉煌。然而仙童公司的老板谢尔曼·费尔柴尔德这次却并没有像当初支持"八叛逆"成立仙童半导体部门那样帮助罗伯特·诺伊斯"转正",反而主导和敦促公司董事会在未来几个月寻找和任命除罗伯特·诺伊斯以外的人出任公司 CEO。

这种做法导致"八叛逆"中的最后两人—罗伯特·诺伊斯和时任仙童半导体研发主管的戈登·摩尔,于 1968 年离开仙童半导体,成立了一个名叫"英特尔"的新公司。

> **想一想:**
> 如果历史可以重演,你是 1967 年秋的仙童公司决策者,你会采取怎样的措施挽回局势?

6.1.2 优秀的创始人

罗伯特·诺伊斯全名为罗伯特·诺顿·诺伊斯(Robert Norton Noyce,见图 6.4),1927 年 12 月 12 日出生在美国艾奥瓦州的伯灵顿(Burlington,Iowa),父亲是教会神职人员,母亲是牧师的女儿,两人都是忠实的宗教信徒。在这样浓郁宗教氛围出生的罗伯特·诺伊斯却格外偏好科学和数学,他本人成长为非宗教信徒,推崇不可知论。

罗伯特·诺伊斯性格敏感,处事认真。据他自己回忆,童年时打乒乓球赢了他父亲,母亲觉得是父亲让他,这让年幼的罗伯特·诺伊斯非常受伤,严正敬告母亲:"这不是游戏!如果要玩,就要赢(That's not the game. If you're going to play, play to win!)。"

没人知道当时的他是想说"如果妈妈来玩,我也会赢",还是幼年胆气"如果决定要做,就一定要赢"。

图 6.4　年轻时期的罗伯特·诺伊斯

12 岁时罗伯特·诺伊斯和家里的其他男孩一起建造了一架小飞机(实际应该是不带动力的滑翔机),最高飞行高度不过是附近学校马厩屋顶(曾从马厩屋顶飞过)。后来,他还制作过收音机,将从旧洗衣机拆下来的马达装上螺旋桨制作自己的机动雪橇。高中毕业后,罗伯特·诺伊斯进入了当地的一所大学。在大学里,唱歌、表演、双簧演奏他都尝试了个遍。此外,他还是名运动健将,是 1947 年学校参加美国中西部地区游泳锦标赛代表队中的跳水明星。

和许多年轻人易冲动、好刺激一样,他也在自己的青涩年代收获了教训,学会了成长。1948 年他因为偷了市长家农场一头猪并在学校烧烤吃掉而差点被退学送进监狱。在爱荷华这样的农业州,偷盗家畜是一种重罪,最低处一年监禁并罚款一千美元。后来,在校长(同时也是他的物理老师)的斡旋下,他被停学一学期,赔偿全部损失后才逃过一劫。

1949 年 2 月复学后,罗伯特·诺伊斯积极投入学习,于当年毕业,并获得物理学和数学两个学士学位。同年,他在物理老师的建议下进入麻省理工学院深造,并于 1953 年获得物理学博士学位。博士毕业后,他在费城(Philadelphia)的飞歌公司(Philco Corporatio)担任研发工程师一直到 1956 年。罗伯特·诺伊斯辞职后前往肖克利半导体实验室,经历了前文提及的"八叛逆"和仙童半导体阶段,最终于 1968 年与戈登·摩尔一起创立了英特尔公司。

罗伯特·诺伊斯不仅是一位出色的发明家和工程技术人员,也是一位具有远见卓识、擅于激励士气的领导者。他亲近员工,重视团队合作,管理上具有"捋袖管"的执行力和实干风格,在他的带领下,初期创业的英特尔在十数年内便成为行业翘楚。

戈登·摩尔全名为戈登·厄尔·摩尔(Gordon Earle Moore,见图 6.5),1929 年 1 月 3 日出生在美国加利福尼亚州的旧金山(San Francisco, California)。

高中毕业后的戈登·摩尔进入圣何塞州立大学(San Jose State University),两年后转到加利福尼亚大学伯克利分校,并于 1950 年在那里完成学业,获得化学学士学位。大学毕业后,他进入加利福尼亚理工学院(California Institute of Technology)学习,于 1954 年获得化学博士学位,期间辅修了物理学课程。1953 年至 1956 年,他在约翰·霍普金斯大学应用物理实验室从事博士后研究。1956 年至 1968 年期间,戈登·摩尔与罗伯特·诺伊斯等人一起经历了肖克利半导体实验室和仙童半导体之后,与罗伯特·诺伊斯一起创立了英特尔公司。

图 6.5　年轻时期的戈登·摩尔

戈登·摩尔是一个卓越的工程师,更是英特尔公司在技术方面的舵手,他最为人熟知的是以其名字命名的"摩尔定律"(Moore's law)。1965 年,时任仙童半导体研发总监的戈登·摩尔被《电子杂志》邀文预测未来十年半导体元件行业将会发生什么。他想起自己在工作中,通过对比过去几年集成电路发展情况时观察到的一个现象——高密度集成电路中的元器件(晶体管、电阻器、二极管及电容器)的数量几乎每年都增加一倍,于是进行数据整理后刊文发表(见图 6.6),并大胆推测未来十年这个现象还将持续。

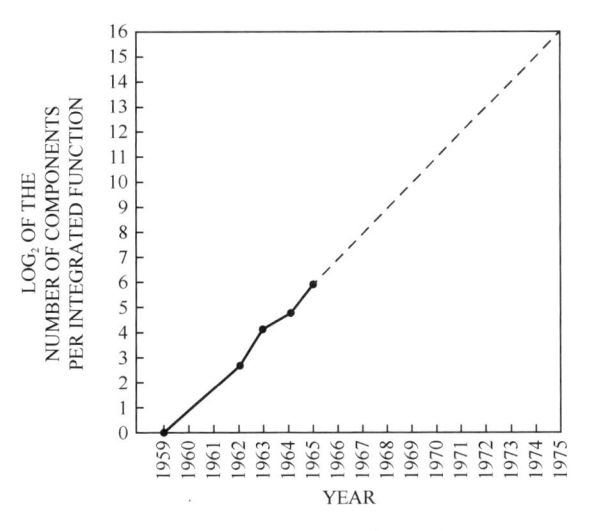

图 6.6　戈登·摩尔文章中的"摩尔定律"预测图

在 1975 年，也就是最初刊文后的十年（预测的终点年份），戈登·摩尔将预测修改为大约每两年一次。后来为了尽可能将已经发生的情况拟合到摩尔定律中，摩尔定律被表述为芯片性能每 18 个月翻一番。摩尔定律并不是一般意义上的物理定律，不是物理或自然规律，而是一种依据观察结果对未来半导体技术发展进行一般性预测的推测。这种预测本身并不具有必然性，但半导体行业使用摩尔定律来指导长期规划和设定研发目标，在许多领域的技术变革推动中产生了广泛的影响。

阿瑟·洛克（Arthur Rock，见图 6.7）不能算是英特尔真正意义上的创始人，但却是英特尔得以存活和发展的关键人物。三军未动，粮草先行。英特尔在半导体市场的征战中，资金就是最重要的"粮草"，而英特尔公司在初创中负责资金的就是阿瑟·洛克。阿瑟·洛克的投资主要在硅谷地区，他是英特尔、苹果公司（Apple）、泰莱达因（Teledyne）等大公司的早期投资者。

阿瑟·洛克 1926 年 8 月 19 日出生在纽约州罗切斯特（Rochester，New York）的一个犹太人家庭，他是家中独子，父亲在当地拥有一个小型糖果店。阿瑟·洛克于 1948 年取得锡拉丘兹大学（Syracuse University）工商管理学士学位，1951 年获得哈佛商学院（Harvard Business School）工商管理硕士学位，之后作为证券分析师在纽约（New York）工作。

图 6.7 阿瑟·洛克

1957 年，"八叛逆"离开肖克利半导体实验室时，他作为中间人将"八叛逆"介绍到谢尔曼·费尔柴尔德的仙童公司，并帮助他们说服谢尔曼·费尔柴尔德开设仙童半导体部门。1961 年，他搬到加利福尼亚与朋友一起组建了风险投资公司。

1968 年，英特尔公司初创时，他不仅自己投资，是英特尔公司的主要投资人，还帮助罗伯特·诺伊斯和戈登·摩尔寻找其他投资人，"风险投资"这个词的发明人正是阿瑟·洛克，同时他本人也是英特尔公司初创时的董事会主席。在这些初创者的共同努力下，英特尔公司的雏形已经基本具备。

查一查：

"八叛逆"中的其他人后来以怎样的作为影响了半导体行业，并思考这给了你哪些启发？

6.1.3 三驾马车

阿瑟·洛克曾说过：英特尔公司要走向成功，必须要有罗伯特·诺伊斯、戈登·摩尔和安迪·格鲁夫（Andy Grove）。罗伯特·诺伊斯见识卓越、拥有鼓舞人心的领导天赋，戈登·摩尔在技术方面的造诣登峰造极，而安迪·格鲁夫则是由技术人员华丽变身的管理学家。

安迪·格鲁夫并不是"八叛逆"之一，他原名安德鲁·斯蒂芬·格鲁夫（Andrew Stephen Grove），1936 年 9 月 2 日出生在匈牙利布达佩斯（Budapest，Hungary）的一个中产阶级犹太家庭。1957 年，经历了二战苦难岁月和战乱洗礼、年仅 21 岁的安迪·格鲁夫以难民身份只身来到美国纽约，当时的他几乎不会说英语。

尽管近乎身无分文，安迪·格鲁夫依然有极大的学习热情，他不仅努力学习英语，还积极学习专业知识，于 1960 年在纽约市立学院获得化学工程学士学位。随后他从纽约搬到美国西海岸，于 1963 年获得加利福尼亚大学伯克利分校化学工程专业的博士学位。

完成博士学业后，安迪·格鲁夫进入仙童半导体，成为一名研究人员。到 1967 年，他已经成为研发部主管戈登·摩尔的主要助手了，"八叛逆"陆续从仙童半导体出走期间，大家都争相拉拢他一起跳槽。罗伯特·诺伊斯为了稳住阵脚，将安迪·格鲁夫连升两级，成为仙童半导体部门的副总监，仅位于罗伯特·诺伊斯之下。

在罗伯特·诺伊斯和戈登·摩尔离开仙童半导体创立英特尔公司之初，安迪·格鲁夫便加入了他们，是英特尔公司除罗伯特·诺伊斯和戈登·摩尔之外[1]的第一名员工，虽没有创始人之名，却有创始人之实。

罗伯特·诺伊斯负责外部事物与协调，戈登·摩尔负责技术与研发，安迪·格鲁夫负责日常运行与管理，"三驾马车"（见图 6.8）拉动英特尔公司一路披荆斩棘，朝着全球最大的半导体制造商不断奔腾。

图 6.8 英特尔公司的"三驾马车"

---

[1] 罗伯特·诺伊斯和戈登·摩尔虽然是创始人，但他们同时也是员工，只有阿瑟·洛克是纯粹的老板（之一）。

电子信息商业案例分析

> **辨一辨：**
> 辨识并记忆人物是商业社交中的一项重要能力，通过对比前面罗伯特·诺伊斯和戈登·摩尔的照片，你能在英特尔公司的三驾马车中认出安迪·格鲁夫吗？

6.2 超车：半导体霸主之路

英特尔的半导体之路从存储器开始，凭借创始人的教育背景和技术实力，英特尔很快设计出了几款颇受市场喜爱的产品，首款商用动态随机存取存储器（DRAM）便出自英特尔之手。而当存储器市场遭到恶意挑战，英特尔转型芯片设计的迅速与果决顺利帮助公司摆脱危机，迎来了更大的成就。英特尔究竟是如何找到"芯片"这个弯道超车的方式并获得成功的呢？

6.2.1 存储器发迹

罗伯特·诺伊斯和戈登·摩尔创建公司伊始，第一个重要决定就是公司名字。与当时通行的做法一样，他们想把自己的名字组合在一起赋予公司，但当他们真这样做时却遇到了尴尬，Moore 和 Noyce 放在一起是 more noice（更多噪声）的谐音，反过来 noice more（再来点噪声）也好不到哪里去。且不论日常中噪声何等不受欢迎，在半导体和电子技术中噪声与不良干扰相关联，更是避之唯恐不及。

于是在 1968 年 7 月 18 日注册时，他们使用自己名字的缩写 N 和 M 注册了"N M Electronics"（NM 电子）公司，但没几天，在投资人的建议下他们重新想了一个名字——"intel"。intel 既是"Integrated electronics（集成电子）"的组合字，又是"intelligence（智慧）"的简写，巧妙地把在集成电路和半导体领域的抱负、美好的寓意都蕴含其中。当得知"intel"已经让连锁酒店集团英特尔科（Intelco）注册时，他们立即付费购买了这个名称并很快完成了公司名称的变更。

基于早期的教育背景和技术积淀，英特尔公司最初因半导体电路声名鹊起。当时，几个创始人瞄准了存储器市场，致力于研发先进的半导体存储器以取代当时盛行的磁芯存储器（magnetic-core memory，见图 6.9）。

英特尔公司的第一款产品是 1969 年推出的型号为 3101 的肖特基 TTL 双极型 64 位容量的静态随机存储器（Static Random-Access Memory，SRAM，见图 6.10）。当时仙童半导体和位于日本筑波市的电气实验室刚刚推出基于肖特基二极管的静态随机存储器，英特尔的产品在速率上几乎是前者的两倍，很快在小型高速存储器市场崭露头角。

图 6.9　20 世纪 60 年代的磁芯存储器　　图 6.10　英特尔公司第一款产品

同年，英特尔公司还推出了容量为 1024 位的只读存储器（Read-Only Memory，ROM）和型号为 1101 的金属氧化物半导体场效应管（Metal–Oxide–Semiconductor Field-Effect Transistor，MOSFET）半导体硅栅 SRAM 芯片。1101 芯片容量只有 256 位，却是第一款商用的、基于 MOSFET 技术的 SRAM 芯片，是静态随机存储器领域的巨大进步。正如英特尔公司自己宣称的那样："3101 芯片向世人展现了英特尔公司在现有技术和制造工艺基础上改进和完善的能力，而 1101 芯片则标志着公司具有产业颠覆性产品的研发能力"。

紧接着的 1970 年，英特尔公司发布了型号为 1103 的世界首款商用动态随机存取存储器（Dynamic Random-Access Memory，DRAM），不到两年 DRAM 已经占据了计算机核心存储器的几乎全部份额。

现在人们提及存储器芯片，首先想到的是三星（Samsung）、海力士（SK Hynix Semiconductor）和镁光（Micron Technology）公司，但在 1983 年以前，英特尔公司在存储器芯片领域几乎占据垄断地位，存储器芯片才是公司的主营业务。

英特尔公司在存储器领域的辉煌并没有持续太久，1984 年秋天，面对日本存储器的低价竞争，英特尔公司大量订单流失，陷入了成立以来的最大危机。当时作为"存储芯片"同义词的英特尔，一下子从巅峰掉入谷底，业界都在担忧其能否在这场危机中生存下来。英特尔公司管理层内部也爆发了激烈的争论，对于如何应对危机无法达成共识。1985 年，在这场危机持续蔓延，管理层普遍感到悲观、不知所措的关键时刻，安迪·格鲁夫与时任董事长兼首席执行官的戈登·摩尔进行了一场著名对话（见图 6.11）。

这场对话坚定了管理层转型的决心，在随后的 1986 年，英特尔公司解雇了 8000 名员工，当年亏损超过 1.8 亿美元。这次转型被安迪·格鲁夫称为"战略转折点"。"战略转折点就是企业的根基即将发生变化的一刻，这个变化可能意味着企业有机会上升到新的高度，但它也同样有可能标志着没落的开端。"

安迪·格鲁夫：如果我们下了台，另选一名新总裁，你认为他会采取什么行动？

戈登·摩尔：会放弃存储芯片的生意……

安迪·格鲁夫：你我为什么不走出这扇门，然后自己动手？

图 6.11　影响英特尔公司发展的著名对话

> **比一比：**
> 　　注意观察图 6.9，是否可以看到图片正下方有一枚硬币？以这枚硬币为参照，体会当时的磁芯存储器的"魁梧身材"，以及英特尔公司半导体存储器当时的市场前景。

6.2.2　"点石成金"术

中国古代有"点石成金"的传说，这个神话传说在 20 世纪有了现实版本，就是半导体产业——一个将沙子（指硅砂）变成具有价值商品的产业。英特尔公司是依靠存储器发家的，因此在芯片制造方面，它可以算是半导体产业中"点石成金"的能者（见图 6.12），更是这个产业的"泰山北斗"。英特尔将自己点石成金的"法门"整理成 4 个关键步骤。

图 6.12　英特尔公司宣传创意——构筑在沙子上的芯片[1]

---

[1] 图片来自英特尔公司官方网站，作者对图片布局进行了修改，并删除了部分内容。

6.2.2.1 预处理

预处理包括硅的提纯、切片、抛光、光刻等工序（见表 6.1）。

表 6.1 预处理步骤

● 提纯	● 切片、抛光	● 光刻
沙子中硅元素的占比很大，而硅元素是一种半导体，精纯的硅在电流作用下可以在良导体和绝缘体之间切换自如； 硅的精纯标准一般为每 10 亿个原子中仅有 1 个杂质（非硅元素）原子。精纯的硅晶体被熔炼铸造成圆柱状的硅锭； 硅锭的规格通常为直径 300 毫米，重约 100 千克	硅锭被切成一个个厚约 1 毫米的圆形硅晶薄片； 通过精密的抛光工序，这些圆形薄片表面被打磨成光洁无瑕、平整如镜	光刻是在圆形硅晶薄片上印制特定图案的过程； 首先在圆形硅晶薄片表面均匀涂上一层非常薄的光敏抗腐蚀材料（光刻胶）； 特定波长的光照射在印有图案的模板（掩模），模板没有被图案覆盖的部分光可以透过，并通过一组精密的镜头投射到硬化的光刻胶上； 光刻胶被照射部分通过化学工艺使其溶化在相应的化学制剂中而去除。最终光刻胶上留下与掩模图案相同的图像

6.2.2.2 硅基造型

硅基造型主要通过物理和化学的方法使以硅晶薄片为基底的材料按照设计电路形成特定的外形及与之相关的绝缘隔离预处理（见表 6.2）。

6.2.2.3 金属化处理

硅晶薄片只是基底，要形成更为完善的电路结构还需要不施加电流就能导电的金属，需要相应的金属化处理等工序（见表 6.3）。

6.2.2.4 测试与包装

芯片上市销售前，还需要一系列严格的测试和筛选，并进行包装（见表 6.4）。

表 6.2 硅基造型步骤

● 离子注入	● 化学蚀刻	● 临时门电路构形
根据设计控制非硅元素带正电荷或负电荷的离子以一定的速度撞击到经过之前光刻胶显影处理的硅晶薄片上； 在硅晶薄片上，有光刻胶覆盖的表面阻止了离子的注入，而没有被覆盖的部分离子得以注入并嵌入硅晶薄片表面。通过这种掺杂其他元素原子的方式改变了硅晶薄片特定区域的导电特性； 完成离子注入后，需要将光刻胶从硅晶薄片上用化学方法移除，以备下一步使用； 一般来说，一个硅晶薄片上会有成百上千个芯片原芯（需要封装后才能成为芯片），每个芯片通过离子注入及后续工艺形成含有数以亿计晶体管和复杂连接的电路	电路的基本组成单元三门晶体管（tri-gate transistor）需要在硅晶薄片上制作极薄的鳍片； 一般用硬质掩模直接覆盖在硅晶薄片上，没有掩模覆盖的部分被化学制剂腐蚀，而有掩模覆盖的部分得以保留而成为高而薄的鳍片，成为晶体管的沟道 	将抗氧化材料通过掩模涂抹在硅晶薄片上的晶体管的特定位置，在充满氧气的管式反应炉中，没有抗氧化材料覆盖的部分产生二氧化硅薄层，从而形成临时栅极电介质； 再次应用光刻技术，创建一个多晶硅临时层作为晶体管的临时栅电极。去掉之前的抗氧化材料，并进行二次氧化，使整个硅晶薄片表面都覆盖二氧化硅薄层，从而使单个晶体管与其他部分绝缘

表 6.3 金属化处理步骤

● 金属门电路成型	● 金属沉积	● 金属层化整形
通过掩模用化学方法将晶体管的临时栅电极和临时栅极电介质都去掉。使用原子层积（atomic layer deposition）工艺将多层高 k 电介质材料覆盖到硅晶薄片表面。然后再次使用化学蚀刻方法将不需要的高 k 电介质材料去除； 使用金属材料填充晶体管预留的沟槽而形成金属栅极，这种金属填充与高 k 介电材料的结合，有效提高了性能并减少了泄漏	在晶体管上方的绝缘层三个电极的位置各蚀刻一个孔。这些孔被铜或者其他良导体材料填充，作为与其他晶体管电路连接的引线； 将硅晶薄片放入硫酸铜溶液中，使用电镀方法使铜离子沉积在硅晶薄片表面，形成一个薄薄的铜层	通过表面抛光处理，多余的铜被清除，只留下特定形状的铜用于晶体管之间连接； 通过不断重复金属沉积和金属层化整形流程，可以构建多层（一般 CPU 超过 30 层）的铜连接层，这些层像高速公路一样将不同位置的晶体管连接起来 

表 6.4　测试与包装步骤

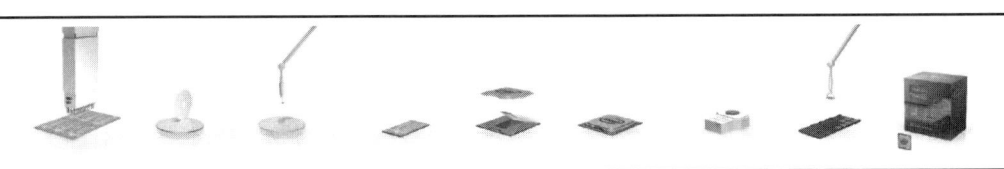 ● 分级测试与切割	● 芯片封装	● 成品测试与包装
通过专用的测试设备对硅晶薄片上的每一个芯片原芯进行功能和性能测试，根据测试结果将芯片原芯进行分级； 完成测试的硅晶薄片按照芯片原芯的边界被切割成一个个独立的芯片原芯，用于后续的封装操作	芯片封装是对芯片原芯进行包装的过程。芯片原芯的面积很小，不便于和其他电路或芯片交互，需要固定在衬底上，同时衬底也能为脆弱的芯片原芯提供保护。在衬底和芯片原芯之上是散热盖片，不仅能与衬底一起对芯片原芯提供机械保护，同时也是连接外部散热器的媒介	经过封装的处理器芯片需要进行性能和功耗的最终测试； 基于测试结果，芯片会被再次分级，并剔除封装有瑕疵的芯片。然后芯片会被用纸盒或者其他具有保护作用和方便运输的包装形式进行储运和分销

如果能够严格按照上述制造过程进行芯片的生产，那么理论上所有芯片的性能都是一致的。然而，芯片制造着实是一个精细活，芯片的良品率很难达到 100%，并且随着工艺复杂度的不同有着较大的起伏。制造过程中设备精度、材料及一些偶然因素都会导致芯片有瑕疵。

瑕疵小的芯片等级高，瑕疵大的等级低。如果瑕疵太大影响到基本设计功能，则直接废弃该芯片，因此同一型号的不同等级芯片实际上是相同流水线和生产工艺产出的。有时也将具有相同瑕疵的芯片命名为另一个型号，这就是为什么市场上有时能看到一些主流型号往往有功能"阉割"的产品型号的原因。英特尔公司在芯片领域一个很大的优势在于，它是一个集成芯片制造商，可以设计并制造自己的芯片，因此英特尔能够对自己的产品做到全方位的质量把控。

聊一聊：

1. 英特尔公司芯片制备工序中常常直接购买已经加工好的硅晶薄片，这样做的原因如何？现在这个环节有怎样的变化？

2. 有人说，将生产集成电路的硅晶薄片由 2 英寸直径改为 3 英寸可使每片硅片的产量提高一倍，成本可下降一半。试了解集成电路生产成本构成，分析这话是否正确？

3. 如何看待产品性能筛选确立的产品等级销售策略？

6.2.3 无心插柳

1969 年日本计算机公司联系刚刚成立的英特尔公司,让英特尔为其新型的 Busicom 141-PF 计算器设计 12 枚定制芯片。当时的英特尔公司业务重心在存储器市场,但由于刚刚成立,又是客户找上门来,因此,纵然老大不情愿,却也勉为其难,安排了很少的资源启动了这个项目。

经过一番准备和论证,英特尔公司提出了名为 MCS-4 的方案(见图 6.13)。这个方案只采用 4 枚芯片就能达到客户 12 枚定制芯片所要完成的功能。

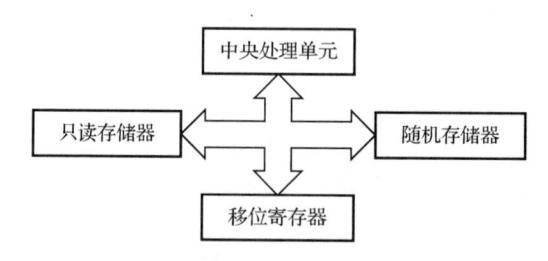

图 6.13 MCS-4 方案

其中只读存储器用于存储客户定制的应用程序,随机存储器用于存取处理数据,移位寄存器用于输入/输出(I/O)端口,所有芯片都与中央处理单元(CPU)相连,CPU 的产品型号命名为 Intel 4004。这个方案得到了客户的认可并付诸实施。1971 年 3 月英特尔公司向客户交付了基于 MCS-4 方案的原型机,而客户以此为基础于当年 7 月推出了终端产品——Busicom 141-PF(见图 6.14)。

图 6.14 基于 MCS-4 方案的 Busicom 141-PF

当时的英特尔虽然作为行业先锋和翘楚，却未能预见个人计算机时代的爆炸性增长，注意力依然集中在存储器业务上。只是公司领导层本能意识到 MCS-4 一定具有某些可以开发的商业价值，因此向日本计算机公司支付为数不多的费用，取得自行销售相关芯片的权利，并在 1971 年 11 月 15 日出版的《电子新闻》（*Electronic News*）上刊发了 Intel 4004 及其芯片组的广告，这款影响深远的 CPU 才第一次出现在公众视野。

Intel 4004 是市场上第一款通用可编程处理器，英特尔除了极其简单的广告宣传外并没有极力推广。当时，工程师们可以随意购买并通过软件定制不同功能的"构建块"，以在不同的电子设备中执行。Intel 4004 帮助英特尔完成了从单一的存储器制造商向微处理器制造商的转型，戈登·摩尔后来将 4004 称之为"人类历史上最具革新性的产品之一"。虽然 Intel 4004 在当时只是极少数人在特定领域应用的"小众"，甚至来不及等到个人计算机时代就悄然被新的型号所取代。不过英特尔公司这次的无心插柳，实际上意味着电子领域又开启了一扇崭新的大门。

> **想一想：**
> Intel 4004 在半导体乃至整个电子领域的发展进程中具有怎样的意义？

6.2.4 Wintel 联盟与品牌塑造

时间推移到 1981 年，美国计算机制造商国际商业机器公司（IBM）推出了 IBM PC，其中 CPU 选用的就是英特尔公司 16 位宽的 8088 芯片。

如第 2 章讲述，IBM 公司进入到个人计算机领域并非竭尽所能、全力以赴，相反的，它抱持的只是"姑且一试"的态度，这点可以从 IBM PC 只是由原来 IBM 一个中层技术经理带头研制而一窥端倪。有限的资源迫使 IBM PC 采用开放式架构，即 IBM 公司发布 PC 的技术规范和原理图，允许第三方公司生产兼容的硬件，主要组件全部来自外部供应商，并且运行第三方操作系统和软件。这与当时一个产品的主要部件必定由自己公司生产，从而实现产品技术掌控的传统方式截然不同。

IBM 的第一款个人计算机有了许多"偶然"，比如操作系统并没有选用当然之选的 CP/M-86，而是偶然选择了当时名副其实的"微小"软件企业——微软公司（Microsoft）的 MS-DOS 操作系统；CPU 没有选择当时更为先进的摩托罗拉 68000，甚至没有选用 IBM 公司原有内部设计的型号，而是偶然选用了英特尔公司的 8088。

这些"偶然"的真实历史情形如何已经无从考证，因为当时 IBM PC 并没有很高的技术水准却有很高的市场定价，在产品推出前完全不被业界人士看好。但随后这款个人计算机引发了公众的极大关注，销售数量直线攀升，不仅塑造了自身的品牌，各种符合 IBM 开放架构的"克隆"产品也雨后春笋般出现，IBM PC 也成为有史以来最成功的计算机之一。IBM PC 曾经的"偶然"成就了后来的两大巨头——英特尔公司和微软公司。而 IBM PC 铸就的这段姻缘，也成为 Wintel 或者说 WIN-TEL（Windows 前 3 个字母和 Intel 后 3 个字母组合的新单词）联盟的开端。

时间轮盘转回到 20 世纪 80 年代中期，由于日本半导体制造商的竞争，当时的英特尔公司在其传统的存储器领域节节败退，公司连续 6 个季度出现亏损，整体盈利降到了相当低的水平。而此时 IBM 公司推出的基于英特尔 CPU 的个人计算机却呈现出井喷式增长，英特尔形成了一个奇怪的现象，几乎 40%的营业额与百分之百的利润都来自 CPU，但 80%以上的研发费用却花在了存储器上。这让当时的英特尔公司首席执行官戈登·摩尔以及公司领导层开始犯难，是继续坚持存储器业务，还是壮士断腕，寻找新的生产业务？在犹豫、徘徊近 1 年后，英特尔最终决定放弃存储器业务，将注意力集中在 CPU 上，从而在根本上改变了公司的主营业务和商业模式。

1985 年英特尔公司发布了一款 32 位的 CPU，型号为 80386，也就是后来大众熟知的"386"。80386 是英特尔公司发展史上的一座里程碑——不仅将位宽锁定在 32 位，同时也是英特尔向人们承诺其未来生产的 CPU 都向下兼容的起点。

自此，应用程序开发人员和个人计算机的终端用户都可以安心了，那些运行于旧的英特尔 CPU 上的软件依然可以运行在新的型号上，这意味着大家都不用从头再来：应用程序开发人员不需改动自己的程序就可以完成程序的兼容而不是新编软件，用户不必在英特尔公司每每推出新型号时，去频繁适应为此新开发的软件，而可以保持原来的使用习惯。

同样是 1985 年，微软公司推出 Windows 1.0。虽然 Windows 1.0 属于 MS-DOS 的扩展，但其本身就是一个完整的操作系统，这帮助 Wintel 联盟变得更加牢固——个人计算机基于 Intel x86 兼容处理器并运行 Microsoft Windows 操作系统。

整个 20 世纪 80 年代，是个人计算机爆炸式发展的时期，也是英特尔公司高速发展和增长的时期，因为它不仅为 IBM 的个人计算机提供 CPU，同时也为 IBM 的竞争对手所生产的个人计算机提供 CPU，处于完全垄断的市场地位。

没有竞争对手的独霸局面并没有让英特尔公司沾沾自喜、裹足不前。一方面继续加大研发的投入力度；另一方面，于 1991 年推出"intel inside"市场营销活动，创新地提出"成分品牌（ingredient branding）"的营销概念，通过提高品牌知名度，不断提高消费者的忠诚度。

在具体实施方面，英特尔公司并不是直接进行广告投放，而是将 CPU 的营收划分出专门部分，用于补贴个人计算机制造商的广告支出。相应的，制造商则需在自己所有的广告和产品中加入"intel inside"的标签（见图 6.15）。"intel inside"市场营销活动提供的广告补贴力度非常大，能占到制造商的平面印刷和电视广告投入费用的一半，在执行这项市场营销活动的几年里，英特尔公司每年需要花费数亿美元。虽然耗资甚巨，但"intel inside"的市场营销活动成功地打造了英特尔的品牌形象，英特尔从行业以外鲜为人知的部件供应商，一跃成为消费者心中品质的象征。

1992 年，根据迪讯（Dataquest）公司的市场调查报告显示，英特尔公司成为全球最大的半导体供应商，以霸主雄姿傲视寰宇。英特尔深知"逆水行舟，不进则退"，没有执迷于第一的宝座，而是马不停蹄地推出了 486 CPU 芯片组，开始实施"全系统"（Whole System）战略，并着手为制造商生产准系统。

图 6.15 "intel inside"的几种标签

1993 年英特尔公司推出一款新的 CPU。一改之前"386""486"这种按数字进行产品命名的风格，新的 CPU 命名为"奔腾"（Pentium）。这款 CPU 是第一款采用超标量处理技术的个人计算机芯片，拥有 310 万个晶体管，具有与"486"相比更快、更强大的功能。

奔腾 CPU 强劲的性能与微软的 Windows 3.x 操作系统相结合，帮助个人计算机开始了市场扩张。虽然当时的计算机称作个人计算机，但在奔腾 CPU 推出前的消费者几乎全部都是企业或公司。在奔腾 CPU 推出后，虽然企业和公司仍然是个人计算机的主要购买者，但拥有奔腾 CPU 的个人计算机（见图 6.16）所具备的高性能，使真正的个人消费者可以将 PC 用于多媒体、图形应用、游戏等诸多领域，使计算机成为真正意义上的个人计算机。同时得益于"intel inside"市场营销活动，到 20 世纪 90 年代末，奔腾 CPU 系列在世界各地家喻户晓。

图 6.16 运行 Windows 图形界面的奔腾 4 计算机

1994 年对于英特尔公司也是一个重要年份。这一年全世界所有的桌面型个人计算机（台式机）有 85%使用英特尔的 CPU，也是在这一年爆发了"奔腾缺陷门"。

1994 年 6 月，英特尔公司工程师在 310 万个晶体管中的一个不起眼的部分发现一个缺陷，这个缺陷导致奔腾 CPU 进行浮点计算时，在某些与数据相关的特定条件下，运算结果的低位会发生错误。英特尔公司对此缄口不言，默默地在后续的芯片修订版本中修复了这个缺陷。

1994 年 10 月，美国一名大学数学教授在使用过程中发现了这个浮点计算错误问题，并联系英特尔公司指出这个问题，英特尔依然保持缄默，没有做出任何回复。很快这个缺陷被公布到网上。起初，当时英特尔公司首席执行官安迪·格鲁夫拒绝召回问题产品，在官方声明中也一再强调错误是轻微的，"甚至不能算是一个错误"。但随着媒体的介入和关注，一些讨伐英特尔的文章相继刊发，甚至当时的纽约时报都有专题文章对这一错误进行了重点介绍。在舆论压力下，英特尔最终耗资 4.75 亿美元完成对问题产品的召回和善后。

在 6 天内让英特尔损失近 5 亿美元，这件事对于英特尔公司的影响是深远的。一方面，促使英特尔公司更加注重用户为中心的理念；另一方面，英特尔公司从最初的拒不认错，到后来的不惜成本进行召回与处置、积极解决问题的转变，以及整个过程中媒体的大量报道，在无形中配合了"intel inside"市场营销活动，对英特尔的品牌推广有积极的作用。

1995 年，英特尔推出新产品 Pentium Pro。这是英特尔公司在"奔腾缺陷门"爆发后斥巨资倾力打造的产品，这款 CPU 专门针对 32 位进行了优化，而此时的微软公司却在其新产品 Windows 95 中保留极高比例的 16 位代码。这是 Wintel 联盟第一次出现大的分歧。

虽然基于 Intel 处理器并运行 Windows 操作系统是个人计算机，包括台式机和笔记本计算机的主流架构，但微软和英特尔两家公司都在相互依赖之外试图寻找新的突破，以开拓新的市场。因此，在漫长的合作过程中，两家公司时常与对方的竞争对手交谈，例如微软公司与 AMD 一直保持密切合作，英特尔则积极将其处理器出售给苹果公司；微软公司将 Windows 移植到了 ARM 架构上，英特尔公司则在 Linux 上进行了投资与尝试，支持各种开源项目。

英特尔公司的霸主之路也不是一帆风顺的。在 20 世纪 90 年代，英特尔公司成功进军了主板和芯片组市场，一度成为全球最大的主板制造商和几乎唯一的芯片组制造商，但是在图形芯片市场遭遇了滑铁卢，同时在 CPU 等核心业务领域也遭受新兴企业的挑战。

进入 21 世纪以后，英特尔的各种专利侵权诉讼、反垄断指控和诉讼也接连不断。不过此时的英特尔早已不再是风雨中飘摇的小舟，而是一艘巨轮航行在商海中。

聊一聊：

1. 广告的效果/效益如何进行客观评价？通行的评价方法/指标有哪些？与直接投放广告相比，英特尔公司的广告策略优劣如何？

2. 英特尔公司的奔腾 CPU 缺陷门无意间帮助了英特尔营销，但现在有的企业刻意进行有计划的类似营销炒作，如何看待这种现象？

3. 如何看待 Wintel 联盟的这种互补企业间的既合作又"不合作"关系？

6.3 管理:"偏执狂"的试炼

安迪·格鲁夫于 1996 年出版了著作《只有偏执狂才能生存》,通过回忆英特尔从成立到 20 世纪 90 年代中期这段时间中的发展故事,阐述这段高速发展过程中公司遇到的"战略转折点"以及如何应对到达成功彼岸的方法,堪称战略管理方面的优秀著作。这位从技术转向管理,并躬耕于英特尔日常管理的已故英特尔前 CEO 透彻解析了人性、行业变化对公司带来的影响,将企业管理的内核呈现在了人们眼前。

6.3.1 何谓"偏执狂"

《只有偏执狂才能生存》这本书的英文名称为"ONLY THE PARANOID SURVIVE"。"PARANOID"在没有上下文情景的直译确实是"偏执狂",但作为这本书的译名却值得商榷,人们若只看到标题而没有阅读内容,则容易造成字面意义上的误解。

实际上这本书第一版的标题还有一个副标题——"HOW TO EXPLOIT THE CRISIS POINTS THAT CHALLENGE EVERY COMPANY AND CAREER"(如何发掘利用每一个公司和事业的危机点),后来的一些版本中这个副标题也小幅改动成"HOW TO EXPLOIT THE CRISIS POINTS THAT CHALLENGE EVERY COMPANY"(如何发掘利用每一个公司的危机点)、"HOW TO EXPLOIT THE CRISIS POINTS THAT CHALLENGE EVERY BUSINESS"(如何发掘利用每一项商业中的危机点)。结合书中的内容,PARANOID 译为"怀有恐惧的(人)"或者说"忧患者"意义更为贴近。

那么作者想对读者说明需要恐惧什么?也许是恐惧失败,恐惧企业衰落,或者恐惧死亡……这些"恐惧"是一种强烈的忧患意识,需要保持合理的尺度,事事时时"恐惧",则容易杞人忧天。作者在书中提醒企业管理者以忧患意识居安思危,以期极具敏感地洞察市场变化,在危机来临时果断应对、涅槃重生。作家张家麟在其著作《惶者生存》中提出,人们不能永远地消除危机,用合适的心态对危机做好积极的预警处理,才能体现出企业管理者的智慧。任正非特意撰文《唯有惶者方能生存》,来阐述危机意识根植于员工心中的重要性,在华为内部的讲话中,"危机"是任正非说过的频率最高的一个词语。

因此,《只有偏执狂才能生存》中的"偏执狂"并非偏执成"狂",实际是高度理性、居安思危的管理者,这与中国"生于忧患,死于安乐"的传统思想更为契合。

> **试一试:**
> 如果让你来翻译,安迪·格鲁夫的这本书会取什么样的中文译名?

6.3.2 战略转折点

新的技术、工艺、方法和途径，能够快速打破旧的秩序并改变游戏规则。安迪·格鲁夫将一个行业中竞争力的巨大变化称之为"10X"——10倍力。这是一种泛指，真实情况可能是100倍、1000倍，也可能是2倍、3倍，但不论多少，一些以前没有发生过的事情发生了，业务不再像过去一样运转。公司或企业在这种影响深远的力量下，稍不留神便失去了对自身前途和命运的控制。安迪·格鲁夫将这种力量影响过程称为"战略转折点"。

安迪·格鲁夫认为，当技术突破或行业一些基本组成要素发生改变时，战略转折点便已来到。唯有敏锐觉察并快速反应者才能在竞争中超越对手，赢得宝贵的时间，从而最终赢得市场份额。占住了这个先机后，企业或公司还需要根据市场承受力制定合理价格，然后不遗余力削减成本，从中盈利。

虽然称之为"点"，但大多数战略转折点，不是一声巨响，而是缓慢的、持续的变化过程。一个战略转折点是从旧的结构组成、旧的业务开展方式和旧的竞争方式，转移到新的结构、新的业务和竞争方式的过程。

在公司或企业的业务运转过程中，变化一直都在发生，什么时候的变化才是一个战略转折点？安迪·格鲁夫给出了一个基本的判断逻辑（见图6.17）。

图 6.17 战略转折点的判断逻辑

让公司的中层管理人员负责具体任务的实施，往往比高级管理人员对战略转折点基本判断逻辑中提及的变化更为敏锐，因为他们一直在"户外"工作，吹拂在他们脸上真实世界的"风"，能够带给他们更多直接的信息。

遗憾的是，"老板总是最晚得知不利境地的人"，他们稳坐在固若金汤的"宫殿"之中，外界发生的事情，下属报喜不报忧，古今中外，概莫能外。因此，老板们总是徜徉在各种利好、功绩铺就的大好局面中，丝毫意识不到危机的来临。当坏消息通过层层阻隔终于传到他们耳朵里时，有可能已经在这段时间里迅速变化，变成无法挽回的局面。

作为公司的高级管理层（老板），应当居安思危，用适当的忧患意识来消抵日益滋生的自满情绪。这种自满情绪来源自身取得的成就，以及周围对这些成就的漫天吹捧。自满情绪取代忧患意识是可怕的，犹如温水煮青蛙，失去忧患意识的公司同时也就失去了生存的本能。当环境发生变化时，他们反应迟钝、缓慢，等到觉察时已经成为烹煮好的、别人口中的美味。

一个重要而有效鉴别战略转折点的工具，就是在公司发展的特定阶段，开展广泛而深入的讨论。而且问题越复杂，参与的管理层级就应该越多，因为不同管理层级能够从各自的专业角度提供不同的观点。

此外，讨论还应该包括公司以外的人员：客户和合作伙伴。他们不仅具有不同的专业领域和不同的兴趣点，看待问题的角度也不同，甚至他们的偏见也会被带入讨论中。合理采纳外部人员的意见是必要而有效的，只有在符合外部利益的情况下，公司才能获得成功。

但这种讨论常常令人望而生畏，因为它需要很多时间和精力，旷日持久。而且，讨论中公司的一些弱点可能会暴露出来，员工也会对自己某些知识的缺乏感到顾忌，甚至担心同事不赞成自己的观点而言不由衷、唯唯诺诺。如何让员工对公司未来拥有坚定的信念和自我利益的预期，引导员工发出忠实于内心、忠实于自身利益的真话，并以此作为高级管理层与其他各阶层获得真实信息的渠道，是公司领导者需要展现其领导能力的重要方面。

> **想一想：**
> 如果你作为公司的领导者，上文所述"讨论"具体如何组织实施？为了提高"讨论"效率，你有什么改进或者更好的办法？

6.4 战略：面向未来

随着摩尔定律接近物理瓶颈，芯片在特征尺寸缩小和性能提升上越来越难，拥有先进制程的英特尔在技术上率先遇上了挑战。不过英特尔显然不会轻易认输，2021年11月，现任英特尔CEO帕特·基辛格（Pat Gelsinger）说"现在为我工作的混凝土卡车数目，比地球上任何人都多"，面对前所未有的压力，英特尔在全球各地开展建设项目，建造大型晶圆厂，提升芯片制造能力。面向未来，英特尔在产业定位和业务发展上，不断寻找着可持续之道。

6.4.1 塑造产业形态

6.2.4 小节提及 IBM PC 曾经的"偶然"成就了后来的两大巨头——英特尔公司和微软公司，IBM 选择英特尔作为 IBM PC 的处理器长期供应商，给英特尔带去了大量的订单，但是英特尔公司并未满足于此，而是积极布局未来，通过平台化设计，不断降低个人计算机的设计门槛，从而引入更多的公司进入这个领域。英特尔与不同的"伙伴"（见图 6.18）进行合作，寻找发展机遇。

图 6.18　英特尔的"伙伴"战略

为了摆脱对 IBM 的依赖，英特尔公司对 IBM 的竞争对手大开方便之门。在 80386 时代，康柏公司（Compaq）在英特尔公司的帮助下开始生产 IBM PC 的兼容计算机，它也成为第一家合法对 IBM PC 进行逆向工程的公司，并于 20 世纪 90 年代一度成为个人计算机系统的最大供应商。在 80486 时代，戴尔公司（DELL）得益于英特尔公司的 CPU 平台化战略，在个人计算机领域攻城略地，业务迅速成长。在奔腾（处理器）时代，惠普公司（Hewlett-Packard，HP）也加入到个人计算机市场的激烈竞争中，并逐步成为主要的个人计算机制造商之一。

惠普公司进入到个人计算机市场体现出英特尔公司平台化设计达到了一个很高的水平。因为惠普公司在进入该领域前是一家专门从事仪器设计、制造与销售的公司，正是由于英特尔公司的平台化设计，使个人计算机的设计变得简单，惠普得以迅速进入个人计算机制造商的行列，至此个人计算机不再比拼设计，而成了品牌和销售渠道的比拼。

在历经数十年的"厮杀"后，IBM 最终退出个人计算机市场，康柏公司被合并到了惠普公司，随着国内包括联想公司在内的个人计算机生产商的崛起，个人计算机市场的竞争更加激烈。而英特尔公司却牢牢把控住上游，乐见其塑造的产业形态为自己带来源源不断的市场收益。

> 比一比：
> 英特尔公司通过平台化设计，同时依托 Wintel 联盟，让 PC 设计无难事，从而塑造了 PC 生产商间的激烈竞争，试对比其与 20 世纪七八十年代相机领域的柯达公司的战略，以及在 21 世纪智能手机快速发展时期高通公司的战略有何异同？

6.4.2 产品战略

摩尔定律并不是物理或自然规律，而是一种依据观察结果对未来半导体技术发展进行一般性推测。英特尔公司奉行、推崇"摩尔定律"，甚至"偏执"于此——英特尔不是将摩尔定律视为推测，而是以之为目标，竭尽全力予以实现。

这种对于摩尔定律的"偏执"使得英特尔在 CPU 发展初期能够迅速将摩托罗拉等竞争对手抛到身后，在所向披靡的时代依然保持技术的不断革新，在竞争对手崛起的新世纪依然有着"研制速度快于模仿速度"的骄傲。

也正是技术上的领先优势，使得英特尔有着"产业标准制定者"的能力与自信，在市场竞争中，能够率先推出先进产品，带动整个 PC 产业链的升级。而在定价策略（见图 6.19）上，新产品一开始采取高定价，获取丰厚利润；当竞争对手的新产品推出时，英特尔则对市售产品进行降价以打压竞争对手，如此周而复始，自己始终处于不败之地。

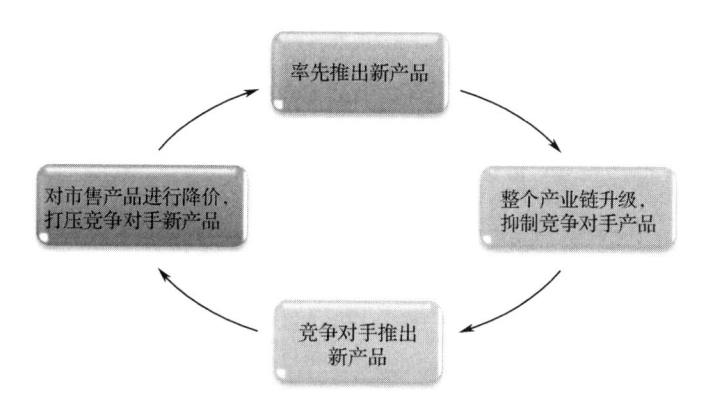

图 6.19　英特尔的价格策略

从 22nm 向 5nm 产品制造工艺演进过程中，英特尔曾经出现 4 次未能按期完成的"跳票"情况（见图 6.20）。原定于 2011 年完成的 22nm 量产于 2012 年实现；原定于 2013 年完成的 14nm 制程推迟两年到 2015 年才投产；原定于 2015 年量产的 10nm 技术 2018 年才小规模生产，2019 年才开始量产；而原定于 2017 年投产的 7nm 技术也向后推延数年。

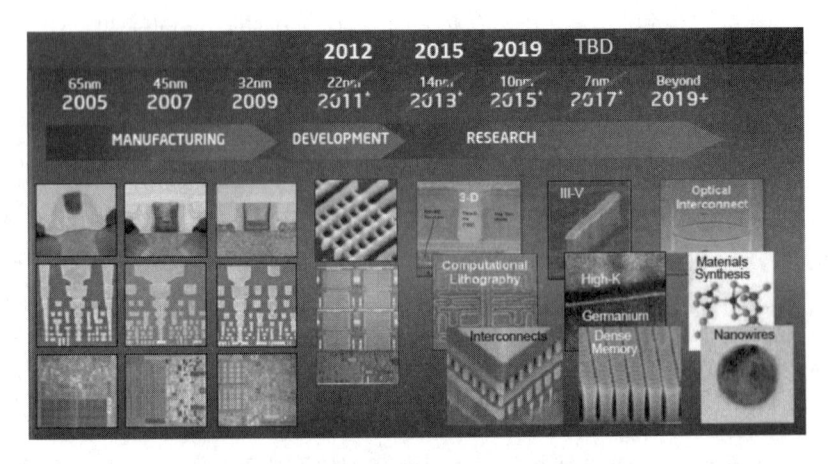

图 6.20 英特尔的 4 次"跳票"

英特尔的"跳票"，一方面是工艺制程越向下越难，需要突破的技术障碍也越多；另一方面，也有产品战略的考量在里面。

一般来说，英特尔公司在 CPU 方面的工艺制程能够领先市场水平 1~2 年，有时甚至能够领先 3~4 年（见图 6.21）。这个期间，如果竞争对手没有能够形成具有威胁性的新产品的话，英特尔就没有必要提前释放新制程过渡消费市场，而是使原来制程的生产设备得到最大程度的利用以提高这些设备的效益。由于自身领先优势而缓慢释放先进工艺制程的操作模式，英特尔被国内一些网友戏称为"牙膏厂""14nm 吃三代"。

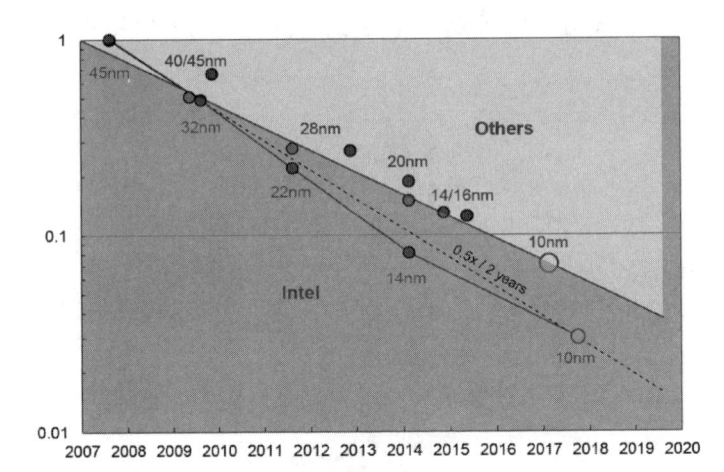

图 6.21 英特尔 CPU 工艺制程与竞争对手的对比情况

英特尔的"跳票"其实是符合其产品战略和定价策略的，一个佐证就是 2018 年当其竞争对手推出多款 14nm 并号称于次年推出 7nm 产品时，英特尔迅速释放出其 10nm 产品予以迎击，而 CPU 的设计与制造工艺非常复杂，如果不是提前有准备是不可能说有就有的。英特尔的 10nm 工艺制程使用了第三代 FinFET 立体晶体管技术，晶体管密度达到了每平方毫米 1.008 亿个，是目前 14nm 制程的 2.7 倍。对比同期市场上，三星 10nm 工艺制程晶体管密度不过每平方毫米 5510 万个，仅相当于英特尔的一半；而三星的 7nm 则是每平方毫米 1.0123 亿个，与英特尔的 10nm 工艺制程基本持平，英特尔在 CPU 的工艺制程上依然保持着领先地位。

英特尔公司产品战略的另一个方面就是"创造需求"。

英特尔深刻领悟盛极而衰的道理。在 20 世纪 90 年代，由于个人计算机市场经历一轮剧烈扩张后，很快趋于饱和。从全球市场看，能够消费得起的用户都已经购买了英特尔的 CPU，在新的消费群体还没有成长起来时，怎样让已经购买了 CPU 的用户购买新的 CPU 是英特尔面临的生存问题。

精明的英特尔公司在当时积极推动 3D 图形显示和游戏产业的发展，这些应用对硬件有着更高的要求，显然现有 CPU 不能满足消费者去使用这些应用，新的需求就这样被制造出来，并逐步演变成一种趋势。消费者有了足够的理由升级现有 CPU，而英特尔，终于又能继续卖 CPU 了。

至于后面英特尔公司积极推动 Wi-Fi 等技术的发展，其用心与前者无异。向信息领域进行重心转移，业务领域从 CPU 延伸到通信和通信服务，这同样是在"创造需求"——创造对高性能 CPU 的需求。因此，不管英特尔公司重心如何变化，其落脚点始终是为其产品战略服务的。

> **查一查：**
> 了解 2007 年前后，英特尔公司的工艺制程与竞争对手相比的情况，再与图 6.21 对比，调查中间发生了怎样的故事？

6.4.3 业务多元化

英特尔公司做存储器发家，后以 CPU 称霸，但却并非止步于此。在核心业务 CPU 方面，除了通过不断提高工艺和提升制程至纳米级以外，英特尔还将产品从消费级桌面型向移动型、服务器和工作站型等多个领域进行延伸。

今天的英特尔拥有超 10 万名员工，超过 400 万平方英尺的无尘制造工厂，每秒钟生产超过 100 亿个晶体管。但是，硅原子约为 0.24nm，随着 CPU 的硅基制程（见图 6.22）不断向极限推进到 3nm，也就是约为 100 个硅原子宽度时，英特尔如何捍卫"摩尔定律"？半导体技术何去何从？英特尔也在思考这些问题，思考着除 CPU 以外的事情——其广泛涉足于固态硬盘（Solid-state drives，SSD）、超级计算机、办公节能型显示器、游戏、汽车安全系统、音像内容保护、穿戴设备、自动驾驶汽车，甚至是能源领域。

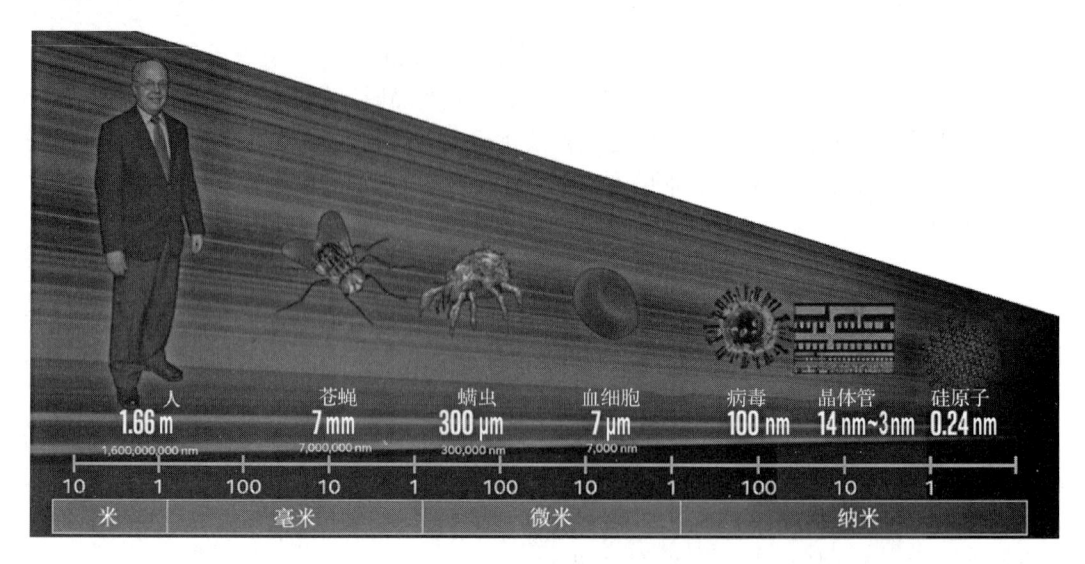

图 6.22 硅基制程尺度对比[1]

为了能快速切入自己感兴趣的领域，英特尔公司进行了大量的收购活动。表 6.5 列举了 2009 年至 2017 年英特尔公司的部分收购情况。8 年间，英特尔公司总计 24 次收购，收购频率非常高，繁忙时经常一个月内有 2 个收购项目在进行。

表 6.5 2009 年至 2017 年英特尔公司部分收购情况

日　期	公　司	领　域	国　别	价　格	应　用
2009 年 6 月	Wind River Systems	嵌入式系统	美国	8.4 亿美元	软件
2010 年 8 月	McAfee	安全	美国	76 亿美元	软件
2010 年 8 月	Infineon（部分收购）	无线网络	德国	14 亿美元	移动 CPU
2013 年 4 月	Mashery	API 管理	美国	1.8 亿美元	软件
2013 年 5 月	Stonesoft Corporation	安全	芬兰	3.89 亿美元	软件
2014 年 8 月	Avago Technologies（部分收购）	半导体	美国	6.5 亿美元	通信处理器
2015 年 1 月	Vuzix	穿戴设备	美国	0.248 亿美元	新型设备
2015 年 6 月	Altera	半导体	美国	167 亿美元	FPGA
2015 年 6 月	Recon	穿戴设备	美国	1.75 亿美元	新型设备
2016 年 8 月	Nervana Systems	机器学习	美国	3.5 亿美元	新技术
2017 年 3 月	MobilEye	无人车	以色列	153 亿美元	自动驾驶

收购涉及的领域从与自身高度相关的半导体，到通信相关的数字信号处理、无线网络、软件定义网络（SDN），再到安全、API 管理、软件、嵌入式操作系统，消费领域的穿戴设备，以及手势识别、自然语言处理、计算机视觉、视频技术，甚至延伸到

---

[1] 图片来自英特尔，内容有改动。

了认知计算、机器学习和一度火热的无人机、无人车、物联网安全与驾驶辅助系统，涉猎不可谓不广。

安迪·格鲁夫说过：

"英特尔将自己创造需求，如果计算机不能用来做更多的事，以后几年我们生产的芯片将无人问津。因此，我们得自己'创造'用户来使用我们的微处理器。依靠我们的辛勤努力，投资及不断调整经营策略，我们能促成市场需求的增长，这样我们才能赚钱……"

在全球数字经济正在显现出蓬勃活力的背景下，英特尔着眼于云计算、大数据、移动互联网、物联网、人工智能等先进技术的普及和应用给行业带来崭新机遇，正在试图创造新的需求，推动和迎接崭新时代的到来。

> **论一论：**
> 你认为该如何评价收购活动的成败？英特尔的这些收购活动有哪些是成功的，有哪些是失败的？从中能获得怎样的启示？

6.5 案例总结

如果说存储器为英特尔的初期发展奠定了基础，那么无心插柳发明的处理器则为英特尔开启了一扇崭新的大门。

1981年，IBM推出了基于开放架构的PC，搭载了英特尔处理器和微软操作系统，开启PC快速普及之路，无意中成就了Wintel联盟。

1985年，面对存储器市场日益激烈的竞争，英特尔做出了一个艰难的决定，放弃存储器业务，全面转向处理器业务。同年，为了逐渐摆脱对IBM的依赖，英特尔推出80386处理器，大力扶持康柏生产IBM PC的兼容机。

作为半导体霸主的英特尔，在处理器的设计制造、产业形态、创造需求等方面给世人带来了很多启示。英特尔对摩尔定律的"偏执"，保证了公司研制处理器的速度快于模仿速度，顺利将竞争对手抛到身后，使自己成为产业标准制定者。通过平台化设计和工程师营销，英特尔不断降低个人计算机的设计门槛，"让PC设计无难事"，从而引入更多的公司走进这个领域，而英特尔自身则牢牢把控住上游。同时，英特尔助推3D图形显示、AR/VR、游戏技术、Wi-Fi等信息技术发展，主动创造对高性能处理器的需求。英特尔推出的"intel inside"市场营销活动，创造性提出的"成分品牌"营销概念等，不断提高着PC用户对处理器的忠诚度。

作为集成电路制造商的英特尔，目前的处理器有赛扬系列、奔腾系列、酷睿系列、志强系列，等等。产品涵盖了从低端到高端的全系列CPU，形成了完整产业链，让每位用户都能根据自己的需求购买到合适的处理器。同时，英特尔将产品的品控牢牢把握在自己手中，先进的芯片制造技术充分保障了芯片的制造数量与质量，也提升了品牌整体信誉度。

随着时代车轮的转动，在芯片设计领域，AMD Zen 架构 CPU 和苹果 M1 系列芯片彰显出了卓越的性能，摩尔定律还依旧"顽强"。在芯片制造领域，作为知名芯片代工厂的台积电和三星在芯片制程上后来居上，拼命赶超。这些竞争让英特尔腹背受敌，曾经的半导体霸主如今确实面临了前所未有的压力，是英雄迟暮还是再创新篇，英特尔会有怎样的后续表现呢？

研究英特尔的案例，创始人鲜明的性格特点赋予了英特尔强大的生命力与战斗力，一次次"无心插柳"的关键选择让英特尔成了处理器领域的开拓者；聚焦存储器时，还能持续培育处理器业务，并且在关键时刻迅速做出决策，帮助英特尔转危为安。透过安迪·格鲁夫著作中的关键词，"十倍速""偏执狂""战略转折点""主动创造需求"，我们大体上能够理解英特尔的企业精神内核。

拓展思考题

1. 请你分析英特尔有哪些"战略转折点"，联系前几章的华为、IBM 等公司的"战略转折点"，思考一下你的人生是否也有战略转折点？
2. 简要概括英特尔三位创始人的个性特点，探讨合作的重要性。
3. 回顾 6.2.3 节中英特尔"无心插柳"的故事，思考 Intel 4004 是如何成就英特尔的。
4. 6.4.2 节中提到英特尔的产品战略中有一条"创造需求"，那么什么条件下"创造需求"，什么条件下寻找新的蓝海？
5. 联想高通公司的创立过程，英特尔的创始人同样经历了不受重视而另立公司的过程，从中你有哪些感悟？

参 考 文 献

[1] 安迪·格鲁夫. 只有偏执狂才能生存[M]. 安然, 张万伟, 译. 北京：中信出版社, 2014.
[2] 蒂姆·杰克逊. 英特尔探秘：芯片帝国的兴起[M]. 张连超, 等, 译. 北京：国防工业出版社, 1999.

[3] 迈克尔·马隆. 三位一体：英特尔传奇[M]. 黄亚昌，译. 杭州：浙江人民出版社，2015.

[4] 张天蓉. 电子，电子！谁来拯救摩尔定律？[M]. 北京：清华大学出版社，2014.

[5] 安迪·格鲁夫. 安迪·格鲁夫自传：英特尔创始人回忆录[M]. 张春雨，译. 北京：中信出版集团，2018.

第 7 章

腾讯商业案例分析

即时通信工具是腾讯带给中国人的惊喜,即使如今腾讯(腾讯 logo 见图 7.1)的商业版图已经很大,但最为人熟知的依旧是 QQ 和微信。没错,两个同类型软件,属于一家公司。这看起来是不是有点奇怪?为什么不将两个产品合并呢?为什么不停用一个以扩张另一个呢?腾讯的特别还不止这些,QQ 的创始人马化腾,微信的创始人张小龙,两位技术出身的程序员在成长为领导者的路上,向人们彰显了来自理工男不一般却极致的浪漫。走进腾讯,去了解这奇妙的共存背后的故事,去感受"革自己的命"是一种怎样的魄力。

Tencent 腾讯

图 7.1 腾讯 logo

7.1 小企鹅的大野心

圆溜溜的白肚子，可爱的大眼睛，戴着一条红围巾，憨态可掬的样子让人一眼就记住了。小企鹅叫 QQ，是陪伴着中国第一代网民成长起来的即时通信工具。从简易的 OICQ，到手机上的移动 QQ，再到计算机屏幕上悬挂的浮窗，腾讯的创始人马化腾将 QQ 和"即时沟通"的概念带进了千家万户。

7.1.1 缘起 OICQ

1997 年，还在润迅的马化腾（见图 7.2）接触到了一款名为 ICQ 的即时通信工具。这款软件由以色列人开发，取意"I seek you"，即"我找你"。ICQ 满足了人们在互联网上实时聊天的愿望，允许用户打造个性化主页，还提供了利用插件发送贺卡等小功能。ICQ 的创意在当时来说是非常新颖的，该软件不仅打破了物理空间的限制，还打破了时间的限制，让虚拟世界里的交流变得迅捷而高效。ICQ 一出现，便在全球俘获了大量的用户，即便是在刚接入互联网不久的中国，ICQ 也占据了 80%的市场。

图 7.2 在润迅当工程师的马化腾

或许马化腾已经从 ICQ 身上看到了即时通信未来的可能性，他一下对 ICQ 着了迷。使用一段时间后，马化腾发现 ICQ 的英文界面和操作方式对于中国人来说有一定的难度，这成为限制 ICQ 在国内普及的重要因素。于是，"做一个中文版的 ICQ"，这个念头便在马化腾的脑海中出现了。遗憾的是，润迅高层并不看好这个想法，马化腾也因此选择了离开润迅。离开之后，马化腾开始自己创业，他找寻 5 个朋友组成创业团队，坚定地要把这个类似 ICQ 的通信软件付诸现实。他们在深圳成立了深圳市腾讯计算机系统有限公司，5个合伙人分工明确，各自管理擅长的业务领域，马化腾担任CEO（首席执行官），其余分别为CTO（首席技术官）、COO（首席运营官）、CIO（首席信息官）、CAO（首席行政官），腾讯的即时通信工具"OICQ"（改名之前的QQ，取意"Open ICQ"）便在这样的环境下被迅速孵化了出来。

1999年2月，OICQ（见图7.3）正式上线运营。OICQ的目标用户是15~30岁的年轻用户，这个年龄段的用户对于新鲜事物的接受能力强，好奇心大，潜在用户量也大。腾讯公司选定高校为第一阶段突破口，开始进行市场拓展。这是一个艰辛但有趣的阶段，为了累计原始的用户量，没有雄厚资金做宣传推广的腾讯公司只能想出"刷楼"这个传统方法。据说马化腾曾一个大学一个大学、一间寝室一间寝室地上门拜访，向学生们介绍这个新兴的软件。初期的用户量增长并不快，一旦有新用户出现，马化腾就会化身"陪聊"，想尽办法引起用户对OICQ的兴趣，提升软件的活跃度。甚至有时候，马化腾还需要"化身"为女孩子，用女性的视角来创造更多的话题。幸好，OICQ本身具有切合年轻人沟通需求的功能特性，再加上腾讯公司的不懈努力，"用户量"这第一个难关很快就过了。一年的时间，OICQ的注册用户就超过了500万人，2000年6月，用户数超过千万人。

图7.3 1999年上线OICQ注册界面

拥有大量的用户仅是第一步，这并不意味着OICQ就获得了成功，当年面对润迅公司老板的提问：OICQ的盈利模式是什么？马化腾没能答上来。在用户数破千万的时候，马化腾依旧没能找到这个问题的答案。面对暴增的用户量和迅速增多的服务器需求，腾讯依靠"烧钱"来勉强维持，财务状况却不断逼近公司的财务警戒线，1999年年底，腾讯账面上只剩下1万多元的现金。找银行贷款，银行表示"注册用户数"并不能用来抵押；找昔日好友借钱帮忙，好友们无法理解OICQ前景何在……这个"亏本买卖"似乎就要坚持不下去了，万般无奈之下，腾讯想到了出售OICQ。几位合伙人对于出售OICQ的心中预期最初是300万元，现实却给他们狠狠地泼了好几盆冷水。广东电信最高愿意出价60万元，而大部分公司，诸如深圳赛格集团、中北寻呼集团等，则是连购买意向都没有。在这些公司看来，OICQ是几个大学生花几个月就能搞出来的软件，没有清晰的盈利模式，就没有商业价值。

既然卖不出去，那就自己扛下去吧！屡次碰壁的经历激发了马化腾的男儿血性，更在深层意义上改变了马化腾。很多人应该对2000年这个年份并不陌生，2000年互联网的"寒冬"让很多公司都过得不太容易，不过对腾讯来说，却反而成了契机。在中国互联网企业快速发展又快速消亡的特殊时期，马化腾开始接触到新的商业运营规则和商业运作模式，他了解到"风险投资"的概念，并认为这是拯救腾讯的关键途径。如果能找到一家愿意投入资金的大公司，且公司本身有风控意识，愿意承担项目风险的话，腾讯不仅能获得喘息的机会，更能获得成长的机会。说干就干，如同当时决定开发OICQ一样，马化腾和同伴们立刻投入到了寻找融资的征程中。

技术出身的马化腾，擅长的是写代码、调程序，喜欢的是补漏洞、做优化，有着标准理工男的严谨踏实。对他来说，开发一个软件不难，融资却是一个全新的领域。如何撰写商业计划书，如何说服投资人，如何确定公司适合的融资方式……这些都需要马化腾跳出技术本身，站在腾讯整体发展的角度来处理。商业计划书的撰写耗费了马化腾和同伴们好大一番心力，六易其稿，最终的定稿长达20多页，详细地阐述了腾讯对公司发展运营、项目预期成果等全方面的规划。带着这份商业计划书，马化腾重新开始一家一家去敲开公司的门，只不过这次，他不是要卖OICQ，而是要寻找OICQ存活下去的机会。据马化腾回忆，深圳当时的融资环境并不好，不像北京有海归圈等资源，深圳的风险投资才刚起步，大家对整体流程也不熟悉，算是摸着石头过河的状态。幸好在2000年中国国际高新技术成果交易会上，马化腾结识了盈科数码和IDG——腾讯最早的两大股东。究竟是马化腾的演讲打动了投资者，还是两大股东慧眼识珠看到了腾讯的潜在价值，我们不得而知。但可以确定的是，两大股东提供的总共220万美元的投资总额真可谓是雪中送炭，将腾讯从悬崖的边缘拉了回来。虽然盈科数码和IDG拿走了腾讯40%的股份，但一对比就能发现，这已经远远高于马化腾当时出售腾讯的预期了。再之后，MIH（米拉德国际控股集团公司）出资数千万美元，购得了盈科数码20%的股权及IDG12.8%的股权，一度成为腾讯占股最大的股东，MIH为腾讯提供了充足的发展资金，自此腾讯再也不用为买不起服务器而发愁了。从资金窘境中抽身出来的马化腾，终于有时间认真地思考OICQ的盈利模式，他以移动QQ为冲锋号角，让QQ在短短几年中火速占领中国绝大部分网民的手机和计算机，创造了巨大的收益。

细心的读者应该发现了，这里同时出现了OICQ和QQ两个词，这里就不得不谈到OICQ被告侵权，改名QQ的故事。1999年9月和2000年2月，马化腾两次接到了AOL（美国在线）发出的律师函，称OICQ的域名构成了对ICQ域名的侵权，OICQ和ICQ在名字上的高重复率会误导用户认为OICQ就是ICQ。最终法庭判决马化腾败诉，并要求免费转让OICQ的全部域名给AOL。说来也巧，OICQ的灵感的确汲取于

ICQ，两者后续的发展轨迹也极其相似，ICQ 在推出过程中同样迅速斩获了大量用户，也同样迅速面临资金短缺的问题，只不过，ICQ 最终被 AOL 以 4 亿美元的价格收购，OICQ 则在千难万险中生存了下来。经此侵权风波，马化腾将 OICQ 改名"腾讯 QQ"，并由此为起点，创造了中国即时通信软件行业的一段传奇。

> **聊一聊：**
> 上文提到 OICQ 和 ICQ 遭遇了相似的发展经历，两个企业都拥有了庞大的用户数量却并不能盈利，反而需要依靠融资等方式来烧钱"养"软件，这和传统的商业模式似乎不太相同。从中，你是如何看待互联网经济和传统商业思维之间的区别呢？

7.1.2 谁的计算机屏幕上没有它

一直以来，QQ 的痛点始终是用户数量庞大，却缺乏盈利模式。腾讯用"赔本赚吆喝"的方式为 QQ 博得了一个好名声，但这必然不是长久之计。顺利度过侵权和财务两大危机后，腾讯似乎被按下了"发射键"，一连几炮，每炮必响，彻底打开了 QQ 的发展局面。

第一炮，打响了以移动 QQ 为代表的无线增值业务。

2000 年前后，智能手机还未出现，市面上的手机多是键盘和屏幕各占一半比例的样式，人们对于手机的认知停留在打电话、发短信的功能上。同时，中国电信正处在业务重组的变动期，移动业务从邮电部中独立出来，成立了中国移动通信集团公司，简称"中国移动"。马化腾敏锐地察觉到了其中的商机，在中国移动推出的"移动梦网创业计划"比赛中，腾讯的方案脱颖而出，与中国移动联合推出了一种全新的合作模式——移动 QQ，尝试将互联网业务和传统运营商业务进行融合。腾讯根据不同的手机型号专门开发出了不同版本的移动 QQ，用户可以从手机上免费下载和使用移动 QQ，移动运营商则会收取相关的流量费用。不仅如此，腾讯和移动还趁热打铁，推出了一项移动 QQ 业务，移动 QQ 用户每个月只需要花 5 元钱，就可以无限制地给手机用户发短信，腾讯则从中抽取 20%的利润。这项业务最精彩的地方在于，每个月花这 5 块钱，用户就可以用计算机端的 QQ 直接给手机用户发短信，一个是基于互联网流量的计算机，一个是基于短信服务的手机，移动 QQ 的出现让信息的交流出现了跨平台、跨领域的突破。一石激起千层浪，移动 QQ 迅速打开了用户市场，并帮助腾讯快速实现收入的正向增长。截至 2001 年年底，腾讯团队和全国所有省份的运营商建立了合作关系，腾讯用事实告诉了曾经质疑过它的人们，QQ 确实具有足够的商业价值，只要坚持，终能迎来属于 QQ 的闪耀舞台。继移动 QQ 之后，腾讯陆续推出了通信类、娱乐下载类、交友类等数十种无线增值业务，业务范围不断扩大。

第二炮，打响了以 QQ 秀为代表的互联网增值业务。

"移动业务只能体现我们核心价值的周边部分，基于 PC 的增值服务才是我们的核心价值"，马化腾很清楚地知道，无线增值业务始终会受到运营商的制约，互联网才是

QQ 发挥潜能的主战场。那么，一款千万用户已经习惯开机自启动的免费聊天软件，还有什么新的增值空间呢？

新的增值业务还真的又被腾讯找到了。无论是在现实世界还是虚拟世界，有一种天然的需求根植在人性深处，那就是差异化需求。在现实世界中，人们的差异化体现在出身、外貌、学识、穿着等方面，这些差异在岁月流转中形成了每个人独特的画像，在短期内很难有快速的变化，但在虚拟世界中，一切都可以变得不一样。早期的 QQ 更注重功能性，研发和优化的重点一直放在即时通信的稳定性和便捷性上，没有关注到用户的深层使用需求，更多只是一个实用工具，而当 QQ 发现了用户的差异化需求，并利用互联网的优势，将"个性化定制"这个开关打开之后，一个崭新的天地开启了。

QQ 秀，就是腾讯开放了用户个性化表达诉求之后的开山之作，更是互联网增值业务的经典案例。QQ 秀的灵感来源于一家韩国网站，腾讯将之引进，并做了适合 QQ 的改进。QQ 秀的逻辑很简单，就是让用户可以个性且自由地创造自己在虚拟世界中的人物形象，这个创造包含了表情、发型、服饰、场景等，而这个形象会在用户的聊天页面进行展示。QQ 秀里的装扮普遍定价都在 2 元左右，远低于现实世界中购买服装的价格，这看似设了一个门槛，实则门槛极低，谁都能在承受范围内打造几套自己满意的人物形象。试问，谁看到好友穿着精致的服装，不会想改变一下自己"白背心+牛仔短裤/裙"的默认朴素形象（见图 7.4）？QQ 秀风靡之后，腾讯还陆续推出了 Qzone、QQ 宠物、Q 钻等多样化互联网增值服务，这些服务让 QQ 成功从单纯的聊天工具，转型成为用户进行个性化展示的平台。

图 7.4　QQ 秀默认初始形象（左男右女）

仔细分析一下，互联网增值业务最令人拍案叫绝的地方在哪儿呢？腾讯没有花费实际意义上的一分钱，却创造了数亿元的收入，这几乎颠覆了对传统商业规则的认知。

第三炮，打响了以胖企鹅形象为代表的宣传营销模式。

你一定见过这两只憨态可掬的胖企鹅（见图 7.5），除了在计算机和手机上，在输入法的表情里，还可能在某个玩具店的售架上，在某个宠物店的装饰墙上，或者是某个可爱的小孩子拿着企鹅玩偶从你身边快乐地跑过……一个戴着红围巾,一个戴着粉围巾、别着粉色蝴蝶结,QQ 企鹅形象比 QQ 本身,更为大众熟悉,而当人们第一次接触到 QQ 这个软件的时候,往往会不由自主地发出一声惊叹"原来这就是那只企鹅呀!"

图 7.5 QQ 企鹅形象

QQ 企鹅的诞生是个"无心插柳"的故事,本意想画鸟的"临时美工"(刚成立的腾讯并没有专门的美工,图多由程序员直接画)不小心画成了一只瘦企鹅,这只瘦企鹅不小心又得到了多数用户的投票支持,然后在设计公司的认真研究下,瘦企鹅摇身一变成了胖企鹅。不知道是不是企鹅也怕冷,设计公司给他专门戴了个围巾,更添几分人性化的可爱,之后公司又配对设计了粉色围巾的企鹅,让企鹅不再孤单。敲定了 QQ 的对外形象后,马化腾做了一个非常聪明的决定,他授权设计公司将 QQ 企鹅形象进行线下的生产,一开始以免费赠送的方式来打开 QQ 的知名度。谁曾想这竟是个绝妙的营销方案,两只小企鹅很快赢获了年轻人和小孩子们的喜爱,大家一度争相抢购企鹅玩偶,那些让爸爸妈妈买玩偶的小孩子,相信将来也能成为 QQ 的忠实用户。

QQ 企鹅只是腾讯宣传营销方案的一个缩影,它向人们展示了腾讯线上线下结合宣传的巨大能量。而借助逐渐完善的互联网生态,腾讯在广告宣传、品牌推广等方面不断有大动作,影响力不断提升。据不完全统计,腾讯巅峰时期覆盖了全国近 80%的网民,2004 年 6 月,腾讯正式在香港挂牌上市,当年差点养不起 QQ 的腾讯,用短短 4 年时间鱼跃龙门,并向着更远处不断进发。

> **忆一忆:**
> 1. 回忆一下你使用 QQ 的故事,数一数你用过的 QQ 增值功能有哪些?
> 2. 收集一下身边的朋友在使用 QQ 的过程中发生过的有趣故事,感受一下 QQ 是如何陪伴人们成长的。

7.2 微信的燎原之火

微信有一个耳熟能详的口号"微信，是一个生活方式"。这似乎是一个有语病的表达，微信可以是一种生活方式，可以是一个通信工具，但怎么能是一"个"生活方式呢？微信创始人张小龙的解释是，"尽管语法上有问题，但直觉上，我们应该把它定义为一个，而不是一种"。正因在最开始的时候没有给微信设限，随着时间的推移，微信真的深入到了每一个人的沟通与生活中，逐渐成为互联网时代一个新的生活方式。

7.2.1 微信，是一个生活方式

微信诞生于一封邮件，一封张小龙临时起意写给马化腾的邮件。张小龙认为在移动互联网时代，会有新的即时通信工具出现，挑战QQ的地位，因此他建议马化腾未雨绸缪，开发新的社交软件抓住先机。没想到马化腾很快回复邮件，肯定了张小龙的想法，并同意张小龙带领广州研发部来承担项目开发。

"我对iPhone5的唯一期待是，像iPad（3G）一样，不支持电话功能。这样，我少了电话费，但你可以用Kik跟我短信，用Google Voice跟我通话，用FaceTime跟我视频。"张小龙在2010年发了这样一条腾讯微博，微博里提到的Kik是促使张小龙做微信的直接因素。Kik是一款手机即时通信软件，上线之后创造了当时互联网应用的一个奇迹：10天之内，注册用户数超过100万。Kik优异的表现很快就引起了张小龙的注意，一款不能发照片、不能传文件的软件，究竟有什么独特之处呢？对Kik进行深入调研后，张小龙明白了，同时一股极为强烈的危机感油然而生。

众所周知，虽然QQ有移动QQ业务，但QQ本质上还是一款基于PC的软件，用户通过QQ给每一位用户的唯一标识"QQ号"在虚拟世界里畅游。可以说QQ主打的是陌生人无压力社交，强调虚拟世界中自由的魅力。但Kik不太一样，Kik是基于手机移动端的软件，用户通过手机号进行注册，Kik会借此推送手机通讯录中同样注册了Kik的好友，将虚拟世界和现实世界巧妙地进行连接，可以说Kik主打的是熟人便捷社交。这样一款与QQ用意几乎相反，但似乎更切合移动互联网发展态势的软件让张小龙紧张了起来。于是便有了他给马化腾发邮件，并立即着手研发微信的故事。

微信的研发始于2010年11月20日，张小龙带着他"QQ邮箱"的原班研发人马在广州的一个小会议室开始了工作。2011年1月21日，这个不到10人的团队就开发出了微信1.0，主推图片分享功能。2011年4月初，微信针对1.0版本共进行了4个小版本的改进，在最后一个小版本中，微信最下端的4个定位键被确定，分别是微信、通讯录、找朋友和设置，基本构建好了微信的整体框架。其中，"找朋友"这个定位键彰显了微信的设计理念，即通过熟人社交的方式扩大用户基础。张小龙判断熟人之间

的沟通需求是一个未被完全开发的领域，而熟人之间的信任感则是他认为微信能发展大量用户的信心。用户点击"找朋友"可以快速找到手机通讯录、QQ 好友、QQ 邮箱联系人等各种朋友。图片分享功能则是张小龙团队判断未来移动互联网的发展潮流，相比于文字，未来用户定会转移到交互性更强的信息载体上。奈何，理想很丰满，现实却很骨感，微信的用户数量增长很慢，和当初 QQ 的增速相比，更是差距立显。团队内部成员也不断质疑产品为何没能达到设想的效果？这时候，外表木讷的张小龙起到了"主心骨"的作用，他一次次稳定军心，告诉队员们，他们的存在是为了阻击腾讯未来的对手，从 PC 端到移动终端，势必存在新的格局变化，虽然这是一项未知结果的事业，但无论成功与否，他们的坚持已经是最大的意义了。

  2011 年 5 月 10 日，张小龙团队经过近一个月夜以继日的赶工后，发布了微信 2.0 版本。2.0 版本增加了语音对讲功能（见图 7.6），这是张小龙在一款名叫"Talk box"软件上受到的启发。张小龙意识到，智能手机的应用需求与 PC 端是不同的，软件开发者应该着重于两者的区别去挖掘潜在用户。语音功能的推出终于让微信走进了大众的视野，中国联通与腾讯合作，推出了含微信独立数据包的智能电话卡，微信也算是度过了最初的窘境。不过，真正让微信形成"燎原之势"的，并不是语音功能，而是 2.0 版本的"附近的人"，3.0 版本的"摇一摇"，4.0 版本的"朋友圈"等一些名字有趣、内容也有趣的新功能。我们将在下一节进一步地讨论它们。这些功能粗略地反映出了微信的战略，即充分发挥移动终端的特殊性，利用"个人化"的信息，诸如位置信息、朋友信息等，打造用户的个性化兴趣点。随着微信开发出一个又一个受到大众喜欢的新功能，它逐渐成为中国人"人手必备"的应用软件。2012 年 3 月 29 日，微信上线 433 天后，微信用户数突破 1 亿人，2019 年 8 月，微信日登录用户次数已经超过了 10 亿，是国内第一个日活跃用户数量达到 10 亿的软件，这一点 QQ 都还没能做到。面对微信与 QQ 的区别质疑，张小龙的回答是，"做微信其实是为了解决从 PC 端到移动端的问题，公司在一步一步发展，产品开发肯定也会一个跟着一个，无所谓说

图 7.6　微信 2.0 的语音对讲功能

谁跟谁。"虽然微信的出现确实影响了 QQ 的部分发展，但长远来看，马化腾和张小龙的这一步棋，让腾讯没有错过移动互联网时代，反而站在了最有利的位置。尤其是，当即时通信市场已经出现同质化竞争的时候。

小米开发的米聊，便是微信曾经最大的竞争对手。当时的互联网环境呈现出一个清晰的特点，每一个有机会的领域中，大家的创意都相似，谁先发布产品，谁就能占领先机、抢夺用户。米聊早微信一个月发布，主打的便是通信社交，它是中国第一个模仿 Kik 的产品，一上线便获得了极大的曝光度，用户数也快速上升。2011 年 5 月，米聊同样在产品中增加了语音对讲功能，与微信直接形成短兵相接的局面。小米为了保持米聊的先发优势，投入了大量的人力、物力，超快的更新迭代速度和不断开发的新功能让米聊隐隐有占据行业第一的趋势。不过张小龙和马化腾始终是有远见之人，后发之势精准且有力，米聊为了抢时间而妥协了诸如产品定位不准、架构优化不足、服务器不稳定等很多问题，结果这些成了微信的助力。微信有效规避了米聊出现的问题，用口碑赢回了失去的时间，米聊则因后劲不足而逐渐掉出了第一梯队。之后陆续还出现过易信、来往等异军突起的对手，不过在微信对移动社交领域缜密又有趣的布局下，都只能黯然退场。

微信 4.0 版本开放了 API 接口，基于此，5.0 版本有了订阅号和服务号，并推出了微信支付，6.0 版本可以拍摄微信小视频，7.0 版本增加了"看一看"功能，此外，微信小程序致力于解放用户的手机内存，腾讯乘车码方便城市交通……有了用户基础，以微信为连接枢纽的全新生活方式正在借助移动互联网的红利日渐成型，微信就这样悄然介入到了人们的日常生活中，顺理成章，没有不适。"我们应该用标准化的接口，把所有的企业、物品都连接到微信里。"这是 2012 年张小龙在和团队讨论公众号发展时提出的设想，所有人都被他这个设想所震撼，在团队眼里，他们讨论的是一个产品的未来，而在张小龙眼里，他在讨论的是世界的未来。

恍然间回头，微信早就不再是当初那个模仿 Kik 的手机聊天应用了，它真的慢慢在成为一个生活方式。

> **辩一辩：**
> 1. 你认为张小龙借鉴 Kik、Talk box 算是抄袭吗？你如何看待中国互联网企业发展初期对于国外企业的模仿行为？
> 2. 微信的语音、视频业务势必会对传统运营商业务造成很大的冲击，你认为微信有必要和传统运营商去抢占地盘吗？

7.2.2 深度揣摩人性

微信有一种魔力，它的每一个功能都刚刚好切中了用户某种内心的需求，让用户一旦爱上便不舍得离开。微信明明只是一个应用软件，但在很多人眼里，它却像一个高贵的艺术品，让人不敢亵玩。"附近的人""摇一摇""漂流瓶""朋友圈""抢红包"

"小程序"……这些引起市场热烈反响的功能背后，是一套"张小龙哲学"在散发独特的魅力。

"附近的人"促成了微信用户的第一个增长点，这是微信最早上线的LBS（Location Based Services，基于位置的服务）社交功能。"附近的人"很简单，点进去就可以看到附近同样在使用微信的人，如果想的话，可以直接用微信打招呼。微信的原意是做熟人社交的，这一点从微信1.0版本的好友推荐方式上就可以看出，而"附近的人"本质上是陌生人社交，不过加上了"附近"这个物理距离的限制，倒可以算是另一种概念上的"熟人"。这个功能可以看成是张小龙对于人类实际社交需求的第一次早期探索，在发现了人们与陌生人的交流需求后，"摇一摇"和"漂流瓶"出现了。

"咔嚓，咔嚓"，一听这个声音，就知道周围有一个人正在摇手机，而此时，无论相隔多远，只要有人同时在摇动手机，那么他就会得知对方的微信以及两个人的距离，这就是微信"摇一摇"功能（见图7.7）。"摇一摇"彻底开放了距离的限制，将无形的"缘分"定义成"天南海北，你们同时摇动了手机"，就是这么简单又有诗意。洞悉陌生人社交需求后，张小龙选择推出了这样一种功能，既提供了认识新朋友的途径，又让人与人的相识避免了尴尬。非常简单，只是摇一摇手机，也许就能结交一个知心朋友，你，不想试一下吗？

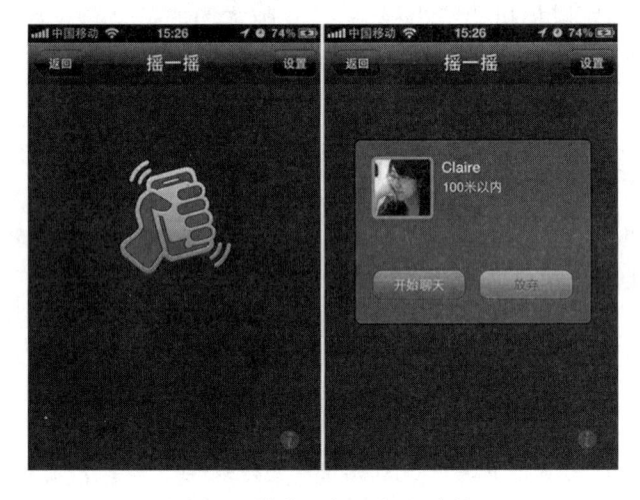

图7.7 微信"摇一摇"功能

"漂流瓶"是"社恐星人"的救星，"社恐星人"虽然有社交的需求，但却害怕直接的交流，使用"漂流瓶"就可以在不加微信的前提下，达到和陌生人交流沟通的目的。这个创意源于"QQ邮箱"，使用方法依旧简单，扔出一个瓶子，有人回答后，瓶子会漂回来，也可以捡起一个瓶子，回答其中的问题，然后让它漂回主人身边。双向匿名的操作，让社交多了一份安心的保障，也让心灵的交流多了一丝自由。"附近的人""摇一摇""漂流瓶"3个功能看似瞄准同一类用户需求，如若仔细琢磨，又觉得各有独到且不可替代之处，微信团队对"细节、细致、细化"的理解，应该有着极深的造诣。

2019年张小龙在微信公开课上，公布了一组关于"朋友圈"的数据：每天进入朋友圈的人数达到 7.5 亿人，每人平均进入十几次，由此可见"朋友圈"在中国的影响力。"朋友圈"是微信在熟人社交领域投入的重磅"炸弹"，它看似只提供了一个平台，却将虚拟和现实的各种关系在这里糅杂，分享、表达、展示、评论、赞美与被赞美，各种情绪都可以在这个平台上被满足。张小龙对"朋友圈"的定位是基于图片分享的熟人社交平台，微信 1.0 版本主推的图片分享功能，在当时没有得到市场响应，却在"朋友圈"大放异彩。为此，他甚至将发送纯文字的功能保留了起来，直到如今，长按相机键发送纯文字时依旧会被提醒是内测功能，不对外公开。张小龙不希望用户发文字，他觉得编辑文字是很难的学问，发送图片却相对简单，用户使用起来没有负担，就能更好地吸引用户。不提倡编辑文字的背后，还有一套即时分享的逻辑在其中。张小龙希望朋友圈是简单而轻松的，大家通过分享原创的图片营造即时交流的氛围，朋友通过点赞来展现即时的互动，这种简单的快乐反而让人愿意持续尝试。幸好张小龙总是能坚持自己的判断，坚持自己对时代和用户的观察，如果微信在 1.0 版本之后因为市场反馈不理想而放弃图片分享功能，也就没有如今这场"朋友圈"的时代盛宴了。

"抢红包"的灵感来源于广东地区过年老板给员工发红包的习俗，腾讯一直有开工发红包的习惯，上班的第一天，每个人都需要包一些数额不等的红包，带到公司发给同事，领导发大红包，职员发小红包，以寓意开工大吉，新年好兆头。于是这一天，员工们的心思都集中在了同事所带的红包上，一旦有人进入公司大楼，员工们就会一哄而上，抢夺有限的红包，甚至出现了把人扑倒的壮观场景。微信团队就灵机一动，将这一"实际场景"转换成了线上的"抢红包"功能（见图 7.8），结果切中用户需求。2014 年，"春节"加上"红包"，这两个关键词让微信红包在过年期间快速走红，大量用户因为发红包的需求将银行卡与微信账号绑定，轻松铺平了微信线上支付的发展道路。2015 年，微信红包与春晚携手打造了一个别有味道的除夕，利用"摇一摇"功能，抢红包这个环节成为全国人民大互动的快乐时光。"摇一摇"可以摇出现金红包，摇出拜年祝福，还可以将自己的全家福摇进春晚的直播现场……据统计，从除夕 20 点到大年初一零点 48 分的时间里，春晚微信摇一摇互动总量达到 110 亿次。2019 年 2 月 10 日，微信官方发布 2019 年春节数据报告，除夕到初五，8.23 亿人次收发微信红包。这个数字几乎意味着全国只要有智能手机

图 7.8 微信将现实的红包转换成虚拟的线上红包

的人，就使用过微信发红包的功能。没有高额的广告费，没有铺天盖地的营销，就这么一个小创意，微信就又引爆了一场消费革命。

"用完即走"是微信小程序开发的初衷，因此它被设计隐藏在微信的下拉菜单中，不占手机桌面，更不占手机内存。2017 年小程序刚推出时，一直被质疑是 App 的简化版，经历过一段时间的冷寂。这也促使微信团队加快对小程序的升级，搭建小程序的

生态。逐渐地，小程序显示出了与 App 不同的生命力，小程序扫码即可用，无须下载也不用关注用户量，它可以是一个简单的功能，比如投票、统计；也可以是一个复杂应用，比如商城、外卖；还可以是一些趣味的游戏，比如跳一跳、斗地主……小程序没有 App 那么复杂，用户使用起来反而更容易，同时微信提供了利用微信账号一键登录的选项，用户不再有记住各种账号密码的负担，也不用担心会被盗号，"我认为所有应用程序应该是一种无处不在，但又随时可以访问的状态"，随着小程序规则的完善和开发者的增加，张小龙对小程序的设计理念又一次被证明是可实现的。如今，微信小程序的数量已经超过百万，疫情期间的健康码，就是微信小程序连接线下生活、方便人民生活的最好代言。

上面仅仅提到了微信几个有代表性的功能，微信其他的功能也很精彩。若是以美学的角度审视微信，你或许会发现微信的每一个图标颜色、按钮排布、页面设计都有一种和谐的美感，一种独属于微信的美感，蕴含着微信想传达的理念。微信也总有一些固执的坚持，即使有了多客户端登录，也不使用账号密码，坚持用手机作为登录的唯一方式，坚守这个私密而安全的体验感。微信也不做故意的营销，开屏从不出现广告，页面底端永远是 4 个定位键，把公众号隐藏在一个对话框里，以免干扰微信最本质的交流功能……张小龙在不同场合尝试总结过微信想要传达的理念："极简主义是互联网最好的审美观""一切以用户价值为依归""让商业化存在于无形之中""让创造者体现价值"……更多的"微信哲学"则留待用户自己去感受。

谈一谈：

1. 你最喜欢的微信功能是什么？为什么呢？

2. "附近的人""漂流瓶"等曾经引发热点的功能在发展过程中因为一些问题而下线了。你是如何看待这些功能的产生与消失的呢？

3. 在 1.0 版本中，微信主打"图片分享"功能，却并没有引起反响，后来在朋友圈中，这个功能却又成了亮点，你是如何看待这个现象的？

4. 将微信红包功能与支付宝红包功能做一个对比，谈谈你的发现。

7.2.3　蓝色地球下的身影

蓝色地球下，一个小小的黑色身影，孤单又强大地站立着，他在凝望什么？他在思考什么？

从使用微信开始，这幅画面（见图 7.9）就一直陪伴着每一个微信用户，十年，没有改变。微信坚持不加开屏广告，哪怕它拥有着巨大的商业价值，微信也没有动摇过。张小龙坚持让这颗蓝色地球陪伴着用户，2019 年的微信公开课上，他诠释了这么做的原因，他觉得，微信像是用户的老朋友，用户花了大量的时间在微信上，而开屏广告就像是在朋友脸上贴广告，不好看也不符合逻辑。这让微信显得与众不同，在应用市场上，在用户心里，都与众不同，甚至独一无二。

启动页上的地球，是 NASA 在全世界范围公开的第一张完整的地球照片，是"阿波罗 17 号"在飞至地球附近时，宇航员用哈苏照相机拍摄的完整地球照片。这是"阿波罗 17 号"最后一次执行登月计划，也是人类距离地球拍照最近的一次。原来从几万公里之外看向地球，地球就是这么一颗小小的、蓝色的弹珠，晕染着一层神秘的，引人遐想的光晕，这张照片由此得名"蓝色弹珠"（The Blue Marble）。关于张小龙为什么选择这幅图作为启动画面，官方并没有给出明确的解释，将无尽的想象空间和神秘的世界力量留给了每一位打开微信的朋友。

2017 年 9 月 25 日至 28 日，微信给了用户一个大大的彩蛋，原本的"蓝色弹珠"换成了我国新一代静止轨道气象卫星"风云四号"从太空拍摄的中国全景（见图 7.9）。这是微信十年来唯一一次更换启动页面，网友戏称，"终于不用天天凝望好望角，可以仔细欣赏美丽的祖国了"。"风云四号"搭载了全球首个大气垂直探测仪，并且同时搭载了多通道扫描成像辐射计，在国际上首次实现了以一颗卫星实现两颗卫星的功能，属于我国气象领域的一项重大成就。虽然仅有短短的三天时间，但微信用这张照片向中国的科技成果献礼，让中国亿万用户都感受到祖国科技能力的大幅提升，为生为华夏儿女而自豪。微信团队透露称："非洲大陆是人类文明的起源地，我们将非洲上空的云图作为启动页的背景图，也希望将'起源'之意赋予启动页面。而此次展示'风云四号'拍摄画面，也是寓意从'人类起源'到'华夏文明'的历史发展，旨在向亿万微信用户展示我国大好河山风貌。"

图 7.9 左图为"蓝色弹珠"，右图为"风云四号"拍摄的中国全景

从简单的启动页面可以发现，微信早已不仅仅是人们生活中的工具，它还向人们传递着精神和力量。微信每次更新重大版本时，也会设计新的欢迎页面，向用户讲述版本更新背后的心路历程。

在微信 3.0 版本的欢迎页面上（见图 7.10），借用了迈克尔·杰克逊的歌词并写了一段话"你说我是错的，那你最好证明你是对的"。在微信发展初期，那段遭到业界许多质疑的时段，张小龙通过这个设计向外界所有的评论家传递坚定做自己的内心。看似不苟言笑的张小龙，其实是个音乐迷，尤其是一个摇滚迷，他对待梦想的样子，就特别像一个摇滚歌手，用激情冲破所有阻碍，一往无前。而时间也确实证明，他是对的！微信 3.0 版本真的获得了成功。

微信 4.2 版本的欢迎页面上（见图 7.11），出现了这样两句话"是时候放下手机，和朋友面对面了！""如若不能，试试微信视频通话"，这当然是在宣传新推出的视频通话功能，不过宣传的切入口，却非常容易引起人内心的共鸣。这两句话，在宣传技术的同时也在传达张小龙对技术的理念，他认为技术的使命不是占据人们的时间，而应该是帮助人们降低沟通成本，提高沟通效率。微信作为一个好的沟通工具，也在试图尝试寻找人类情感传递的新方式，张小龙正是通过这样的方式告诉大家微信接下来的努力方向。

图 7.10　微信 3.0 欢迎页面　　　　　　　图 7.11　微信 4.2 欢迎页面

微信 5.0 版本的欢迎页面（见图 7.12）是一个动态的游戏，名字叫"飞机大战"。除了在欢迎页里面出现，它还在微信新增加的小游戏功能里出现，可以实时查看自己的分数和好友间的排名情况。很明显，5.0 版本想说的是"微信可以打游戏了"，但微信没有这么直接地说，它改了一种方式，欢迎页上没有了文字的叙述，启动软件就是游戏功能的体验。游戏非常简单，玩家点击并移动自己的大飞机，在躲避迎面而来的其他飞机时，大飞机通过发射炮弹打掉其他小飞机来赢取分数。一旦撞上其他飞机，游戏就结束。微信对自己的定位很清楚，它不为了做游戏，它只是想说微信可以"和朋友们一起玩游戏"。

微信发布的 7.0 版本，欢迎页面风格让网友直呼"想不到"（见图 7.13），首次运行时的欢迎页面为蓝天背景下的一枝摇曳的格桑花，图上配有文案：因你看见，所以存在。张小龙还在朋友圈引用了王阳明《传习录》里的一句话："你未看此花时，此花与汝心同归于寂；你来看此花时，则此花颜色一时明白起来"，似乎是在表达自己对微信设计的初心。7.0 版本的欢迎页面，已经不见了对新版本功能的介绍，可能是微信已经不需要宣传了，也可能是张小龙想认真地表达对用户的感谢，传递思考的美丽。他说："这一句话可以从很多的层面理解，我不想做一个解释，我觉得有一个神秘感特别好，每个人有自己的解读是特别好的。"站在地球下的人，似乎一下子和这朵格桑花达到了精神的共振，让人回味。

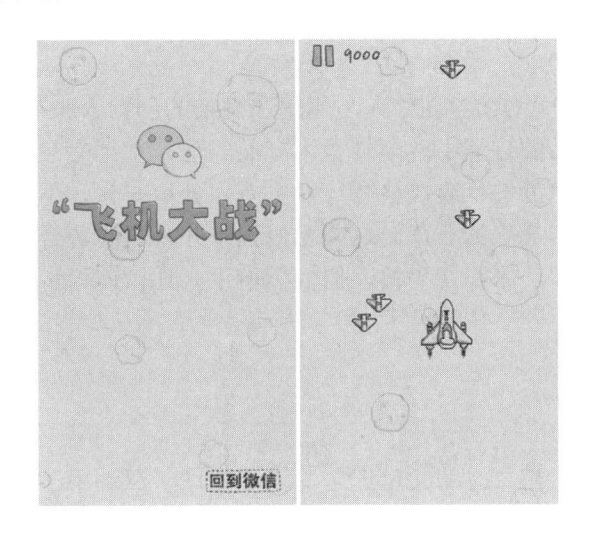

图 7.12　微信 5.0 欢迎页面　　　　图 7.13　微信 7.0 欢迎页面

8.0 版本，是微信最新推出的一个版本，用了一首小诗，告诉人们这一次微信带来的改变（见图 7.14）。"微信变得更生动了"是很多人的第一印象，比如，微信表情会动了，可以添加当前个人状态，能够以歌曲为灵感创作短视频了，还能看直播了，总之，微信表达情感变得更直接、更强烈了，就像这个越来越开放和自由的世界。

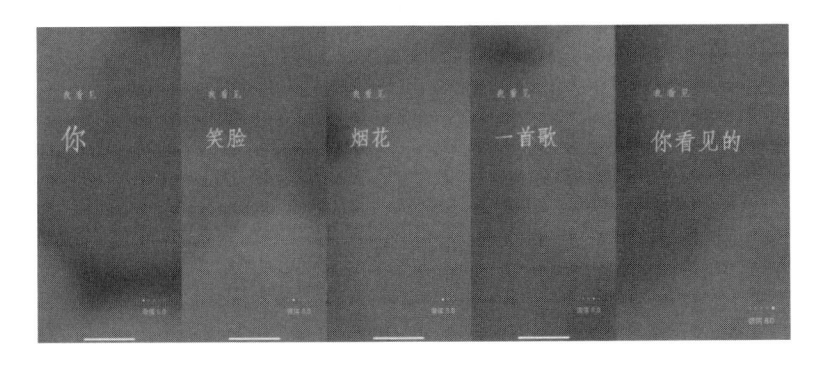

图 7.14　微信 8.0 欢迎页面

这些都是藏在微信里，在工具之外，细碎的美好。

> **查一查：**
> 1. 寻找更多的微信欢迎页面，尝试解读其中的微信哲学。
> 2. "你未看此花时，此花与汝心同归于寂；你来看此花时，则此花颜色一时明白起来"你如何理解这句话？

7.3 孤独魅力与极致追求

这一节讲述的是两个理工男的故事，QQ 的创始人马化腾和微信的创始人张小龙。他们都是技术人员出身，都在开发产品的过程中逐渐转型为产品经理，都拥有从写代码到构建一个产品的能力。同样的，他们的行事风格在行业里有点独树一帜，不爱出风头，不爱搞营销，但产品绝对是他们最好的名片。这些相似性不知是机缘巧合还是理工男的独特风格，总之，马化腾为帅，张小龙为将，他们俩携手，让微信稳步向更广的未来迈进。

7.3.1 主帅马化腾

马化腾（见图 7.15）出生于海南，初二时随父母迁居深圳，就读于深圳中学。对于马化腾来说，高考志愿，是他人生转变的第一个关键点。马化腾喜欢天文，他曾经专门去观测过哈雷彗星回归，他热爱思考与自然科学相关的事物，也热爱搞科学研究，所以他打算报考天文专业，作为未来的追求。马化腾的高考分数很不错，高出重点线 100 多分，清华或者复旦都可以填报，拥有天文系的南京大学更是不在话下。不过到了报考的关头，马化腾考虑到天文系日后的就业方向不是很理想，正巧当时改革开放

图 7.15 马化腾

的春风已经吹起，深圳正以惊人之势蓬勃发展，深圳大学作为深圳特区唯一一所大学，得到了诸如清华大学、北京大学、中国人民大学等很多知名高校的援建，各高校都倾情地将其优势学科的经验和资源提供给深圳大学，于是，他最终选择了深圳大学最有实力的计算机专业，选择留在了家乡。

大学时期的马化腾学习非常努力，成绩基本保持在前五，读不懂代码，那就一遍遍抄，积极参与学校各类编程的团队，锻炼动手和团队管理能力，渐渐地，他的编程能力提升很快，也在计算机领域找到了自己的兴趣点。这个"兴趣点"有时候还带了丝恶作剧的趣味，有一段时间，学校机房的管理员发现计算机的硬盘总被莫名锁住，于是就去求助在校园已经小有名气的马化腾，马化腾则会借此换取在机房玩一会儿的机会，结果最后发现，这一切其实都是马化腾的自导自演。大学毕业前夕，马化腾从全民炒股的热情中嗅到了一丝商机，设计了一套"股票分析系统"，并以 5 万元的价格卖给了一家公司。这是马化腾依靠自己能力赚到的第一桶金，他第一次意识到自己的创意和技术成果具有那么大的商业价值。毕业之后，马化腾进入润迅做程序工程师，润迅的主营业务集中在通信行业，包括数据通信、信息系统集成等，总部就在深圳。马化腾在润迅工作了 5 年，这是马化腾职业生涯中唯一一段给人打工的日子，在这期间，马化腾不仅锻炼了自己的技术能力，对通信行业有了深刻的了解，也掌握了初创企业管理发展的科学理念。离开润迅的原因在第 1 小节提过，因为公司并不支持开发 OICQ，马化腾便选择了离开。

在润迅工作期间，马化腾还有一份"副业"——慧多网深圳站的站长，人称"马站"。慧多网是激发马化腾对计算机热情的重要因素，1984 年慧多网诞生于美国，1991 年中国建成了第一个慧多网长城站，用户依靠拨打电话连接服务器，下载 BBS 里的帖子，离线看完后将回复的内容以打包的形式再次拨号上传到服务器上，完成整个交互流程。慧多网是马化腾的伊甸园，平时不善言辞的他，在网络上却非常活跃，他喜欢畅游在网络世界中，浏览资讯、与陌生朋友交谈，在这个虚拟的世界中，他感觉到自由与新奇。在家人的帮助下，马化腾用 4 部电话和 8 台计算机搭建了慧多网深圳站，自己做了站长。马化腾将慧多网深圳站的建设当成了自己的第一份事业，一下班他就投入到 BBS 中，帮助用户解决问题，观察 BBS 上的话题方向，思考网站的未来建设。"马站"的工作成果很突出，网站活跃度高，获得了网友们的高度评价。慧多网让马化腾第一次感受到互联网的便利，他意识到，在这个虚拟的世界中，人们可以获得与现实生活中不一样的体验，因此也隐藏着很多待挖掘的机会。同时，经营慧多网的经历帮助他从单纯的技术员视角转变成了用户体验的视角，"许多软件技术人员往往对自己的智力非常自信，写软件只是相互攀比的一种方式，而我则希望自己写出的东西被更多人应用，也愿意扮演一个将技术推向市场的小角色"。

创办腾讯之后，马化腾保持着自己低调的风格，鲜少在公众场合露面，不追求高光和风头。他还保持着慧多网时期的习惯，每天下班后喜欢上一下 QQ，看一下产品数据和用户反馈，俨然还是那个视自己产品如珍宝的踏实理工男。不过，若想起马化腾支持张小龙开发微信的故事，尤其是马化腾在认定这件事必须要做后，就立刻安排

3 个小组同时进行研发，倾资源给权利，谁先做出来谁先上的故事，相信没有人会不佩服他作为管理者的决策力和领导力。他身上这股当断则断的霸气，是岁月磨炼出的魅力。在与清华大学经济管理学院院长钱颖一的对话中，马化腾曾经谈起过自己这个决定，他说"我们后来总结，这些内部良性的竞争还是很有必要的。为什么自己打自己？往往自己打自己，才会更努力，才会让公司不丢失一些大的战略机会。"

从产品开发的技术人员到腾讯的总裁，马化腾完成了身份的转变，也在这个过程中彰显了一位主帅的领导气度。这位宁愿革自己的命，让 QQ 遭遇来自集团内部的竞争，也不愿意错过时代潮流的人，将主帅之风彰显得淋漓尽致，其判断力、决断力和领导力都让人惊叹。我们不妨先记住马化腾的这些优秀特质，待了解完张小龙的成长经历与职业故事，或许就能明白为什么这两位的相遇颇有英雄惜英雄的感觉了。

> 聊一聊：
> 1. 马化腾的经历对你有什么启发？
> 2. 联系当时深圳的发展环境，思考 QQ 能够成功的因素有哪些？

7.3.2　大将张小龙

张小龙（见图 7.16）出生于湖南邵阳，受到湖湘学派的影响，勤学上进，以优异的成绩考上了华中科技大学的电信系。张小龙选择电信系的理由和马化腾有一些相似，他认为这个新兴专业将会在未来中国的快速发展中，发挥重要的作用。沉默且内向的张小龙从小就爱一个人读书思考，到了大学，学习之外他也爱一个人"玩"，围棋、台球、保龄球、计算机游戏……他总能"玩一行精一行"，不仅玩得好，还对背后的游戏规则、玩法奥秘了如指掌，在同学们眼中，张小龙想做什么都能做好。在读研究生时，张小龙接触到了 C 语言，这下，C 语言变成了他最喜欢"玩"的事情了。张小龙的研究生生活可以说平淡且单调：中午起床前往实验室，对着 386 计算机玩编程，大半夜回宿舍。"专注和简单一直是我的秘诀之一"，外人看来枯燥乏味的日子，张小龙自得其乐，除了有点孤独。研究生毕业之后，张小龙被分配到一家国家电信机关，获得了所谓的"铁饭碗"。不出意外的话，"衣食无忧、稳定平淡、大众羡慕"这些词将可以概括张小龙今后的生活。结果，素来安静的张小龙给所有人放了一个大招，他毫不犹豫地从电信机关辞职，转身投入到生机盎然的互联网大潮中，以他热爱的编程为笔，描绘他期待的人生。

离开电信机关之后，张小龙陆续去了广州的两家公司，从事数据库系统开发等相关工作。实战演练让张小龙的软件开发水平得到了大幅提升,项目型工作让他体会到了围绕需求做开发的标准化流程,他于 1996 年开发出了"灵通管理文档",将市场上同类型产品远远甩在了后面。仅 1 年多的时间,张小龙在广州技术圈已经声名鹊起。然而张小龙并不满足于此,日渐重复的工作和螺丝钉般的状态让他觉得憋屈又沮丧,空有一身好武艺,却找不到展示的舞台,这样的张小龙越发内向且排斥对外活动。经历过一段时间的迷茫后,张小龙也做起了他的"副业",既然无法在工作中找到热情,他就选择独自将他的创意进行实现,Foxmail 便是张小龙的第一代表作。

开发 Foxmail 的 3 个月时间(Foxmail 用户界面见图 7.17),张小龙几乎处于废寝忘食的状态,一下班他就扑进编程的海洋中,设计产品、优化代码,力争把所有都做到完美。Foxmail 一炮而红,界面简洁、运行稳定、功能实用、软件轻巧,这些优点让人找不到拒绝 Foxmail 的理由,它迅速在全球 20 多个国家和地区受到了追捧。1997 年,国家税务总局采用了 Foxmail 的专用版本;1998 年,Foxmail 被众多报刊、网站评为最推荐的软件。Foxmail 的巨大反响给了张小龙内心的满足与快乐,他每天关注用户的反馈邮件,与他们沟通 Foxmail 的功能,用心维护 Foxmail 的稳定,精神上的成就感驱散了身体上的劳累,张小龙这一维护就是三年。有多辛苦呢?张小龙笑着说怕详细描述的话,就没有人敢再写程序了。

图 7.17　Foxmail 用户界面

随着时间的推移,Foxmail 遭遇了和 QQ 一样的尴尬境地,产品非常火爆,用户量庞大,随之而来的版本更新和维护量压力也异常大,然而张小龙没有团队,Foxmail 又是一款免费的软件,没有资金来源,一个人的运维让张小龙开始不堪重负。迷茫再一次回到了张小龙的身上,他拒绝给 Foxmail 添加广告,却也找不到解决窘境的方法,于是他再度辞职,依靠给别人写程序谋生,并无奈在 2000 年卖掉了 Foxmail。博大公司花了 1200 万元收购了 Foxmail,并聘请张小龙担任副总裁。卖了 Foxmail 的张小龙很痛苦,他意识到从此以后 Foxmail 再也不属于他一个人了,之后会有其他人修改他一点一滴创建出来的代码、架构和细节，他也无法再决定 Foxmail 未来的发展方向，但张小龙也很清楚，这是 Foxmail 发展的必经之路，一个人的力量毕竟有限，只有专业团队和资金才能保障 Foxmail 的发展，才能让 Foxmail 更稳定地为用户服务。

博大是张小龙的转型时期，Foxmail 让他意识到了单打独斗的局限性，于是他开始学习如何有效组织一整个团队来完成产品开发。张小龙开始打破自己"程序员"的身份局限，出席一些商务活动，向外推广 Foxmail Server 企业邮件系统，手下带领的团队也从十几个人发展成了四十几个人。张小龙以副总裁的身份在博大待了 5 年，他没有太多的时间自己写程序，不过这并没有让他觉得沮丧，相反，他从中体会到了团队共同打拼的快乐，并一定程度上缓解了张小龙内心与生俱来的孤独感。除了带领团队开发产品，张小龙还参与制定博大的未来规划目标，探索软件产品生产商的发展模式，认真参悟着"企业管理"这门商业必修课。

腾讯收购 Foxmail 的事情发生得很突然，当时的博大因为种种问题在走下坡路，腾讯则因自身通信业务的发展需求，瞄准了 Foxmail 的知识产权，两者一拍即合，张小龙及其研发团队直接被并入腾讯。这是马化腾和张小龙的第一次接触，"Foxmail 的体验做得特别好，我们自己也做，发现什么都做不好。"马化腾直抒胸臆，丝毫没有掩饰对张小龙的赞赏，同时也点出了对未来张小龙工作方向的期待。张小龙不愿意去深圳，腾讯便专门在广州成立研发中心，任命张小龙为负责人，进行 QQ 邮箱的研发。

QQ 邮箱原本是腾讯被动推出的产品，用户体验差，内部管理混乱，公司也不重视，是一个边缘化的功能，只是随着 MSN 等竞争对手的出现，加上电子邮件与即时通信的相关性日渐紧密，腾讯便想将这个短板补足。所有人都认为，张小龙接手 QQ 邮箱，这不就是回归了他的老本行吗？所有人都期待，张小龙会交出怎样的精彩答卷。张小龙非常重视 QQ 邮箱，他立刻带领团队进行竞品分析，用科学化的手段进行研发，竞品有哪些功能，优势在哪里，他们就在 QQ 邮箱上增加相应的功能，并且做得更好。团队付出了极大的心力，用了半年时间迅速完成了 QQ 邮箱的第一次大转变。结果，这或许是张小龙第一次，也是最后一次职业生涯的重大失败。这款笨重、复杂、速度慢的邮箱被称为"巨无霸"，不仅没能吸引新用户，还流失了大量的老用户。问题出在哪儿呢？经过很长一段时间的反思，张小龙意识到了问题所在：设计 Foxmail 的时候，他是一个人想怎么设计就怎么设计，只是刚好受到了市场的欢迎；设计 QQ 邮箱的时候，他刚初步学习到团队化运作的皮毛，以为听从团队意见，依靠科学化的研发方法就可以设计用户满意的产品，结果却失去了创新的能力。或许将这两方面的优势有效地结合起来，才能称得上是一个成熟且优秀的产品经理。

"QQ 邮箱应该要和用户做朋友"，张小龙发现在之前的产品研发过程中，QQ 邮箱没有找准产品与用户之间的定位，他们时而把用户捧为上帝，盲目地根据用户需求进行产品开发；时而又把用户贬为仆人，不顾用户需求增加自己觉得必要的功能，这都是错误的。找准定位之后，张小龙和团队决定重整旗鼓，推翻过去所有的思维，从零开始设计 QQ 邮箱。轻量化是张小龙做的第一件事，他将团队成员精简至 10 人，抛开之前产品、开发、测试各自为营的"科学化"流程，将所有成员集中在一个地方办公，以目标为导向进行快速研发。统筹布局是第二件事,张小龙要求这10个人对QQ邮箱的所有细节都要有基本了解,不能只做自己擅长的事,彼此相互沟通,互相提意见。注重用户反馈是第三件事,团队将QQ邮箱的升级周期缩短到了两周,用户反馈的有效意见必须在下一个周期中得到体现,同时要有产品经理每个月去论坛看1000个用户体验反馈,关注100个用户博客,做10个用户调查,以增强用户的互动性。在不断与用户需求磨合的过程中,QQ邮箱终于找到了突破点。凭借率先支持2GB超大附件以及文件中转站功能,QQ邮箱开启了超大附件便捷传送的邮箱新时代,获得了真正意义上的重生。2008年,QQ邮箱的用户数量超过了网易邮箱,之后QQ邮箱的"漂流瓶"功能则是引爆了用户内心对交流的深度需求。

在研发QQ邮箱的过程中,马化腾和张小龙有了更多的接触。面对第一次惨败,马化腾没有指责,相反,他亲身投入到了QQ邮箱的研发中。据说马化腾经常抽空登录QQ邮箱,将自己体验到的问题和建议发送给张小龙,张小龙则会第一时间进行技术改进。张小龙称马化腾为"小马哥",对于"小马哥"提出的问题,张小龙从来都是第一时间响应和解决。基于这样的信任和内心的认可,才能有马化腾为帅,张小龙为将,携手打造微信的佳话吧。

QQ邮箱成功之后,张小龙就开始了微信的研发,将自己多年来的跌跌撞撞与成长变化都融入进了这款堪称划时代的产品里,此刻的张小龙,已经不再是那个孤独却依旧享受孤身一人的人了,他找到了借助技术表达情感的方式,也找到了独属于他表达自我的方式。

> 聊一聊:
> 1. 科学化、稳定化的开发流程帮助了不少企业,比如华为专门向外学习专业化的管理流程,为什么却不适用于QQ邮箱呢?
> 2. 你是如何看待马化腾与张小龙之间"帅与将"的关系的?两者的概念是绝对的吗?

7.3.3 面对庞大和复杂

马化腾和张小龙的故事从微信研发开始正式交汇,虽然微信不是马化腾主持研发的,但却是他唯二真正参与的产品。微信走过了很多QQ的老路,例如用户量快速增长,但却很长时间没有找到盈利模式,例如被质疑没有创新性,抄袭国外的应用,等等。但幸好,微信的背后是腾讯,是扛着QQ咬牙坚持过来的马化腾。他给予了微信最大的支持,给予了张小龙足够的时间。张小龙虽然不善言辞,但他天然有着身为将领的责任感与使命感,以及对产品负责的真诚。再苦再难,只要没有让他停下,他就会披荆斩棘、全力向前。微信,在这两位理工男的坚持下,散发出了超乎想象的光和热。

从2011年诞生至今,微信已经走过了十多年,十多年间,微信几乎融入了人们日常生活的每一个场景，它增加了很多便捷的功能，当然有些功能也随着时代的变化而消失了；它给过用户很多不一样的惊喜，当然有些变化用户并没能立刻接受；它的界面做了很多的优化，当然并不是所有人都喜欢目前的风格……始终如一的是，微信一直在努力做用户的朋友。

2021 年 1 月 19 日，张小龙亮相微信公开课的"微信之夜"（见图 7.18），受新冠肺炎疫情的影响，原本线下的公开课改成了线上的视频号直播，张小龙用近 2 个小时的时间给微信十周年做了总结，也向大众传达了微信未来的发展思路。在微信逐渐庞大和复杂的必然性下，张小龙是这么说的：

图 7.18　张小龙在 2021 微信公开课现场

"微信虽然说已经是非常大体量的产品，并且经历了十年时间，我还是希望它一直保持自己的风格，一直像一个小而美的产品一样，其实当初目标也是小而美，它有自己的灵魂，有自己的审美，自己的创意，自己的光亮，不仅仅是一个数字目标的奴隶，这样的话保持自己风格，我自己和我们的团队工作就因此而更有意义一些，这是我对微信十年最后进行的总结。"

张小龙提出，视频化表达也许是下一个十年的主要方式，他在演讲中详细地探讨了视频号、微信直播等视频化表达方式的未来前景，也向大众预告了微信在"用户体验"方面想要尝试的新改进。

大众是在期待微信的变化，还是在期待张小龙的下一个想法，似乎成了一个有趣的问题。

辩一辩：

1. 在视频化表达方面，字节跳动旗下的抖音引爆了短视频行业，淘宝直播带动了互联网消费，微信在这个领域是否已经落后？

2. 随着物联网的发展，交互的方式变得越来越多样，也许未来手机这个载体也会消失，那么未来微信会面临消失吗？

7.4 案例总结

腾讯在 2021 年中国互联网企业 100 强中排名第二，已经形成了庞大的商业体系。但是帮助腾讯在互联网浪潮中站稳脚跟的，还得是 QQ 与微信。外界认为微信让腾讯赢得了移动互联网的"船票"，但马化腾始终强调这只是一张"站票"，如果不努力拥抱变革，随时可能"下船"。

前面的小节中，我们分别对 QQ 和微信的发展进行了阐述，也粗略介绍了两个产品的创始人马化腾与张小龙的个人成长经历。"惊人相似"和"完美补充"是很多人在了解这两个产品和两位创始人故事时，经常会发出的感叹，马化腾在开发 QQ 的过程中，完整经历了从技术人员向产品经理，再到管理人员的思维转变。他在"产品开发""资金争取""盈利模式""同质化竞争""更新迭代"等从设计到销售的每一个环节几乎都踩过坑、摔过跤。据马化腾回忆，在面对和 MSN 的竞争时，QQ 打了一场很艰难的仗，但是依靠着每天及时迭代产品，针对中国网络结构进行优化，根据用户使用感受做个性化创新等举措，最终赢得了胜利。

而这些经验，顺利地传承到了微信中。微信的诞生背景是互联网正在逐渐从 PC 端向移动端转移，张小龙和马化腾显然都看到了这个时代下的机会与挑战，于是才有了两个人的一拍即合。同样都是即时通信软件，微信的出现势必会对 QQ 造成冲击，但马化腾毫不犹豫地快速推进，甚至他用"三个团队同时研发微信"这样大量倾注资源的决定来推动腾讯内部的产品竞争，虽然是在革 QQ 的命，但马化腾却说，"这是腾讯最庆幸的事"。开发过程中马化腾给予了微信足够的时间与资金支持，耐心等待微信找到自己的盈利模式。在微信的版本迭代中，QQ 当年"小步快跑，快速迭代"的理念又再次出现，1.0 版本上线后一个月，2.0 版本就被快速推出，而后 2.0 版本的"附近的人"，3.0 版本的"摇一摇"，4.0 版本"朋友圈"……各种新颖有趣的功能在"逐步摸索-用户反馈-持续思考-尝试创新"的循环中慢慢推出，带给用户源源不断的惊喜，也带来了强大的用户黏性。当然，微信蕴含的用户哲学，远不止于此。

张小龙和马化腾，两位技术出身的理工男，将腾讯演绎成了一家独具"浪漫"的高科技公司。作为"产品驱动型"公司，腾讯专注极致的用户体验，马化腾仍然习惯像普通用户一样，每天登录自家的产品去倾听用户反馈；张小龙为了坚持简约，开屏动画十年未变。用户能保持对一个产品的喜爱，一定蕴含着企业长久的独特匠心。

研究腾讯的案例，可以看到，成功靠的从来不是一个人，但那一个人，有时候就是成功的关键。那个人的格局、眼光、思想、能力，与最终的结果定有着深刻的关联。一家企业所蕴含的理念与精气神，也会在其产品中得到淋漓尽致的体现。如今，互联网已经从移动端向智能化时代快速转变，无论是微信还是腾讯旗下的其他产品都面临着新的考验,或许还会诞生新的产品,面对这些变化,腾讯会如何调整,如何创新,不妨拭目以待。

拓展思考题

1. 了解一下 360 和腾讯之间的纠葛故事,谈谈对于互联网有序竞争的看法。

2. 清华大学教授钱颖一在对话马化腾时曾提道:"我从中国的案例中发现,实际上也不能太讲'从零到一',因为中国很多创新是'从一到 N'。中国的 N 是非常大的,而且'什么是零','什么是一'很难定义。"结合腾讯的案例,谈谈你对这句话的理解。

3. 如果当时马化腾选择了出售 OICQ,很有可能就不会有如今的 QQ;如果当时张小龙选择了不出售 Foxmail,很可能他就没有机会接触到团队管理,从而无法领导微信做得那么好。你是如何理解选择这件事在人生中的意义的?

4. 马化腾相信了张小龙邮件中对于未来互联网变化的预测,而张小龙一步步落实到位。结合此,谈谈你对"大多数人是因为看见而相信,而极少数人是因为相信而看见"这句话的理解。

5. 腾讯的管理中有一个"赛马理论",鼓励不同业务部门进行赛马式的竞争,并为此设计了相应的企业架构基础和奖励机制。调研一下公司内部的实际案例,并分析这个理论的优势所在。

6. 从产品看企业,你能读出腾讯的哪些企业精神?

参 考 文 献

[1] 刘志则. 微信之父张小龙[M]. 北京:台海出版社,2019.

[2] 纽约金融客. 腾讯马化腾:共享创造未来[M]. 北京:台海出版社,2019.

[3] 吉拥泽. 在孤独中醒来,微信之父张小龙[M]. 武汉:华中科技大学出版社,2018.

[4] 吴迪,朱阙. 腾讯精神:中国互联网典范的文化基因[M]. 北京:石油工业出版社,2018.

[5] 希文. 马化腾内部讲话[M]. 北京:中国致公出版社,2018.

[6] 张静. 知与行的变迁:微信影响力研究[M]. 北京:北京邮电大学出版社,2018.

[7] 艾永亮,等. 腾讯之道:我们应该向腾讯学什么[M]. 北京:机械工业出版社,2016.

[8] 陈鹏全. 腾讯,不只是 QQ:腾讯为什么成功[M]. 广州:广东经济出版社,2014.

第 8 章

阿里巴巴商业案例分析

　　成立于 1999 年的阿里巴巴，企业愿景中有一条是要"活 102 年"，成为一家跨越 3 个世纪的公司。喊出这个口号的时候阿里巴巴才 5 岁，而如今，它已经是国内电子商务领域里当之无愧的龙头企业。二十多年的时间里，从"无人知晓"到"无人不晓"，阿里巴巴经历过诸如互联网寒冬般毁灭性的打击，也创造过"万物皆可淘宝"的奇迹。"中国供应商"曾让阿里巴巴在寒冬中重获生机，淘宝和支付宝让阿里巴巴在 C2C 风口一跃而起。随着 IT 时代向 DT 时代转变，阿里巴巴向技术和数据发力，有了阿里云的华丽开场，有了达摩院的厚积薄发。走进阿里巴巴（阿里巴巴 logo 见图 8.1），同时思考一下如何抓住时代的机遇，又如何创造机遇？

图 8.1　阿里巴巴 logo

8.1 江湖路远，勇往直前

阿里巴巴独辟蹊径，没有选择在已有赛道上和对手进行同质化竞争，而是新开了一条名叫"电子商务"的赛道。它的创始人马云和创始团队"十八罗汉"，是支撑阿里巴巴的核心力量。围绕阿里巴巴和创始团队的故事，跌宕起伏却精彩无限。

8.1.1 罗马不是一夜建成的

创业不是一件简单的事，即使是马云，在创业的初期，也同样面临过濒临破产的危机。不过，正是在这种巨大的危机面前，创始团队的精神品质和企业的价值追求才能淋漓尽致地展现。

8.1.1.1 我要辞职，干 Internet

1995 年，马云还是杭州电子工业学院（现为杭州电子科技大学）的英文老师，也小试商海，创办了海博翻译社，有了一点小名气。这时，一家外国公司来到浙江，号称要投资建造高速公路，并邀请马云作为翻译随行去美国[1]。这是马云第二次出国，之前他一直对学校外教比尔说的"在西雅图见到了互联网"非常好奇，这次，或许能有机会见到"互联网"的庐山真面目。

远渡重洋的结果是被欺骗，被软禁，所谓的美国商人实际是个骗子，不仅没有给钱，还把马云锁在了房间里。好不容易逃出魔掌后，马云没有立即回国，他从洛杉矶飞到了西雅图，去到了位于西雅图的唯一一家互联网公司。在那儿，他终于见到了心心念念的互联网（Internet）。他小心翼翼地在计算机上敲下了"beer"，发现没有中国的啤酒种类，又搜索"China"，页面显示"no data"，这立刻引起了马云的兴趣。他让工作人员帮忙制作一个海博翻译社的网页挂在互联网上，当天，马云就收到了 5 封电子邮件，来自日本、美国、德国的客户来询问翻译价格，并有客户称"这是互联网上第一家中国公司"。聪明的马云一下子从中嗅到了莫大的商机，他当即决定回国，辞职，干互联网！

回到国内后，马云联系了 24 位朋友，向他们咨询外贸人士对于互联网的商务需求，并表达出自己想创业的意愿。听完马云两小时对互联网糊里糊涂的宣讲后，23 位朋友表示了反对，仅有 1 位说可以试试看，这人就是何庆兵，马云的大学同学，也是最早和马云一起寻找中国互联网商业模式的人。同年 4 月，马云火速筹集了两万元创业金，

---

[1] 来源于陈伟的《这就是马云》，浙江人民出版社，2015。关于马云去美国的原因和到美国后的故事细节，不同地方有不同的表述。

与妻子、何庆兵一起，创办了中国第一家互联网商业公司——杭州海博电脑服务有限公司。公司沿用了海博翻译社的名字，"海博"是英文"希望"的音译，或许是马云想坚持做国际商务的一种象征吧。

1995年6月，公司上线了中国第一个商业信息发布平台——中国黄页（见图8.2），正式打响了国内电子商务的第一枪。马云的创业思路是，找到想要承接国际业务的国内企业，将企业的资料及业务内容发给美国公司，由美国公司制作成网页，这样国际客户就可以通过网页上的联系方式与国内企业进行交易。这个想法初听起来是具有商业空间的，然而马云忽略了一点，那就是中国的网络环境并不能承载这个超前的理念。当时，中国还没有接入互联网，人们对互联网几乎一无所知，中国黄页发布后，人们也无法在国内看到实际的展示效果。这就相当于你推出了一款未来型产品，而当下，国内没有这类产品的销售市场，用户没有对产品支撑技术的基本认知，更致命的是，这款产品在国内无法使用。中国黄页一上线，就迎来了很多棘手的问题。

图8.2 马云和同事在中国黄页的合影

根据当时国内的环境，马云与同事们选择了最直接的推销方式——上门拜访，这种方式后来直接演变成了阿里巴巴中国供应商团队的"陌拜"模式，并创造了阿里巴巴的销售奇迹。马云与同事将英文网页（Pages）打印在纸上，每天带着一摞摞的纸出门拜访，用纸给客户演示，"你如果做这样一个网页，我们会发布在一个叫'Internet'的机器上，你肯定没碰过，但是这个东西的确存在，我绝不会骗你，无论是谁，鼠标一点，就能获取你的信息，然后跨洋联络你，甚至和你做生意[1]。"国内的企业对互联网没有基本的认知，因此这套推销话术在他们听起来很像是在忽悠人。哪怕马云的口才再好，结果依然是十有九拒，闭门羹吃了一次又一次，"马云是骗子"的流言也广为传播。没有互联网的中国，能做成互联网商务吗？

杭州望湖宾馆（今温德海姆酒店）给了他们第一个希望，宾馆同意把信息放在中

---

[1] 原话引用自《阿里巴巴与四十大道》，赵先超著。

国黄页上,但是必须有客户通过中国黄页联系他们,才能给马云付款。结果,参加联合国妇女大会的外国代表真的上网找到了这唯一一家中国酒店,并且专程飞来杭州住了两晚。第一笔订单,成了!在中间牵线搭桥的大堂经理周岚,后来也入职阿里巴巴,成了马云的秘书。这一笔订单的成功,不仅给这个新生的公司带来了信心,也彰显了国际贸易的巨大商业潜力。1995年7月,上海开通了互联网专线,通过拨号上网的方式,中国开始借助互联网与世界相连。人们对互联网的了解越来越多,信任度不断提升,中国黄页也借着这股东风开始拓展,到1996年下半年,中国黄页已经走出了生存困境,迎来了发展的黄金时期。

再后来,马云的中国黄页被杭州电信的中国黄页合并,失去经营自主权的马云选择北上,担任中国国际电子商务中心国富通信息技术发展有限公司总经理,又因再一次失去经营自主权而选择回到杭州,从零开始。这里面的每一段经历,都称得上波澜起伏且精彩纷呈。阿里巴巴的创始人之一蒋芳,在回忆当时放弃一切回杭州的经历时说,"这就是互联网,你希望稳定,却从来得不到喘息的机会"。

1998年年底,马云回到杭州,扎根杭州,成立了阿里巴巴,继续着他的互联网梦。"一切得从头开启,失败了也无所谓,我至少把概念告诉了别人。我不成功,会有人成功的。"这是1999年成立阿里巴巴前,马云说的话。

> **想一想:**
> 1. 尝试梳理当前的社会环境,你认为现在还有和马云发现的"互联网"概念类似的机会吗?
> 2. 假设中国接入互联网的时间往后推迟一段时间,你觉得中国黄页的发展会如何?你如何理解"时势造英雄"这句话?

8.1.1.2 跪着熬过第一个冬天

阿里巴巴的成功似乎来得很快,1999年,微软发布Windows 98,个人和家庭联网变得更为便捷;1999年,中国市场上有很多国际投资商,只要你做的事和互联网相关,就有大把大把的钱送上门;同年5月10日,阿里巴巴正式上线;同年9月,阿里巴巴拿到了高盛的500万美元投资;2000年1月,阿里巴巴拿到了软银的2000万美元融资……

有了钱,有了市场氛围,阿里巴巴开始迅速扩张,抓紧一切时间,竭尽全力跑马圈地,占领先机。针对海外市场的拓展,阿里巴巴更是挥金如土,为了招募人才,甚至开出了6位数以上的年薪。不到一年的时间,阿里巴巴在全球13个国家有了几百名员工,会员企业近4万家,网站日均浏览量近13万次,阿里巴巴从一家名不见经传的小公司向跨国大企业快速转变,如果一切顺利,阿里巴巴的成功指日可待。

这个时候,一场寒风呼啸而来。2000年3月10日,美国纳斯达克指数达到5048.62的最高点,比1999年翻了一倍多,全球的互联网经济一片大好,紧接着突然之间,噩梦来袭,指数高点悬崖式下跌,6天时间下跌近500点,3月15日指数收于4580点,

2002年则最低跌至1114.11点，数万亿美元市值蒸发。红极一时的门户网站，新浪、网易、搜狐股票纷纷跌破发行价，据统计，美国200多家".com"公司倒闭，75%以上的国内互联网企业关门，凛冬突至，身为互联网企业一员的阿里巴巴在这次巨大的泡沫中该何去何从？

留给阿里巴巴的时间不多了，资金也不多了。由于前期的大规模扩张，2500万美元的资金还剩不到1000万美元，当时阿里巴巴每月的运营成本需要200万美元，原本的投资人不再追加投资，项目大量停滞，要想在这场全球性的互联网泡沫中存活下来，阿里巴巴只能想办法自救。此时，马云刚刚登上《福布斯》的封面（见图8.3），阿里巴巴的"西湖论剑"刚刚举行，看似欣欣向荣的公司却在不久之后直接宣布进入紧急状态。

图 8.3　2000 年马云登上《福布斯》封面

2000年10月，阿里巴巴在杭州西湖宾馆召开了著名的"遵义会议"，这次会议被认为是阿里巴巴发展史上的转折点，其最关键的成就有三：①确定了公司当前的救急方案：裁员、节流；②提出了三个"B2C"战略决定：Back to China（回到中国），Back to Coast（回到沿海），Back to Center（回到中心）；③决定了将"中国供应商"作为阿里巴巴的主打产品。事后回想起来，这场严寒也恰巧是给打得火热的阿里巴巴降了降温，前期埋头扩张的政策造成了公司在团队、产品、战略等各方面的遗留问题，寒冬的到来让公司管理层不得不重新回到理智的状态，思考公司的发展方向、主打产品和盈利模式。这次会议之后，阿里巴巴找到了安身立命的根本，正式确定杭州为阿里巴巴的总部，整体业务也向国内收缩，从服务国内中小企业入手，打造出了一批在销售史上赫赫有名的"中供铁军"队伍。

"铁血宰相"关明生（见图 8.4）是帮助阿里巴巴度过寒冬的关键人物。他在国际企业管理领域有 25 年的经验，先后在《财富》500 强企业 BTR Plc（英国专业自动化控制公司）和 Ivensys Plc（英维思公司）担任中国区总裁。关明生对于企业管理的经验和"杀伐决断"的魄力正是阿里巴巴迫切需要的。马云对确定的裁员方案还是有点犹豫，但关明生的态度坚决：要杀就要杀到骨头，长痛不如短痛。2001 年年初，以关明生为首，阿里巴巴进行了大刀阔斧的裁员，海外市场迅速回撤，美国办事处只剩 3 人，香港办事处只剩 8 人，韩国网站合资公司的员工全部裁掉；同时，对国内多个办事处进行了关闭或调整，300 多人的公司裁员后仅剩 100 人左右。不仅如此，公司管理层带头降薪，提出零预算口号，处处严控成本，终于赢得了一年的喘息时间。过程非常痛苦，很多员工在过年期间得知被辞退的消息，失声痛哭，这次裁员是阿里巴巴历史上唯一一次裁员，因为真的很痛，是血一般的教训。

图 8.4　关明生，工号 300。来源：阿里校友会视频

事后，马云回忆起这次失败的海外拓展行动时，将之比喻成"一个波音 747 的引擎装在拖拉机上面，结果拖拉机没飞起来，反而四分五裂"，他意识到阿里巴巴犯了一个年轻企业普遍会犯的错误，在充裕的资金支持下，忘记了企业的真正能力与真实的承载力。这场"裁员手术"做得很痛苦，但是保住了阿里巴巴。

除了裁员，阿里巴巴针对公司的问题还启动了著名的三大运动，分别是统一价值观、进行员工培训和打造"中供铁军"。这三个运动直击公司的痛点和难点，分别帮助阿里巴巴完成了企业价值观塑造、团队培养方案打造和企业盈利模式的确认。由李琪带队的中供直销团队，印刻着阿里巴巴的价值观，一步一步，筚路蓝缕，带领阿里巴巴慢慢地走出了这个寒冷的冬天。

> 查一查：
> 1. 调研任何一家在 2001 年互联网寒冬中遭受重创的企业，分析一下企业存在的问题，并思考当时企业是否能有度过寒冬的方法。
> 2. 了解马云三次考察延安的故事，思考马云进行"统一价值观"运动的意义。

8.1.2 无团队，不阿里

以马云为首的"十八罗汉"创始人团队，是阿里巴巴的中流砥柱。各种机缘巧合之下，他们加入了阿里巴巴，并在之后的漫长岁月中选择了坚守。他们用努力和拼搏成就了阿里巴巴，同样的，阿里巴巴也成就了他们。可以说，无团队，不阿里。

8.1.2.1 团魂——马云

马云，花名风清扬，工号 001，阿里巴巴当之无愧的灵魂人物。

年少的马云，最为人知晓的有两件事：

第一件，是他在西子湖畔坚持学了 10 多年英语。酷爱英语的他，每天骑着自行车在西湖边晃荡，称自己是免费的导游，从而得到和外国人交流、锻炼英语的机会。据说他结识了 2000 多名老外，而其中，有一位叫 David Morley 的澳大利亚小男孩成了马云的挚友，David 的父亲 Ken 与马云更是结成了"忘年之交"。马云第一次走出国门，正是受到了 Ken 的盛情邀请。澳大利亚之旅让马云见到了外面的风景（见图 8.5），彻底改变了他对于世界的看法。Morley 一家还曾给过马云一些资金支持，并提供了很多在英文写作方面的修改意见。马云时常会回忆起与 Morley 一家的过往，为了回馈他们多年的帮助，2017 年马云出资 2000 万美元在澳大利亚纽卡斯尔大学设立 Ma-Morley 奖学金，澳大利亚前总理马尔科姆·特恩布尔（Malcolm Turnbull）在了解马云和 Morley 一家之间的故事后，称他们是"伟大的跨国友谊"。

图 8.5 Ken、Dvaid 和马云在悉尼塔龙加动物园

第二件，是他三次高考的经历。1982 年，马云第一次高考，结果数学只考了 1 分；1983 年，第二次高考，数学 19 分；第三次高考，数学 79 分，终于考上了杭州师范学院（现为杭州师范大学）的专科。有趣的是，当年杭州师范学院的英语专业本科没有招满，学校决定降分录取几名英语好的学生，马云恰好就是幸运儿之一。三次高考期间，马云先后找过 11 份工作，不过一份都没有应聘上。获得学士学位之后，马云被顺利分配到杭州电子工业学院（现为杭州电子科技大学），担任英语老师。

马云的人生从开始就有着各种坎坷，但奇妙的是，过段时间再看，他总能化坎坷为动力，不断到达人生的新高度。创立阿里巴巴之后，马云作为领导者，在企业的各项管理和决策中，彰显出了他独有的人格魅力。

阿里巴巴遇到过很多艰难的时刻，有一个时刻尤为与众不同。2003 年 4 月 18 日，员工宋洁结束广交会的行程回到杭州，5 月 2 日因为发烧、咳嗽去医院就诊，5 日晚被确认为"非典"疑似病人。谣言顷刻间甚嚣尘上，阿里巴巴被推向了舆论的风口浪尖。有人责备阿里巴巴把"非典"带来了杭州，有人质疑非常时期为何还派员工去广州，有人甚至上门滋事以泄愤怒。面对外界的质询谩骂、内部的紧张担忧，6 日下午，马云戴着口罩召开临时会议，向员工宣布了公司的"非典"应急预案（见图 8.6）：全员自行在家隔离办公，并要求两个小时内清理完必需物品，回家上班。同时，他自己亲自前往同一幢大厦的其他公司，挨个上门道歉，解释公司之后的防疫措施。隔离持续了整整两周，阿里巴巴的员工被大铁链锁在屋内，马云专门给员工写了道歉信，并用 10 个感叹号激励员工共克时艰。他和其他的管理层每天的任务就是给员工打电话，每个员工在隔离期间都收到过来自管理层的慰问电话，物理上的隔离并没有阻止心灵上的交流。25 日，宋洁成为杭州首例痊愈病人，安全出院。这段时间，阿里巴巴不仅没有倒下，反而为"在家办公"的模式积累了大量经验，400 多名员工利用互联网相互支持、有序工作，公司业绩不降反升，真可称得上是"云办公"的开创者了。

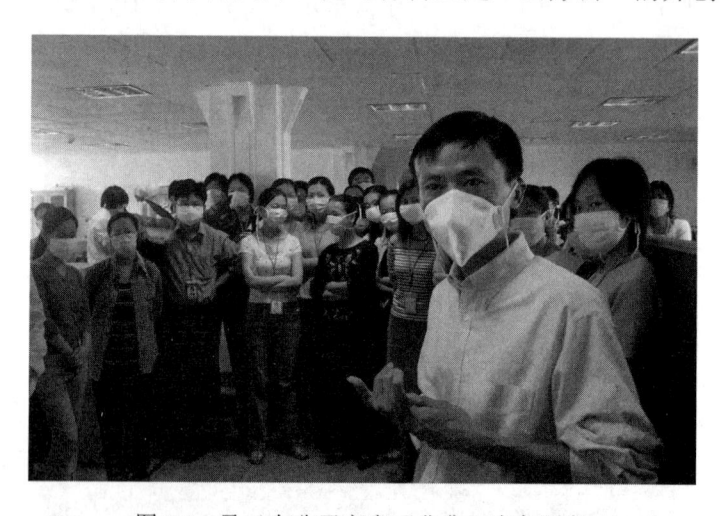

图 8.6　马云在公司宣布"非典"应急预案

巧的是，淘宝的上线，就在"非典"期间。5月10日，员工在家隔离第三天，淘宝网悄悄地出现了。作为中国如今用户量最大的电商平台，它的先期开发却是个秘密。2003年4月16日，马云把孙彤宇等7人叫到办公室，对他们说："我想派你们去做一个C2C（消费者对消费者电子商务）的新项目，这个项目目前还处于绝密状态，全公司的人都不知道阿里巴巴会进入C2C领域，公司派你们去做这个项目，要求你们不许告诉身边的任何人……"就这样7个人搬到了湖畔花园，开始了封闭研发的日子。没有人知道马云从什么时候瞄准了C2C，但淘宝网，包括5个月后的支付宝，确实让阿里巴巴商业帝国的体系更为完整，更具不可复制、不可超越性。淘宝上线的页面写着：纪念在"非典"时期辛勤工作的人们。

工作之外，马云在生活中也有很多兴趣爱好，众所周知地，他痴迷武侠，阿里巴巴的办公室几乎成了武林圣地，"光明顶""桃花岛""聚贤庄"等，洗手间也被改成"听雨轩"和"望瀑亭"。又比如，他喜欢研读哲学类书籍，工作包里总放着一本《道德经》反复研读，并将感悟用在实践中。温哥华冬奥会的开幕式点火仪式出现了一些差错，组委会在闭幕式中做了修正并获得了一致好评，这让马云感叹道"我明白老子说的'大盈若缺'了"。因此，对自己的错误，马云总能知错就改，因为他认为这就代表着他比之前懂得更多了。再比如，马云喜欢打太极拳（见图8.7），曾遍寻名师学习太极拳，在锻炼身体的同时感悟太极拳中的哲学思想，并致力于太极文化的推广……潜移默化中，马云也将这些不同思想的精髓带进了阿里巴巴的文化。

图8.7 马云在太极发源地——河南陈家沟打太极

2013年5月，马云辞任阿里巴巴集团CEO，但他并没有停下自己的步伐：联合多家快递成立菜鸟网络科技有限公司，马云公益基金会在北京启动"马云乡村教师计划暨首届马云乡村教师奖"，联合合伙人成立阿里巴巴脱贫基金，与李嘉诚联手共同运营香港支付宝……2019年9月，马云卸任阿里巴巴集团董事局主席，2020年9月，马云不再担任阿里巴巴集团董事。卸任主席当晚，他说："我不会闲下来，教育、公益、环保我都在做。我不当董事长可以做很多事，世界那么好，机会那么多，我又爱热闹，哪能退休离场？"

> **聊一聊：**
> 1. 阿里巴巴旗下的"钉钉"在 2020 年新冠肺炎疫情期间成了"云办公"的热门软件，请分析"钉钉"的优势之处，并尝试总结"云办公"的必备要素。
> 2. 你认为马云对于武侠、哲学等事物的喜爱有反映在他的工作方法中吗？

8.1.2.2 十八罗汉

马云认为，一个团队，需要有唐僧那样的领导，对自己的目标非常执着；需要有孙悟空，虽然自以为是但是勤奋聪慧；需要有猪八戒，虽然懒惰但是积极乐观；需要有沙和尚，不谈理想但是脚踏实地，这样组合起来的团队，就是最完美的团队。阿里巴巴有 18 位创始人，人称"十八罗汉"，分别是马云、孙彤宇、金建杭、蔡崇信、彭蕾、张瑛、吴泳铭、盛一飞、楼文胜、麻长炜、韩敏、谢世煌、戴珊、金媛影、蒋芳、周悦虹、师昱峰、饶彤彤。他们是阿里巴巴成长路上的守护者。

蔡崇信，阿里的"隐形英雄"。

蔡崇信（见图 8.8）来自中国台湾，他最知名的故事就是放弃 70 万美元的年薪，主动请缨加入 500 元月薪的阿里巴巴。1999 年，蔡崇信在瑞典投资机构 Investor AB 担任亚洲区高管，负责亚洲区域的投资项目。阿里巴巴当时刚成立，正在四处寻找投资，经人引荐，马云与蔡崇信在西湖游船上见了第一面。马云对阿里巴巴未来愿景的描述深深吸引了蔡崇信，湖畔花园里阿里巴巴的工作氛围也给了蔡崇信很大的震撼，之后 Investor AB 拒绝了对阿里巴巴的投资，但是蔡崇信却在几天之后找到马云，毛遂自荐要加入阿里巴巴。带着怀有身孕的妻子，蔡崇信很快就搬来杭州，加入了只有十几个人的阿里团队。

图 8.8 蔡崇信，工号 19

来到阿里，蔡崇信做的第一件事是注册公司。一个已经开始寻找投资的公司，竟然连最简单的公司登记都还没有做,可见最初的阿里团队,虽有着创业的热情,但真的缺乏专业性。蔡崇信的到来就弥补了这一短板,他迅速确定了公司的股东组成,制定了股权分配方案,完成了公司注册。而马云将大部分股份让给创业团队的开放态度,让蔡崇信坚定了跟随马云的心。之后的岁月里,蔡崇信作为CFO,主要负责公司融资、法务、财务等方面的工作,他用自己专业的能力、广阔的人脉和果决的判断力守护着阿里巴巴的大本营。软银集团的2000万美元的融资,原本最初的投资意向是4000万美元,条件是49%的股份,是蔡崇信坚定说了"不",帮助阿里巴巴保住了企业主导权。阿里B2B业务2007年在香港上市,是蔡崇信作为幕后主导者,成功说服众多投资者。上市当天,阿里市值达到260亿美元,超过当时新浪、网易、搜狐等一众大公司。外界评价,蔡崇信和马云就像是天生的搭档,一个幕后一个幕前,一静一动,彼此信任,互相坦诚。

在阿里巴巴的合伙人制度中,有两个人是永久合伙人,一个是马云,另一个就是蔡崇信,他被称为阿里离不开的"隐形英雄"。

彭蕾,女版马云。

阿里巴巴领导者是如何成长的,彭蕾(见图8.9)给出了一个很好的示范。最初彭蕾进入团队中,一来是为了陪男朋友,二来是觉得马云很有意思,加入这个团队很好玩。在阿里巴巴的20多年里,彭蕾几乎干了除技术岗之外的所有工作,例如人事、行政、财务、运营,等等,先后执掌了人力资源部、市场部、服务部等众多核心部门。在这期间,她组建了阿里巴巴内网,让每个人都有发声的机会;建立了"阿里政委",把人性关怀做到最细小的地方;梳理提炼阿里巴巴价值观,让"独孤九剑""六脉神剑"的内容扎实落地,人人能学懂,条条可考核。

图8.9 彭蕾,工号7

2010年,彭蕾被马云派去接手支付宝,她最终还是接触了技术岗。金融小白和技术小白的双重属性并没有打倒她,相反她利用自己的优势,刚上任就召集支付宝P8以上员工和合伙人,召开了有名的"骆驼大会",定位支付宝现存问题,寻找解决方案。

之后支付宝围绕"用户体验",推出了支付宝快捷支付、余额宝理财等知名产品,支付宝用户数迅速从 2 亿升至 8 亿,逐渐成为全球最具影响力的移动支付和信用平台。2013年起,彭蕾连续入围《福布斯》全球 100 名最具影响力女性排行榜,彰显了女性企业家的魅力。而问起她的工作准则,她总是回答"无论谁是集团的 CEO,我的任务都只有一个——帮助这个决定成为最正确的决定。"这是彭蕾对自己在团队角色中的认知,她坚守了 20 多年。

十八罗汉中的每一个人都有着鲜明的个人特色,他们来自五湖四海,依靠着精诚合作,组成了阿里巴巴最完美的团队,创造着中国电子商务的历史。

> 聊一聊:
> 1. 查询更多的资料,尝试讲述另一位十八罗汉与阿里巴巴的故事。
> 2. 马云是英语教师,却能够创立阿里巴巴;彭蕾也是非金融出身,却能管理支付宝团队,你如何看待所学专业和未来职业发展的相关性?

8.2 心中的道德律

德国哲学家康德有句耳熟能详的名言,"有两种东西,我对它们的思考越是深沉和持久,它们在我心灵中唤起的惊奇和敬畏就会日新月异,不断增长,这就是我头上的星空和心中的道德律。"阿里巴巴发展过程中出现的几次关键性事件,帮助它快速弄清了企业最重要的"道德准则"。

8.2.1 诚信是不可逾越的底线

"如果你们是这样做事的,我宁可把这家公司关掉。"马云的这句话起源于阿里巴巴的"诚信门事件"。2011 年年初,阿里巴巴董事会批准 B2B 公司 CEO 卫哲、COO 李旭辉引咎辞职,集团 CPO 邓康明降级另用,同时 B2B 公司核心团队全部调整,3 位副总裁、6 位总经理、12 位副总经理、区域经理遭遇了降职、降级或辞退。阿里巴巴如此大动干戈,不惜伤筋动骨的背后,是因为公司调查出在 2009 年、2010 年分别有 1219 家、1107 家"中国供应商"成员涉嫌欺诈,他们利用阿里巴巴的网络平台向国外买家行骗,分别占成员总数的 1.1%、0.8%。同时,有 100 多名 B2B 公司直销员工被发现为了追求高业绩,在明知对方是骗子公司的情况下也与其进行签约。

在阿里巴巴流传着这样一个案例:一个美国小孩替朋友们买模型飞机,结果收到了一堆"垃圾",小孩觉得对不起大家,选择了自杀。这个案例一直被用来警示阿里员工要注意诚信。事实上,阿里巴巴对于骗子公司其实早有防范,他们将这些不能签约的骗子客户称为黑名单客户,也制定了诸如"签下两三个骗子客户就会被开除"等条例，只不过当时所有人都认为这是小概率的可控事件，并没有给予太过关注。直到"十八罗汉"之一的蒋芳被调去管理中供铁军（负责中国供应商）的诚信安全，背后的冰山才逐渐显露出来。2011年1月22日，蒋芳给公司群发了一封邮件，其中一句"还查到有些销售，一个人就签进来好几十家骗子公司，甚至还一手拿公司的佣金，一手拿骗子的贿赂"震惊了马云，促使马云迅速成立特别调查组，关明生任组长，对这件事进行彻查。调查从春节后开始，持续了一个月，这件事被称为"诚信门"事件，调查结果及处理方式便是如上所述。

诚之者，天之道。"诚信门"事件从根本上挑战了阿里巴巴的价值观，严重触犯了商业诚信原则，阿里巴巴用刮骨疗伤的方式进行了内部的处理，同时也是敲山震虎，借这次机会对公司所有可能涉及诚信腐败问题的部门及人员予以警示。2011年，阿里巴巴成立了廉政部，2012年，淘宝进行了内部的大清查。2000年那个最冷的冬天，在公司销售业绩为零的情况下，马云、关明生和蔡崇信曾给团队们定下过要求，"直销'中国供应商'产品绝对不给客户回扣"，言出必行，是一个企业必须要有的责任担当。

查一查：
1. 调研几个关于诚信的企业案例，分析诚信在企业价值观中的地位。
2. 你认为企业能否从根本上杜绝公司的诚信或腐败问题？有哪些方法？

8.2.2 支付宝——信任的奇迹

2003年10月，淘宝网推出支付宝服务，2004年，支付宝（支付宝logo见图8.10）从淘宝网拆分，独立运营。围绕着支付宝，最关键的一个词就是"信任"。淘宝网作为商品售卖的平台，用户可以通过查看店铺资质、和商家交流等多种方式挑选有品质的商品，但是卖家没有见到钱款，并不能完全放心地将物品寄出，万一买家买了东西不付款怎么办？反之，买家没有见到货品，并不能完全放心先付款，万一货不对版，卖家又携款跑路了怎么办？所以淘宝网刚创立时，交易主要是通过银行打款和同城见面两种方式，局限性非常明显。

图8.10 支付宝logo

支付宝在这种情况下应运而生，用担保交易的方式，解决了淘宝网发展中"卡脖子"的问题，建立起互联网虚拟世界中，陌生人与陌生人之间的信任感。最初，支付宝的担保交易是这样的：选定了商品后，买家去银行柜台或者邮政局汇款，将汇款底单传真到淘宝财务部，收到传真件后，淘宝小二通知卖家发货。这台珍贵的传真机至今还保留在支付宝大厦。随着网上银行、互联网金融的慢慢兴起，交易的流程也逐渐简化。如今，买家只需要手指轻轻一点，资金就会进入支付宝的账户，由支付宝进行保管，而买家确认收货之后，支付宝便会将资金打到卖家的账户，整个过程流畅高效，完美体现了支付宝提倡的"简单、安全、快速"的支付解决方案。

作为中国目前主流的第三方支付平台，支付宝在买家和卖家中承担了第三方保障人的角色，通过构建"买家-平台-卖家"这样的交易链条，来实现买卖双方的相互信任和实时交易。这个交易链条的连通需要"买家与支付宝""卖家与支付宝"两条信任路径，为此，支付宝设计了多重保障，举办"全额赔付"支付活动，提出"你敢用，我敢赔"的承诺，加强买卖双方对支付宝的信任度；打造"芝麻信用分"，用大数据的技术呈现个人信用状况，让信用"真实可见"；推出"晚点付"功能，"先交易成功，次日再付款"的模式进一步凸显了平台的可靠性和人与人之间的信任度。当信任变得牢固，支付宝就能做更多的事情。

如今，这个融合了支付、生活服务、政务服务、社交、理财、保险、公益等多个场景与行业的开放性平台不断简化人们的日常生活，也在用更多的事实告诉人们"信任可以产生奇迹"。

> **辩一辩：**
> 1. 有人认为"支付宝说明的是人与人之间信任的缺失，人们只愿意相信有足够保障的第三方平台"，但也有人说"支付宝担保交易不是反映了陌生人之间缺乏信用认可，而是恰恰证明了人与人之间、哪怕陌生人之间也会有彼此的信任，只是以前没有一个平台能把这种信任激发出来，支付宝做到了。"对于这两种相反的观点，你怎么看呢？
> 2. 了解一下淘宝商城的"十月围城"事件，你认为谁对谁错，阿里巴巴在其中又应该承担怎样的社会责任呢？

8.3 企业的价值理念

衡量一个企业是否优秀，是否具有可持续发展能力，除了盈利水平，企业的价值理念是更为重要的指标。价值理念就如同企业头上的星空一般，能够指引企业往正确的方向前进。企业的价值理念因为公司的发展业务、管理架构、发展思路而不尽相同，呈现出百花齐放的景象，阿里巴巴的价值理念，可以从极具"江湖气味"的价值观和精妙的人才培养制度中窥得一二。

8.3.1 江湖味的价值观

阿里人嘴上最常叨念的就是阿里巴巴的价值观，甚至在阿里人的KPI考核里，价值观占据了50%的比重。关明生曾给阿里巴巴的员工做过分类和定位：①无业绩、无价值观的"狗"，直接辞退；②业绩好、价值观不好的"野狗"，如果不改变，也会辞退；③无业绩、有价值观的"小白兔"，会给予机会参加培训或轮岗，若无起色也会被辞退；④业绩正常、价值观也正常的"牛"，是大多数人，会得到培养；⑤业绩好、价值观也好的"明星"，是公司最欣赏的人。

从中可以看出，阿里巴巴对于企业价值观非常看重，形成对阿里巴巴价值观的认同会是员工加入阿里巴巴后学习的第一课。随着阿里巴巴的发展，阿里巴巴的价值观逐渐形成、变化、成熟。

阿里巴巴在不同时期形成过一些特色的文化内涵，诸如创业初期"可信、亲切、简单"的校园文化，B2B时期的"中供铁军"文化等，但仅仅都是员工们之间的口口相传，公司没有明确的价值观体系。阿里巴巴第一套完整、明确的价值观"独孤九剑"诞生于2000年年底的互联网寒冬，取名颇有武侠风范。"人心齐，泰山移"，当时是为了配合战略方向的调整，同时也是为了将公司拧成一股绳，所以集团管理层提出要重新梳理公司的文化体系。

在激烈的讨论后，阿里巴巴最终梳理出了9条价值观：激情、创新、教学相长、开放、简易、群策群力、专注、质量、客户第一（见图8.11）。这9个价值观延展于2条轴线之中，成为阿里巴巴的企业理念。纵轴是"创新轴"，包含激情、创新、教学相长和开放。横轴是"系统轴"，包含群策群力、专注、质量、客户第一。两条轴线交点是"简易"，代表着前8条价值观的共同起点与基本要求。

"创新轴"展现阿里人的态度，"系统轴"展现阿里人的品质，这也就好理解，为什么在非典初期，公司冒着风险依旧坚持派员工去广州参加广交会，因为"我们已经承诺了客户"，在阿里巴巴的价值观里，服务客户是第一位的。

这套价值观从2001年用至2004年，塑造了阿里巴巴的企业形象，陪伴公司渡过了很多难关。2004年，阿里巴巴对价值观进行了重新整合，"独孤九剑"被浓缩、凝练而成"六脉神剑"，分别是客户第一、团队合作、拥抱变化、诚信、激情和敬业（见图8.11）。"六脉神剑"的6个词汇被聚拢成一个金字塔型，结构稳固而简洁。最底下是激情、敬业和诚信，体现了对员工的基本素质要求，中间是团队合作、拥抱变化，表现了企业所提倡的工作方法与原则，最上面则是阿里巴巴一直强调的"客户第一"，堪称烙印在每个阿里人心中的服务理念，是阿里巴巴能够稳步发展的重要基础。

当然，价值观最大的价值不是被提出，然后束之高阁、受人敬仰，它最大的价值在于被落实，真正改变人的思想。为此，在彭蕾的带领下，阿里巴巴琢磨出了一套价值观考核方法，把每一条价值观都细分出了5个行为指南。这30项指标，就成了价值观考核的全部内容。以"客户第一"为例子，考核分为5个层次，分别是1~5分，其中"尊重他人，随时随地维护阿里巴巴形象"为1分，"具有超前服务意识，防患于未然"为5分。有一个小故事，关明生曾接听过一个客服电话，被客户骂了半个小时，他没有表现出任何不耐烦的态度，结果这也仅仅只能拿到3分，可见阿里巴巴的价值观考核并不是小打小闹，不是轻而易举能拿高分的[1]。除考核外，公司会在各种场合通过典型案例的宣讲、传播与讨论，来强化员工对于价值观的认同感。

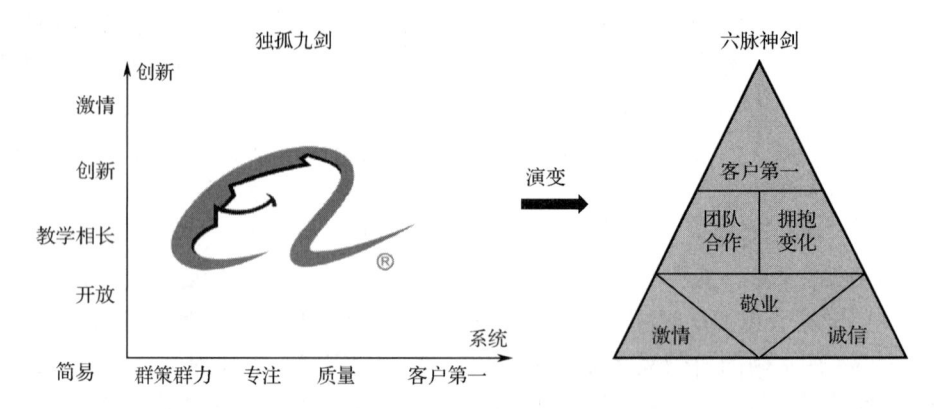

图 8.11　从"独孤九剑"到"六脉神剑"

2019 年，在阿里巴巴成立 20 周年之际，"六脉神剑"再次全面升级为"新六脉神剑"（见图 8.12）。原先的 6 个词语变成了如今的 6 个短语，承载了阿里巴巴更为明确的价值观导向。据介绍，"新六脉神剑"诞生历时 14 个月，修改过 20 多稿，最终呈现出了这样的 6 条：客户第一，员工第二，股东第三；因为信任，所以简单；唯一不变的是变化；今天最好的表现是明天最低的要求；此时此刻，非我莫属；认真生活，快乐工作。结构同样是金字塔型，"客户第一"依旧被放在了最重要的位置，很好地展现了在变与不变之中阿里巴巴一以贯之的价值追求。

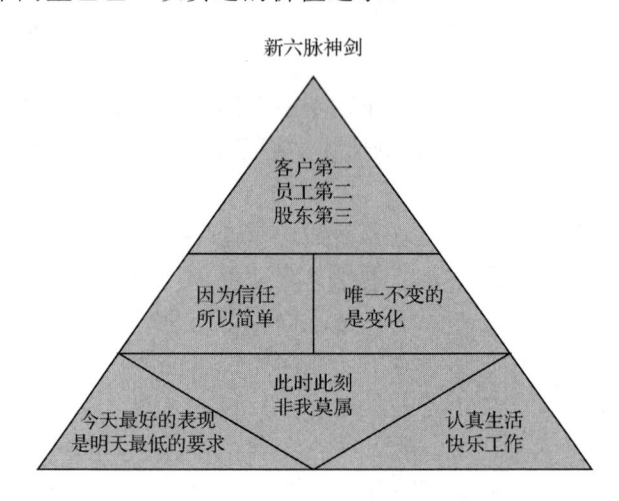

图 8.12　阿里巴巴的"新六脉神剑"

阿里巴巴称"这是阿里文化原浆面向未来的一次传承、完善和升级"。"新六脉神

---

[1] 故事来源于王桂娟的《彭蕾传》，团结出版社，2019。

剑"的内容取之于阿里人生活和工作的日常，又高之于他们所熟悉的价值理念，它将继续引领着阿里人向明天努力前进。

> **聊一聊：**
> 1. 分析"新六脉神剑"较之于"六脉神剑"的变化，站在阿里巴巴的角度，分析这些变化的产生背景有哪些？
> 2. 阿里巴巴价值观中，最吸引你的是哪一点？

8.3.2 阿里人的培养

马云说，阿里巴巴最主要的资产是员工，每一名员工都是独一无二的。在阿里巴巴的"年陈文化"中，入职 1 年的员工被称为"一年香"，他们会得到一枚笑脸勾勒的徽章，希望他们在往后的日子继续开心地成长；入职 3 年的员工被称为"三年醇"，他们才有资格被叫作"阿里人"，他们会得到一枚白玉雕琢而成的吊坠，三年的人，温润如玉，凝聚了阿里的精神气；入职 5 年的员工被称为"五年陈"，他们在阿里经历了悲愁，尝过了喜乐，他们会得到一枚私人订制的白金戒指，那是阿里巴巴对一直坚定守护它的人的无言感谢。"一年香，三年醇，五年陈"，这是阿里巴巴对员工有情的回应。

阿里巴巴对于员工的重视不止如此。在阿里巴巴的员工培养体系中，"轮岗"是一个比较有特色的环节。前面提到过，阿里巴巴创始人之一的彭蕾几乎干过阿里巴巴所有的岗位，事实上，阿里巴巴实行的是"全员轮岗"，无论是管理者还是普通员工，都可能被动或主动轮岗。阿里巴巴的内部规定，在本岗位工作满两年的员工可以提出转岗申请，只要目标岗位的部门愿意接收，就可以转过去，而工作满五年之后，则可以省去申请的步骤，只要被目标部门接收，原部门就不能卡人不放。"轮岗"制度虽然增强了人员的流动性，看似不利于部门的稳定和长远发展，但它也给企业带来了生机与活力。阿里巴巴庞大的商业体系和互联网时代层出不穷的新方向刚好也是孕育轮岗制度的最佳土壤。

进一步地，阿里巴巴对高层干部的管理也有专门的办法。这是针对阿里巴巴 M4/P9 及以上管理人员的价值观体系，M 代表管理岗，P 代表技术岗，M 和 P 的职级体系从 2004 年开始实行。这些级别的员工会成为阿里巴巴组织部的成员，由集团统一调配，其重要性不言而喻。阿里巴巴在原有"六脉神剑"的基础上，增加了"胸怀、眼光和超越伯乐"3 条价值观，称之为"九阳真经"，并将其纳入员工绩效考核和 360 度测评中。与之相配套的，集团为高层干部提供了"百年湖畔"培训项目，帮助他们更好地了解阿里战略规划。

除给予员工自由的岗位体验、清晰的晋升通道、成熟的培养体系外，阿里巴巴在对员工的人文关怀上，同样花费了很多心思。

每年的 5 月 10 日被称为"阿里日"，也叫"阿里精神日"。2003 年 5 月"非典"期间，面对突如其来的重拳打击，阿里巴巴非但没有受到影响，反而创造了业绩新高，诞生了改变中国电子商务的淘宝网，并为线上办公积累了经验，阿里日就是为了纪念这段特殊的时间而设立的（见图8.13）。阿里人在这段过程所体现出来的沉着冷静、永不言弃、团结一致的精神面貌，是阿里巴巴最为宝贵的财富。没有阿里人，就不会有阿里巴巴那么多的商业奇迹。这一天，公司会举行盛大的集体婚礼，数百对阿里新人共同分享人生最大的喜悦；这一天，也是公司"亲友日"，公司敞开大门欢迎所有朋友走进阿里巴巴，感受阿里精神；这一天，阿里人可以带宠物上班，穿睡衣上班，可以怎么舒服怎么上班；这一天，是阿里巴巴的感恩日。如果员工因为任何原因选择了离职，阿里巴巴也会为他保留工号，举办校友会等各类活动，欢迎曾经的阿里人能常回来看看。

图 8.13　2021 年第 17 届阿里日活动现场

想一想：

1. 轮岗制度的优缺点有哪些？阿里巴巴并不缺对应岗位的员工，为什么还需要轮岗制度？

2. 在阿里巴巴的员工培养制度中，你最看重的是哪一项？为什么？

8.4　从 IT 时代到 DT 时代

"淘宝不是做零售，是获得数据；支付宝不是做金融，是建立信用，信用需要数据；菜鸟网络不是做快递，是做快递支持，用数据去支持。未来这个世界最珍贵的是数据。"马云认为，未来将从 IT（Internet Technology，互联网技术）时代向 DT（Data Technology，数据技术）时代转变，数据驱动将成为新的潮流趋势，云计算和大数据是将来的重头戏。当年，马云坚持做"Internet"，创造了阿里巴巴，如今，阿里巴巴秉承着"拥抱变化"的价值观引领，未雨绸缪，为迎接大智能、大数据时代做着全面的准备。

8.4.1 阿里系"动物园"，生态系统的力量

阿里巴巴最初是一家 B2B 公司，依靠"中国供应商"发家，为中小企业服务，企业使命是"让天下没有难做的生意"。慢慢地，阿里巴巴发展出了 C2C、B2C 等围绕交易而衍生的不同交易模式，而如今，阿里巴巴已经成为集零售、批发、物流、娱乐、支付、云数据、管理等各类服务于一体的大智能商务生态系统。阿里巴巴 2020 年财政年度报告显示，阿里系品牌的动物形象已经有 28 个（见图 8.14），也就是说，阿里巴巴旗下已经有 28 个品牌，除了人们熟知的"天猫""盒马""菜鸟""蚂蚁""闲鱼"，还有"高德""书旗小说""饿了么""大麦""考拉海购"，等等。其中，有诸如"淘宝""飞猪"等阿里的自有品牌，也有诸如"优酷""银泰百货"等通过投资、并购或收购等方式纳入囊中的品牌。

图 8.14 阿里系"动物园"

盒马鲜生，是受惠于阿里巴巴大生态系统，又逐步构建自己小生态系统的好例子。在盒马鲜生（以下简称盒马）的主页上，是这么介绍的：盒马是阿里巴巴集团旗下，以数据和技术驱动的新零售平台,希望为消费者打造社区化的一站式新零售体验中心。盒马的主打特色是快速配送，门店 3 公里范围内，30 分钟送货上门。为了实现这一功能，盒马在人、货、场之间，运用大数据、智能物联网等技术做了最优化支配。商品的到店、上架、拣货，到用户下单数据后的打包、配送，都是通过智能设备去作业的，效率高、错误率低，保障了配送的时效性。不仅如此，盒马还拥有数字化的生产和供应链条，中间环节的减少降低了食品的成本，给消费者带来了实惠。从生产到配送，完整的物流链条让盒马拥有了独特的生态圈，精准的用户分析和便捷的用户服务让盒马拥有了很强的用户黏性，它看上去像一个超市，但实际上它是对线下超市完全重构

的新零售业态。盒马在探索过程中的数据及经验，将是阿里巴巴布局"新零售、新制造、新技术、新金融、新能源"五新战略的重要财富。

在谈起阿里巴巴为什么要做生态系统时，马云坦言，阿里巴巴的生意模式也是被慢慢逼出来的。在帮助中小企业的过程中，阿里巴巴发现小企业作为个体，从中能够得到的利润很少，但却需要一系列庞大的发展支持，物流、信息、数据、支付，一系列的体系都需要建造和完善。作为中国电子商务的先行者，阿里巴巴保持创新的步伐，通过发展自身业务和引进合作伙伴来完善整个生态链路，尝试构建一个"开放、协同、繁荣"的电子商务生态系统，这也就慢慢有了阿里系可爱的"动物"们。当前的结果也是喜人的，生态链路可以复制、共享给中小企业，阿里巴巴的业务就可以从点对点支持中小企业，转变成点对面的帮扶。在 DT 时代，小企业可以能够因为这些完整的技术生态而被联合到一起，从而创造出更大的惊喜。

> **辩一辩：**
> 1. 你认为阿里巴巴大生态系统的打造属于垄断吗？
> 2. 阿里巴巴收购了虾米音乐，虾米音乐却在 2021 年宣告关停，你是如何看待企业收购对原本品牌的利弊的？

8.4.2 阿里云，沉默后的爆发

中国第一位从民营企业走出来的院士来自阿里巴巴，来自阿里云，他叫王坚，是一名心理学博士。2019 年 11 月，他凭借主持研发了中国唯一自研的云操作系统——飞天，推动中国 IT 产业从 IOE（IBM 小型机、Oracle 数据库和 EMC 存储）向云计算转变，实现中国云计算从 0 到 1 的突破，从而当选中国工程院院士。阿里云成立于 2009 年（见图 8.15），2020 财年，阿里云年收入破 400 亿元，在云计算平台中稳居亚洲第一、世界前三。

图 8.15　2009 年，阿里云成立

然而，王坚和阿里云的成功之路，走的却是荆棘遍地，颇为坎坷。

2007年，时任微软亚洲研究院副院长的王坚出席了阿里巴巴的"网侠"大会，对马云说出了那句知名的"如果阿里还不掌握技术，未来的互联网将不会有它的身影"，让马云顿生相见恨晚之情。阿里巴巴的业务发展非常依赖算力，用户在淘宝网上购物、在支付宝上付款都需要巨大的算力作为支撑，交易数据需要巨大的存储空间，交易速度需要很高的处理性能，当时阿里巴巴已经快要面临算力不足的问题，算力使用率高达98%，稍有不慎就可能导致系统崩溃。而彼时中国在计算机科技领域属于"三无"国家，没有自己的操作系统，没有自己的芯片，也没有自己的计算力系统，企业的IT架构都是标准的进口三件套：IBM（服务器提供商）小型机、Oracle商业数据库以及EMC集中式存储，造价昂贵，功能局限性大。马云和王坚可谓一拍即合，2008年9月，王坚加盟阿里巴巴集团担任首席架构师，提出要从零开始，自主研发云计算系统，用他们的话说，是"无中生有"。

王坚团队把这套超大规模通用计算操作系统命名为"飞天"，说要写出一套足以改写中国计算力历史，甚至是世界计算力历史的云计算系统。说起来容易，做起来却难如登天，这难度就好比让刚学会站立的婴儿去参加跑步比赛。2009年2月，飞天团队在北京写下第一行代码，2010年4月，阿里金融订单贷款产品"牧羊犬"在飞天平台上线。"牧羊犬"是给淘宝商家贷款的软件，涉及金钱，便容不得半点出错。而当时，阿里云的平台还没有搭建好，这是它第一次与实际应用捆绑，被形容为"阿里云一边在造房子，牧羊犬一边在室内装修铺地板"。两边都是新手，却不得不合作面对真实而残酷的现实环境。果不其然，上线运行的结果惨不忍睹，无论是传输的稳定性还是处理速度，但凡技术架构能踩的雷，阿里云一个都没落下。阿里金融的总裁跑去找马云想换掉阿里云，员工们光明正大责骂阿里云，在阿里金融内部有一个经典吐槽"人家是云计算，我们家是'人肉云计算'；人家是'分布式计算'，我们家是'分步试计算'"，以此来调侃阿里云拙劣的计算能力。王坚只能忍下所有的委屈，带着工程师24小时坚守阿里金融办公室处理突发问题。阿里金融与阿里云是互相陪伴着成长的，阿里金融用客户需求倒逼阿里云的迭代，阿里云用一次次试错找到进步的空间。慢慢地，阿里云系统开始变得稳定，而在阿里云的支持下，阿里金融服务了70万多家小微企业。

能够支撑阿里金融的数据量只是阿里云第一阶段的成功，阿里云很快就迎来了最终的大考——5K标准，即能够独自调度5000台服务器。当时和阿里云并行开发的还有另一套基于已有资源的方案"云梯1"，比赛规则是，谁先达到5K标准，谁就是阿里巴巴未来的技术架构。

噩梦，这才算真正开始。2010—2012年的3年时间里，阿里云几乎是原地踏步，部门绩效年年倒数第一，高峰时团队成员近80%离职。部门外，是别人称王坚是"骗子"，用心理学忽悠马云上位；部门内，是信仰崩塌，团队自己都认为黑暗没有尽头，飞天的梦想无法实现。最要命的是，在云梯1已经能实现4000台服务器调度的时候，阿里云却还在1500台徘徊。公司传言"阿里云要被裁掉了"，别的部门时刻准备从阿里云抢人。2012年的阿里云年会，王坚忍不住失声痛哭，"这两年我挨的骂甚至比我一辈子挨的骂都多",他很难过,很多曾经并肩战斗的伙伴,都没能以光荣的方式离开,但他最后的一句是"我不后悔"。究竟有多难呢?阿里云成立满6年的时候,曾为所有从第一年起跟着团队到现在的员工做了一个人偶,而所谓的"所有",只有5个。只有5个人,承受住了来自外界和内心的质疑,陪伴着阿里云走到了最后。当然还有一个人,一直坚定地站在阿里云的背后,那就是马云。尽管公司的两个方案同步在竞赛,但他非常明白IOE有太多的外界限制条件,依赖IOE走不长远,只有云计算能支撑起阿里巴巴更好的未来。高管会议上,他说每年给阿里云投10亿元,投10年,做不出来再说。或许是这一剂强心针起了作用,2013年6月,阿里云进入了最后的稳定性测试阶段,测试方法用的是暴力的方式——直接拔掉电源,如果在这种极端情况下阿里云还能保持运行,说明系统已经足够稳定,能够大规模使用。负责拉电的人颤抖着拉下了电源,4个小时后,系统恢复,10台服务器光荣就义,但数据毫发无伤。

  阿里云,成功了!飞天成了中国第一个能对外提供5K集群能力的云计算操作系统,中国掌握了云计算的核心技术。在之后的路上,阿里云一骑绝尘,光鲜的履历将之前所有的阴霾都驱散了。2015年,12306选择了阿里云,春运抢票时网站再也不会崩溃;2017年阿里云凭借自主可控的"飞天"系统获得了中国电子协会15年以来的第一个特等奖;2020年,阿里云"面对突变型峰值服务的云计算关键技术与系统"项目获得国家技术发明奖,饿了么宣布100%迁至阿里云,提供更优化的外卖配送方案(见图8.16)。马云每年投入的10亿元,王坚给带回了一个价值超过5000亿元市值的中国自主知识产权核心技术成果。

图8.16 饿了么迁至阿里云海报

  有了阿里云搭台,其他业务就能更好地唱戏了。2019年天猫"双十一购物狂欢节",阿里巴巴正式宣布阿里的核心系统已经100%跑在了阿里公共云上,阿里云也不负众望,成功扛住全球最大规模的流量洪峰,实现订单创建峰值达到54.4万笔/秒,是2009年第一次"双十一"的1360倍,最终创造了2684亿元成交额。2020年,"双十一"

的成交额更是突破了 3723 亿元，全程无崩溃、无卡顿，阿里云营造了完美的用户体验。同时，阿里云用技术创造商业，给中小企业提供了小成本使用强大算力的机会，让阿里巴巴向实现自己的使命朝前迈进了一大步。

很多人问"为什么是王坚？"他们不理解马云为何找一个心理学博士来带领阿里云团队，也许找一个更专业的人，阿里云能更快地成功。事实上，王坚虽然学的是心理学，但研究方向主要是数字人机交互，更偏向计算机心理学，入职微软亚洲研究院后，王坚主管研究的便是用户体验和大数据处理，从 1990 年获得博士学位至今，王坚实际上一直在大数据领域深耕，其时间长度和科研经历无形中练就了他对数据独有的敏感度，他认定了数据才是未来。

2016 年，卸任了阿里云总裁的王坚去做了他下一件想做的事——城市大脑（见图 8.17）。城市大脑就好比给城市装上了 CPU，城市生产生活中的数据摇身一变，变成了城市治理的资源，在城市大脑的调度下，散落的数据被连接、整合和分析，一张数字化城市的即时分析图展现在眼前，根据这张分析图，城市治理将变得精确化、智能化，协同变得更为简单。用王坚的话来说，"世界上最遥远的距离是红绿灯和交通监控摄像头的距离，他们在一个杆子上，却从未通过数据被连接过"。于是，他将城市大脑建设的第一站设在了交通领域，以杭州为试点。

图 8.17 王坚在高峰论坛上分享"城市大脑"项目

这件事依旧是"无中生有"，不过环境比当初好了很多，市场已经看到了云计算和数据的价值，接受新概念的能力也强了很多，2017 年，华为提出城市神经网络，2018 年，科大讯飞提出城市超脑，北京、上海、杭州、广州等多个城市提出并开展了不同城市大脑建设方案，相关的研究论文和项目实践不断增多，这一次是群雄竞争，奔赴未来。

查一查：
1. 调研一下城市大脑如今的进展情况。
2. 查找更多资料，整理出阿里云在研发过程中遇到的困难以及解决方法。

8.4.3 达摩院，技术顶流

同阿里云相似，达摩院在阿里系当中也是走技术流的。2017 年 10 月，阿里巴巴在云栖大会上宣布成立达摩院，承诺未来 3 年将投入超过 1000 亿元，用于基础科学和颠覆式技术创新研究。达摩院是承载阿里巴巴"NASA 计划"的实体组织，"NASA"计划启动于 2017 年 3 月，面向全球招揽顶尖人才组建强大的独立研发部门，通过科学家的自由探索和前沿研究，储备未来 20 年乃至 30 年的核心科技。达摩院在官网的自我介绍中说，阿里巴巴达摩院是一家致力于探索科技未知，以人类愿景为驱动力的，立足于基础科学、创新性技术和应用技术的研究院。

马云是个武侠迷，这一点体现在阿里巴巴的花名文化，也体现在达摩院的取名上。在金庸小说中，达摩院代表最高武学机构，21 世纪，达摩院则代表了阿里巴巴想创立顶端技术研究院的决心。阿里巴巴对于技术的投入从不吝啬，尤其是在面向未来的智能计算等领域，对于有技术、有创新能力的团队会给予极大支持。达摩院首批公布的学术咨询委员会中有 3 位中国两院院士、5 位美国科学院院士，他们对研究方向、重点发展领域、重大任务等学术问题提供咨询建议。同时，达摩院秉承开放合作的态度，在全球组建前沿科技研究中心，与高校进行联合实验室建设，通过创新研究计划构建产、学、研合作的全球学术合作网络，同时广招贤才，无论是研究员、访问学者、博士后还是实习生，都欢迎来达摩院探讨未来。2020 年，达摩院已经建成"机器智能""数据计算""机器人""金融科技""X 实验室"五大研究领域，共 14 个具体实验室（见图 8.18）。

图 8.18 达摩院官网首页实验室介绍

达摩院的研究成果，也是喜人的。达摩院的医疗 AI 在全国多家新冠肺炎定点医院上岗，这项技术能对临床疑似新冠肺炎病例 CT 影像进行诊断，单个病例影像分析可在 20 秒内完成，准确率达到 96%，然而如果依靠人工，每个病例需要耗费医生 5～15 分钟时间，这在疫情初期有效减缓了影像医生的工作压力。截至 2020 年 5 月，医疗 AI 已落地全球近 600 所医院，完成 50 余万例临床诊断，由达摩院 AI 识别标注的第一张新冠肺炎 CT 影像入选了中国科技馆"2020 数字馆藏"。2020 年年底，达摩院量子实验室开源了量子引擎"太章 2.0"，提出了独创的张量网络收缩的动态拆分办法，大幅减少量子电路模拟的代价。"太章 2.0"在 1.0 的基础上通过算法创新，大幅降低了资源消耗。"太章 2.0"模拟了 2019 年"谷歌量子霸权"宣称用的量子电路，将其设计的经典计算耗时超一万年的任务，压缩至 20 天内完成，比其他最好的方案改进了 4 个数量级。无论是产业急需领域，还是技术未知领域，达摩院都在大量投入，坚持研发，预测科技趋势，带动未来变革是他们的追求目标。

对于达摩院的期望，马云是这样表达的，"即使有一天阿里巴巴不在了，希望达摩院还能继续存在，这是阿里巴巴留给世界的最好的东西之一。"

> **想一想：**
> 1. 阿里巴巴是一家商业企业，为什么要做纯前沿技术的研究？
> 2. 阿里巴巴成立前沿技术研究院的优势是什么？

8.5 案例总结

借助着互联网在中国高速普及的风口，阿里巴巴探索出了中国电子商务的发展之道，并借助淘宝、支付宝等应用，让中国人的消费习惯产生了翻天覆地的变化，这在互联网企业当中算是"现象级"的。

从"中国供应商"开始，阿里巴巴的业务一直处于快速攀升阶段。B2B 业务是阿里巴巴的第一桶金，也是阿里巴巴企业精神彰显最直观的阶段，在这段时期中，阿里人从无到有地创立了一支强大的销售团队，锤炼了阿里人面对"寒冬"咬牙坚持，面对诱惑坚决抵制，面对成果精益求精的品质，成为阿里巴巴未来发展的重要基石。

致力于 C2C 的淘宝业务，是阿里巴巴在 B2B 业务风生水起时，就悄悄做下的一个决定。"非典"期间淘宝网的悄然上线，给中国的电子商务提供了一种崭新的可能性，也让中国消费者能够以"个人"的形式广泛参与到互联网商品交易中。从淘宝网发展出支付宝，阿里巴巴将交易与支付绑定，用自身的信用背书，让消费者能够放心享受网上购物的便利。淘宝交易量节节攀升时，阿里巴巴又开辟了"天猫"新战场，补充B2C 的业务模式，不断完善企业的电子商务模式。如今，阿里系"动物园"热闹非凡，生态多样，菜鸟、大数据、云计算等新方向的出现，更是让阿里巴巴大约每隔 3 年就能新增一个支柱型业务，保障企业随着时代进步发展。

很难准确、清晰地用一两句话来定义当下的阿里巴巴。但若抛开表面业务的繁荣，深入阿里巴巴企业的价值观中，会发现有些精神财富在企业中不断传承，历久弥新。从"十八罗汉"携手创立开始，阿里巴巴就开始有了属于自己的企业特质，2000 年"独孤九剑"被确定为企业价值观，2004 年被修改为"六脉神剑"，2019 年再次完善成"新六脉神剑"。虽然价值观的表述在变化，但是围绕"客户""服务""员工"等几个关键重心却未有过偏移。管理驱动，价值观引领，是阿里巴巴成功路上不可小觑的因素。

在电子商务领域如鱼得水的阿里巴巴，近年来在高科技领域投入了很多关注。阿里云是阿里巴巴成为科技公司的根基，达摩院和平头哥则延展了阿里巴巴科技属性的上限。阿里云的出生历经磨难，但涅槃之后的成就令世人惊艳。2021 年 6 月，阿里云智能总裁张建锋强调公司发展的 4 个核心战略：做深基础、做厚中台、做强生态、做好服务。2022 年，阿里云入选北京冬季奥运会全球指定云服务商，冬奥会最核心的赛事成绩、赛事转播、信息发布、交通等信息系统全部在阿里云上平稳运行。达摩院成立的平头哥专门致力于芯片的自主研发，据官方介绍，2021 年发布的自研云芯片倚天 710 是目前业界性能最强的 ARM 服务器芯片。

研究阿里巴巴的案例，可以看到，如今这个庞大的企业也是从一个想法、一个普通的小企业一点一点建立起来的。观察阿里巴巴度过危机的方式，可以感受创业者的精神品质，了解企业坚守的信念，感受企业在时代发展中的抉择变化。在这个充满不确定性的世界中，阿里巴巴用强大的眼力和定力寻找、把握、创造机会，创造了阿里的故事，也为后来的创业者们提供了值得品鉴的经验财富。

拓展思考题

1．马云说"我在达沃斯开会的时候，听克林顿讲领导力。我忽然明白了什么是领导力，就是大胆地去做自己坚信的事情，去做不伤害国家和客户的事情。所以，我就决定立刻去做，积极地投入。"你认为马云在团队中彰显了怎样的领导力？

2．互联网给中国电子商务带来了巨大的改变，如今"淘宝直播""网红经济"等关键词迎来了发展契机，你认为中国电子商务的下一个风口会是什么？

3．成功的背后，阿里巴巴也遭受了很多争议，梳理一下阿里巴巴主要的争议点，谈谈你的相关看法。

4．王坚在央视节目《朗读者》中选择了《进入空气稀薄地带》节选，"如果困难出现，就要战斗到底，若非如此，大自然将把你收为己有。"结合阿里云的研发经历，谈谈你对这句话的理解。

5．阿里巴巴做云计算的优势是什么？

参 考 文 献

[1] 赵先超. 阿里巴巴与四十大道[M]. 北京：电子工业出版社，2018.

[2] 宋金波，韩福东. 阿里铁军[M]. 北京：中信出版社，2017.

[3] 和阳. 阿里局 1/2 [M]. 广州：广东经济出版社，2018.

[4] 茅庐学堂. 阿里三板斧[M]. 北京：电子工业出版社，2019.

[5] 陈伟. 这就是马云[M]. 杭州：浙江人民出版社，2015.

[6] 曾鸣. 智能商业[M]. 北京：中信出版社，2018.

[7] 王坚. 在线：数据改变商业本质，计算重塑经济未来[M]. 北京：中信出版社，2018.

[8] 王桂娟. 彭蕾传[M]. 北京：团结出版社，2019.

[9] 希文. 马云内部演讲[M]. 哈尔滨：哈尔滨出版社，2016.

反侵权盗版声明

电子工业出版社依法对本作品享有专有出版权。任何未经权利人书面许可，复制、销售或通过信息网络传播本作品的行为，歪曲、篡改、剽窃本作品的行为，均违反《中华人民共和国著作权法》，其行为人应承担相应的民事责任和行政责任，构成犯罪的，将被依法追究刑事责任。

为了维护市场秩序，保护权利人的合法权益，我社将依法查处和打击侵权盗版的单位和个人。欢迎社会各界人士积极举报侵权盗版行为，本社将奖励举报有功人员，并保证举报人的信息不被泄露。

举报电话：（010）88254396；（010）88258888
传　　真：（010）88254397
E-mail：　dbqq@phei.com.cn
通信地址：北京市海淀区万寿路 173 信箱
　　　　　电子工业出版社总编办公室
邮　　编：100036